CENÁRIOS DA LIBERTAÇÃO:
PAULO FREIRE NA PRISÃO, NO EXÍLIO E NA UNIVERSIDADE

CENÁRIOS DA LIBERTAÇÃO:
PAULO FREIRE NA PRISÃO, NO EXÍLIO E NA UNIVERSIDADE

Clodomir Santos de Morais

1ª edição
Expressão Popular
São Paulo – 2021

Copyright © Herdeiros de Clodomir Santos de Morais
Copyright © desta edição Expressão Popular

Revisão: Dulcineia Pavan, Cecília da Silveira Luedemann
Projeto gráfico: Zap Design
Diagramação: Patrícia Jatobá
Capa: Larissa Vasconcelos

Dados Internacionais de Catalogação-na-Publicação (CIP)

Morais, Clodomir Santos de
M827c
Cenários da libertação: Paulo Freire na prisão, no exílio, e na universidade / Clodomir Santos de Morais. 1. ed. — São Paulo : Expressão Popular, 2021.
296 p.

ISBN 978-65-5891-039-8

1. Paulo Freire, 1921-1997. 2. Educação brasileira – História. I. Título.

CDU 37(091)

Catalogação na Publicação: Eliane M. S. Jovanovich CRB 9/1250

Este livro foi composto com tipografia Adobe Garamond Pro e impresso em papel Bivory 65g e MetsaBoard Prime Fbb Bright 235g na gráfica Paym, para a Editora Expressão Popular, em setembro de 2021.

Todos os direitos reservados.
Nenhuma parte deste livro pode ser utilizada
ou reproduzida sem a autorização da editora.

1ª edição pela Expressão Popular: setembro de 2021.

EXPRESSÃO POPULAR
Rua Abolição, 201 – Bela Vista
CEP 01319-010 – São Paulo – SP
Tel: (11) 3112-0941 / 3105-9500
expressaopopular.com.br
livraria@expressaopopular.com.br
www.facebook.com/ed.expressaopopular

SUMÁRIO

Nota editorial 7

Prefácio à nova edição 9
Sérgio Haddad

Apresentação à nova edição – É preciso dar alma à rebeldia 17
João Figueiredo

Cenário zero: um guisado de prefácio 27
Sérgio Guimarães

CENÁRIO 1: VISÕES DO INFERNO DE DANTE 37

CENÁRIO 2: PAULO FREIRE NA PRISÃO 81

CENÁRIO 3: O EXÍLIO 107

CENÁRIO 4: APRENDENDO SOBRE O MÉXICO 143

CENÁRIO 5: A REVOLUÇÃO SANDINISTA 157

CENÁRIO 6: O EXÉRCITO POPULAR DE ALFABETIZAÇÃO 193

CENÁRIO 7: O TRIUNFO DA ALFABETIZAÇÃO 199

CENÁRIO 8: AS ESCATOLOGIAS 205

CENÁRIO 9: LUZ ALTA DO IMPÉRIO: "DESMANCHA TUDO!!!" 221

CENÁRIO 10: RENDIÇÃO INCONDICIONAL 229

CENÁRIO 11: CANIBALISMO POLÍTICO 233

CENÁRIO 12: PAULO FREIRE NA UNIVERSIDADE 243

Anexos

PRESSUPOSTOS TEÓRICOS FUNDAMENTALISTAS DA
"IGREJA E ANTI-IGREJA: TEOLOGIA DA LIBERTAÇÃO" 269
Paulo Rodrigues

POSIÇÕES DEMOCRÁTICO-REVOLUCIONÁRIAS
DENTRO DA TEOLOGIA DA LIBERTAÇÃO 283
Thomas Buhl

SACERDOTES LIGADOS AO POVO 291
Sybille Bachmann

NOTA EDITORIAL

Com muita alegria trazemos novamente a público a obra *Cenários da Libertação: Paulo Freire na prisão, no exílio e na universidade*, do saudoso lutador social Clodomir Santos de Morais (1928-2016), que teve sua primeira edição há 12 anos e encontrava-se esgotada já há algum tempo. Esta publicação, numa coedição entre o Sindicato dos Docentes das Universidades Federais do Estado do Ceará (ADUFC) e a Editora Expressão Popular, aparece no oportuno momento de comemoração dos 100 anos de nascimento de Paulo Freire (1921-1997).

Relembrar a trajetória de Paulo Freire é nos depararmos com a história recente de nosso país, marcada pelo avanço do autoritarismo, pelos ataques à educação e pela luta ainda mais árdua em busca da construção de uma democracia popular. A biografia deste grande educador mostra como seu pensamento está empenhado na democratização de direitos sociais, em especial o direito à leitura. Ler, para Paulo Freire, no entanto, não se resume à compreensão das palavras escritas, vai muito além, implicando a decifração e a transformação do mundo.

Paulo Freire nos lembra que um dos princípios da educação é a construção de um pensamento crítico capaz de transformar a realidade e construir um mundo mais justo. A educação é, assim, necessariamente uma práxis emancipatória, pautada na descoberta de si e do mundo, na sensibilidade, na horizontalidade e no diálogo. Ao presentear a cada um/a de seus/suas sindicalizados/as com um exemplar deste livro, a ADUFC convida a todas e todos a se inspirarem na trajetória desse aguerrido educador.

Esta publicação celebra também a memória de Clodomir Santos de Morais, jornalista, advogado, sociólogo, professor, mas, sobretudo, um importante intelectual e militante das lutas camponesas. Temos aqui a história de uma amizade marcada pela intensa defesa do pensamento crítico e da reforma agrária. Nada mais coerente, portanto, que este livro venha a público a partir do trabalho da editora Expressão Popular, há mais de 20 anos empenhada na batalha das ideias.

Convidamos agora todos e todas à leitura e a conjugar o verbo esperançar, pois temos certeza de que a esperança e a educação libertadora são capazes, sim, de mudar o mundo.

Diretoria da ADUFC-Sindicato
Gestão Resistir e Avançar - Biênio 2021-2023

Expressão Popular
Setembro de 2021

PREFÁCIO À NOVA EDIÇÃO

Sérgio Haddad[1]

O nome de Clodomir Santos de Morais chegou a mim em 2014, por meio da sua sobrinha e colega, a professora Edna Castro de Oliveira, da Universidade Federal do Espírito Santo, em uma conversa em torno dos meus planos para escrever uma biografia do educador Paulo Freire. Ela insistiu para que eu mantivesse contato com seu tio, pois ele havia escrito um livro descrevendo momentos de convivência com o educador e citando, em particular, o fato de que ambos estiveram presos em Recife, em 1964, depois do golpe civil-militar. Posteriormente, João Pedro Stedile, um dos dirigentes do Movimento dos Trabalhadores Rurais Sem Terra, sabendo do meu projeto, reafirmou a importância de entrevistá-lo.

O nome Clodomir não me era estranho, não só por ser pouco usual, mas também por estar vinculado à questão agrária, temática que havia estudado anos antes em uma pesquisa sobre

---

[1] Educador, ativista social, publicou recentemente o livro *O Educador: um perfil de Paulo Freire* pela Editora Todavia.

educação do campo. Coloquei, então, seu nome na minha agenda de entrevistas e tratei de me aprofundar a respeito da sua vida e obra.

Clodomir nasceu no dia 30 de setembro de 1928, na cidade de Santa Maria da Vitória, na Bahia, local para onde voltara a viver, naquela época, em função da sua idade e condições de saúde. Tomei conhecimento que ele, com 15 anos de idade, mudou-se para São Paulo onde, depois de alguns bicos trabalhando como músico, tornou-se operário na fábrica da Ford, local onde vivenciou seus primeiros contatos com o movimento sindical e ativismo político.

Regressou para a Bahia em 1950, com alguma experiência também como jornalista, atividade que combinou com a de operário. Fundou o semanário *Crítica*, em Salvador. Um ano depois, mudou-se para Recife, e enquanto estudava Direito na Universidade Federal de Pernambuco, trabalhou como repórter em vários veículos de imprensa. Foi fundador das Ligas Camponesas junto com Francisco Julião, em Pernambuco. Ali iniciou o desenvolvimento de metodologias para a ação coletiva voltadas para a ampliação da consciência política e o trabalho organizacional, aplicando-as no trabalho de base com grupos de camponeses.

Em 1955, foi eleito deputado estadual. Com o golpe civil-militar de 1964, que derrubou o governo João Goulart, foi preso, e posteriormente recebeu asilo na embaixada do Chile no Rio de Janeiro. Permaneceu no exílio por 15 anos. Em Santiago, trabalhou na reforma agrária e estudou antropologia. Depois, ganhou o mundo, fazendo consultorias, trabalhando em organismos internacionais, como a OIT, morando e/ou trabalhando em vários países, dentre eles: Honduras, Panamá, Costa Rica, EUA, México, Portugal, Suiça, Alemanha, Guiné Bissau, Angola, Moçambique e São Tomé e Príncipe, Botsuana, Zimbábue, África do Sul, Namíbia.

Retornou do exílio em 1979, e tornou-se professor da Universidade de Brasília (UnB). Liderou o Instituto de Apoio Técnico aos Países do Terceiro Mundo (Iattermund); baseado no seu método de capacitação massiva, e com uma equipe multidisciplinar desenvolveu trabalhos em países da América Latina e África. Depois de um período de quatro anos na Nicarágua Sandinista, quando teve oportunidade de acompanhar a campanha de alfabetização daquele país, viajou para a Alemanha tornando-se professor visitante na Universidade de Rostock (RDA), de 1983-1987, ensinando idiomas latinos para candidatos a postos consulares e diplomáticos. Nesta mesma universidade, fez mestrado e doutorado em Sociologia da Organização com a tese *Elementos de teoria da organização*. Uma versão resumida da sua tese foi publicada pela Universidade de Brasília e posteriormente transformada em um dos cadernos de formação do Movimento dos Trabalhadores Rurais sem Terra, sob o nome de *Elementos sobre a teoria de organização no campo*. Reimpresso inúmeras vezes, foi também utilizada por outras organizações de educação dos trabalhadores(as) do campo e dos movimentos sociais. Clodomir realizou vários cursos e palestras para a formação dos quadros do MST, tanto no seu surgimento no Sul do país, quanto nas demais regiões por onde o movimento se ampliou.

Foi contratado pela Organização das Nações Unidas (ONU) como consultor para assuntos de reforma agrária e desenvolvimento rural na América Latina, Caribe e África. Seus estudos, suas experiências e pesquisas lhe permitiram, nesta posição, aplicar seu método de capacitação em organizações sociais e órgãos públicos de diversos países.

Posteriormente Clodomir passou a viver e lecionar em Rondônia por cerca de 20 anos, inclusive como professor na Universidade Federal de Rondônia (Unir) 2003-2009. Foi também professor visitante da Universidade Autônoma de Chapingo (México) e da Universidade Autônoma de Honduras.

Registrei também que parte dos seus livros foram publicados em vários países e idiomas: *Queda de uma oligarquia, História das Ligas Camponesas do Brasil, O reencontrado elo perdido das reformas agrárias, Dicionário de reforma agrária América Latina, 10 reformas agrárias, Um futuro para os excluídos,* e *Cenários de libertação (Paulo Freire na prisão, no exílio e na universidade),* este último de meu interesse imediato na época e de difícil acesso.

Encontrei *A história das Ligas Camponesas* na minha biblioteca, comprado em tempos passados. O livro me serviu para ter uma visão das Ligas Camponesas, cujo tema fora censurado pela ditadura civil-militar em livros, jornais e revistas do Brasil.

Clodomir, ao trabalhar com modelos de reforma agrária em outros livros escritos por ele, reconhecia que marcos teóricos e metodológicos serviam para orientar a implementação de políticas. Porém, sabia que o problema não era de natureza técnica, mas sim, fundamentalmente, de natureza política, de enfrentamento das classes dominantes e atrasadas do campo frente à emergência da classe camponesa, numa correlação de forças mediada pelas políticas públicas.

De posse das informações básicas, me preparei para realizar a entrevista com Clodomir. Mas a missão não seria fácil. Ele estava morando em Santa Maria da Vitória, no interior da Bahia, sua terra natal, por recomendação médica, em função do clima temperado, às margens do Rio São Francisco. Para se chegar lá, partindo de São Paulo, deveria tomar um avião até Brasília e de lá seguir viagem por terra por mais algumas horas.

Ansioso por entrevistá-lo, o tempo foi passando, e as tais horas de viagem nunca se encaixavam na minha agenda, para minha angústia, uma vez que sabia da sua fragilidade e idade avançada, sinais de alerta para a urgência da missão.

Neste meio termo, qual não foi a minha surpresa quando recebi o livro *Cenários da libertação: Paulo Freire na prisão, no exílio e na universidade*, com a seguinte dedicatória: "*Para o prof. Sérgio Hadade da USP com admiração e o apreço de Clodomir Morais. Sta Maria da Vitória, 10-7-2015*", assim mesmo, com o meu sobrenome grafado de forma incorreta e com a referência de professor da USP, quando, na verdade, ali nunca trabalhei, apenas estudei da graduação ao doutorado. Meu trabalho como professor do ensino superior foi na Pontifícia Universidade Católica em São Paulo. Por outro lado, notei na dedicatória que sua grafia era firme e delicada para um homem de 86 anos, me animando para a entrevista, e me senti lisonjeado pela gentileza feita em me doar o volume.

Alguns meses depois, para minha tristeza e decepção, em novembro daquele ano de 2015, Clodomir teve um AVC. Depois de lutar por três meses a fio contra as sequelas, uma parada cardíaca acabou pondo fim à sua vida em, 25 de março de 2016. A entrevista nunca mais se realizaria.

Para meu consolo, no entanto, ao ler o livro que havia me enviado, me defrontei com textos em grande parte escritos na primeira pessoa, como se ele estivesse respondendo perguntas que eu faria se tivesse tido a oportunidade de entrevistá-lo. Alguns deles falavam diretamente sobre Paulo Freire e sobre a relação entre ambos, outros não, mas o tom permanecia o mesmo, e as informações ajudaram muito a conhecer um pouco mais da vida do autor e foram riquíssimas e muito me ajudaram a escrever partes do meu livro.

Clodomir organizou esta obra, que agora prefacio para uma nova edição, em 12 cenários nos quais, como em um filme, conta histórias por ele vivenciadas, vinculadas ao que denominou por *Cenários de libertação*. O livro começa com a descrição dos horrores sofridos e cometidos após o golpe de 1964. Como um banho de realidade, desperta no leitor sentimentos de indignação e revolta frente à ação civil militar de autoritarismo e violência por parte do Estado, que levou a sociedade brasileira aos anos de silêncio e horror. Foi escrito quando estava na embaixada do Chile, no Rio de Janeiro, em junho de 1965, aguardando para sair do país como exilado.

Paulo Freire entra no segundo cenário, quando o autor descreve a convivência entre ambos anteriormente e no período em que estavam detidos. Um capítulo especial, com histórias curiosas, mostrando o educador na sua integridade afetiva e corporal, um Paulo Freire curioso intelectualmente e ao mesmo tempo socializado entre seus companheiros de prisão. O cenário III segue tratando da vida de Paulo no exílio.

A partir daí, nos cenários seguintes, o livro descreve momentos de convivência com Paulo e reflexões sobre o México, a Nicarágua, a Alemanha, os Estados Unidos e outros países onde morou e trabalhou. No último cenário, o XII, retoma a vida de Paulo Freire como centralidade, comentando sobre como teve que intervir para convidá-lo a proferir duas conferências na Universidade Federal de Rondônia, estado onde estava vivendo, transcrevendo-as na sua totalidade. Este último texto tem sua importância por terem sido uma das suas últimas palestras proferidas pelo educador, que viria a falecer 40 dias depois.

Clodomir de Morais e Paulo Freire foram de uma mesma geração, geração esta que passou pelos impactos de duas guerras, pelas consequências da crise de 1929, além de duas ditaduras no Brasil. Ambos foram levados ao exílio por suas posições políticas, por defenderem sociedades justas e respeitadoras de direitos no Brasil e em várias partes do mundo por onde passaram. Ambos se colocaram ao lado dos oprimidos e propuseram que a conquista da justiça social somente ocorreria por meio da organização e mobilização, resultado do aumento da consciência política das classes populares. Ambos trataram de desenvolver metodologias que implicavam em novas epistemologias que valorizavam o saber popular e a luta política por meio de uma *práxis* transformadora.

Não se iludiam sobre metodologias e soluções técnicas para o tema tanto da alfabetização (Freire) quanto da reforma agrária (Clodomir). Sabiam que só seria possível superar o analfabetismo e implementar a reforma agrária quando houvesse decisão política para tanto, além de correlação de forças suficiente para sua implementação. Por isso, confiavam que a conscientização, organização e mobilização dos setores oprimidos seriam fundamentais e prioritários nos processos de transformação social. Somente o protagonismo destas forças produziria mudanças sociais permanentes.

Ambos foram brasileiros raros, lideranças nos seus respectivos campos de atuação, reconhecidos internacionalmente por suas contribuições para a construção de um mundo mais justo e fraterno.

APRESENTAÇÃO À NOVA EDIÇÃO:

É PRECISO DAR ALMA À REBELDIA

João Figueiredo [2]

Este livro é uma homenagem ao centenário de Paulo Freire, proposto por nossa honrosa ADUFC – Sindicato dos Docentes das Universidades Federais do Estado do Ceará. A diretoria atual efetivamente me representa, ao ser constituída por um grupo combativo, comprometido com a educação pública, de qualidade e socialmente referenciada.

Este pequeno texto é, assim, uma homenagem à educação comprometida com uma sociedade mais equânime, que valoriza os saberes populares e o povo sofrido do nosso Brasil. Paulo Freire é uma referência fundamental para quem aspira essa sociedade da partilha.

Sabiamente, o autor dos *Cenários da Libertação*, Clodomir Santos de Morais, distribui suas reflexões em torno de três mo-

---

[2] Prof. Dr. João Batista de Albuquerque Figueiredo. Possui doutorado em Ciências, tendo como referência Paulo Freire. Tem pós-doutorado sênior em Educação. Professor titular da Faculdade de Educação, com tese sobre a dialogicidade de Paulo Freire. Professor do PPGE da UFC, com estudos e pesquisas nos campos da didática, dos novos paradigmas epistemo-educativos, da educação ambiental e da educação popular freireana.

mentos de Paulo Freire: o momento da prisão, o momento do exílio e o momento de Freire na universidade.

No cenário da prisão, Clodomir apresenta o contexto sofrido e violento de implementação da ditadura militar no Brasil, vista sob a ótica do que ocorreu em Recife (Pernambuco), terra natal de Paulo Freire. Vai costurando sua narrativa mediante fatos circunstanciados envolvendo figuras de destaque nos movimentos democráticos de esquerda daquele tempo. Assim, interage com Adelson Julião, os movimentos políticos dos trabalhadores rurais, as Ligas Camponesas que prenunciaram o Movimento dos Trabalhadores Rurais Sem Terra (MST); fala de um governo comprometido com as causas sociais e com a educação política do seu povo, como foi na gestão de Miguel Arraes. Mostra organizações populares instituídas em volta da ideia de valorização da cultura popular. Contexto inclusive no qual Paulo Freire propõe, organiza e realiza os círculos de cultura popular, a alfabetização de trabalhadores do campo etc. Temos aqui acesso a informações até então inéditas, tal como o fato de o Programa de Cultura Popular ter sido fundado e dirigido por Paulo Freire.

Clodomir Morais, então, continua a anunciar a conjuntura das ações inquisitoriais daquele governo civil-militar e vai descrevendo detalhes e pormenores de torturas, violências físicas e morais, até a chegada de Paulo Freire na prisão. E, nesse ponto, Clodomir traz impressões de Paulo sobre sua estadia prisional.

Paulo Freire afirma que, mesmo diante da gravidade da experiência, houve uma busca por extrair lições e aprendizagens, mesmo naquele ambiente sofrido da prisão. É uma espécie de: "Deformação do educador sempre procurar aprender algo na prática em que estou!", disse Paulo Freire (ver, adiante, p. 105). Clodomir ressalta que Paulo protegia a todos do sofrimento de que estava sendo vítima, por isso mesmo, só trata da dimensão pedagógica experienciada na prisão.

No *Cenário de Paulo Freire no Exílio*, Clodomir fala de La Paz, na Bolívia, do que Paulo Freire sofreu na altitude de quatro mil metros diante de uma boa feijoada que lhe ofereceram... Na verdade, em setembro de 1964, com 43 anos, Paulo Freire foi obrigado a se exilar. Fala do pouco tempo naquela cidade, por causa da altitude e também pelo golpe militar de Estado que derrubou o então presidente Paz Estensoro. Uma sina de Paulo Freire, talvez? Seguiu então para Santiago, no Chile, onde chegou em novembro de 1964. Naquele cenário de exílio, viveu até abril de 1969. Nova mudança política no Chile. Então, aceita convite para lecionar em Harvard, nos Estados Unidos. Recebeu também convite para atuar no Conselho Mundial das Igrejas, em Genebra, Suíça. Permaneceu inicialmente dez meses em Harvard, onde deu forma definitiva ao livro *Ação cultural para a liberdade*. Nesse período, publica o *Pedagogia do oprimido*.

No exílio, Paulo Freire conviveu com seleto grupo de pensadores brasileiros, em Santiago do Chile, tais como Álvaro Vieira Pinto,[3] Anísio Teixeira, Álvaro de Faria, um crítico da lógica dialética que se destacou mundialmente nessa empreitada.

Nesses novos lugares, fala de Álvaro Vieira Pinto como professor, num certo aspecto, orientador para Paulo Freire, no trato da consciência ingênua *versus* consciência crítica. Álvaro Vieira Pinto começa sua maior influência sobre Paulo Freire a partir do momento em que este assistiu seu curso sobre consciência e realidade nacional, no Instituto Superior de Estudos Brasileiros (Iseb).

---

[3] Álvaro Vieira Pinto, diante do golpe civil-militar, primeiro se refugiou no interior de Minas Gerais e depois partiu para o exílio. Inicialmente, esteve exilado na Iugoslávia (a partir de setembro de 1964), e depois no Chile (entre 1965 e 1968), a convite de Paulo Freire, para trabalhar no Centro Latino-Americano e Caribenho de Demografia (Celade).

Vieira Pinto, em um dos seus livros,[4] ressalta que o grande fracasso dos programas de alfabetização de adultos no Brasil, decorre da incompreensão do próprio conceito de analfabetismo e do fato de que os analfabetos são associados simplesmente ao não saber ler e escrever. Paulo aprofunda a questão ao problematizar o contexto social mais amplo e os processos opressores que negam a potência da leitura de mundo na leitura da palavra.

No período do exílio, durante o tempo em que Clodomir morou e trabalhou como professor no México, Freire lá esteve algumas vezes, principalmente, a convite do padre Ivan Illich, fundador do Centro Intercultural de Formação (CIF), e também do Centro de Informação e Documentação (Cidoc), uma espécie de universidade aberta com foco nos problemas educacionais e independência cultural da América Latina, na década de 1970, na Cidade do México.

Essa convivência, inclusive, possibilitou o encontro entre Paulo Freire e Adolfo Sánchez Vázquez, com sua filosofia da práxis, que Paulo tanto admirava. Foi daí que ele elaborou seu conceito simples e sintético de práxis como "que-fazer", no qual ação-reflexão-ação estão intrínsecas e indissociavelmente conectadas.

Com o advento de novas mudanças políticas no Chile, Freire preferiu migrar para Boston, mediante convite da universidade de Harvard. Ali morou por dez meses, quando aceitou outro convite, que lhe proporcionaria uma expansão de sua área de atuação e divulgação de suas propostas libertadoras. Desse modo, aceita ir para Genebra, na Suíça, onde passa a atuar no Conselho Mundial da Igreja.

Clodomir fala de duas epístolas de Paulo Freire. Em uma delas, dialoga com uma entrevista de Abraão Batista, poeta de

---

[4] Em 1982 é publicado seu livro *Sete Lições sobre Educação de Adultos*, originalmente anotações de aulas ministradas no Chile em 1966.

Juazeiro do Norte. Nesse sentido, relembra *Pedagogia do oprimido*, no qual constatou ser próprio da direita pensar sobre o povo para, conhecendo-o melhor, melhor dominá-lo. A *Pedagogia para a libertação*, por outro lado, é tecida com os oprimidos. Clodomir Morais nos dá notícia de Paulo Freire como agente de ação e inspiração para colaborar com a pós-revolução sandinista, especialmente na alfabetização como estratégia político-educativa. Lamentavelmente, isso não se materializou. Entretanto, Paulo Freire muito influenciou e foi referência para inúmero alfabetizadores(as) daquele país.

Ainda nas contribuições deste livro, está a análise sobre a reabertura democrática no Brasil. Para Clodomir, ela se deu muito mais por uma intervenção estadunidense do que uma real disposição militar de reconciliação nacional. Destaca, outrossim, o canibalismo político, particularmente do MDB que se alastra país afora, penalizando a legitimidade de uma esquerda comprometida com o povo, melhor dizendo, comprometendo essa legitimidade de uma esquerda efetivamente alinhada com o povo.

Paulo Freire, em seu retorno ao Brasil, não pôde permanecer no Recife. Em decorrência das exigências militares, era necessário um pedido do exilado para reassumir suas funções indevidamente usurpadas. Assim sendo, em junho de 1980, por ter se recusado a aceitar essas exigências – ter que requerer ao governo o estudo de seu caso para poder ser reempossado em seu cargo na Universidade Federal de Pernambuco, antiga Universidade do Recife –, ele precisa mais uma vez mudar de lugar. Diante dessa situação, aceita o convite da PUC de São Paulo para ali assumir uma tarefa como professor.

Freire, em setembro de 1980, por pressão de estudantes e alguns professores, assume uma cátedra na Universidade de Campinas (Unicamp), tendo ali lecionado até o final do ano letivo de 1990. Inclusive, Clodomir aqui traz um parecer sensacional de Rubem Alves, no qual fez questão de ressaltar que jamais se sentiria digno de emitir um parecer sobre alguém maior que ele próprio. Daí seu parecer foi uma recusa em emitir um parecer, muito embora traga muitos elementos demonstrando documentalmente a superioridade acadêmica de Paulo Freire. Nesse trecho da obra, finaliza trazendo um recorte da "Fábula dos urubus e sabiás", de Rubem Alves, publicado por este em 1988, no qual encontramos: "[...] em Terra de Urubu diplomado não se ouve canto de Sabiá". Com isso, anuncia o *cenário de Paulo Freire na universidade.*

Nesse cenário, trouxe os dois últimos discursos públicos de Paulo Freire - até então inéditos - proferidos na Universidade Federal de Rondônia, 40 dias antes da sua morte.

No primeiro, Paulo já começa dizendo do seu gosto de viver, de que seu tempo e seu espaço estão sempre abertos às mudanças. Relembra o convívio com Clodomir na prisão e o quanto isso causa um impacto e trauma para quem teve que viver quatro dias no xadrez de 1,70 m por 70 cm, com paredes ásperas para impedir que as pessoas se escorassem para descansar. Afirma que Clodomir foi um mestre para ele e para muitos que chegavam no cárcere. Diz que ele lhe ensinou a viver na cadeia sem perder a dignidade, expressando assim sua gratidão. Paulo Freire enfatiza o importante aprendizado democrático que teve ao perceber Clodomir separar parte da comida, que eles receberam na prisão, para oferecer aos camponeses ali presos em outro espaço ainda mais sofrido.

Ao segundo discurso, deram o título "Uma conversa com Paulo Freire: reflexão sobre uma prática educativa". Ao iniciar sua fala, Paulo Freire disse que tinha pensado inicialmente em apresentar uma reflexão que elaborou e encaminhou para a Alemanha, sobre *Pedagogia da esperança*, porém, quando chegou ao auditório, identificou o título da sua fala e então resolveu falar com base em um livro que estava no prelo, *Pedagogia da autonomia*.

Começa afirmando que sem pergunta o mundo para. Na continuidade, diz que uma pergunta, por isso mesmo uma pedagogia da pergunta, instiga humildade. Só quando se sabe o saber que não se sabe, se torna possível saber... E, nessa vertente de reflexão, Freire vai discutir, dialogar, em torno da curiosidade como o primeiro e essencial passo na tessitura do conhecimento, no ciclo gnosiológico que ele mesmo inaugurou.

Paulo Freire afirma que é desde uma perspectiva ingênua que se pode tornar epistêmica. Para Paulo Freire, esses dois saberes se complementam, o saber do senso comum e o saber acadêmico. E, efetivamente, é por meio da curiosidade que somos capazes de potencializar a tessitura de novos saberes, transformando a consciência ingênua em consciência crítica. Freire esclarece que o que chamamos de conteúdo é, na verdade, objeto do conhecimento e que é impossível uma práxis educativa sem a existência desse objeto do conhecimento.

Conta Clodomir Morais que Freire relatou um diálogo entre ele e outros intelectuais que trabalhavam na Universidade de Genebra. Disse que, em certo momento, um dos cinco maiores físicos teóricos daquele tempo, com quem ele se encontrava regularmente no grupo de estudos e reflexões, lhe problematiza dizendo que não percebe implicações políticas do seu ato de pesquisar. Paulo Freire então lhe oferece uma lição simples e profunda no formato de uma pergunta: "Pergunte-se a serviço de quem pesquisa?". Demonstra assim o quanto ensino e pesquisa estão comprometidos com a politicidade do fazer educativo humano.

Paulo Freire, ao tratar explicitamente da prática educativa, afirma que essa prática, como as práticas humanas em geral, requer uma teoria do conhecimento, um certo sonho de realização que é diretividade em ação, requer que seja formadora, estética. Ainda nessa palestra, traz exemplos de saberes fundamentais à prática educativa, no contexto da formação docente, pautados por ele no *Pedagogia da autonomia*. Desses, faz um destaque: "[...] mudar é difícil, mas é possível". Outro exemplo, segundo ele imprescindível na prática educativa, seria o quanto a esperança é essencial, a esperança de mudar o mundo, torná-lo um lugar melhor. E, assim, podermos contribuir para a realidade ser de outro modo. Portanto, podemos contribuir para as mudanças que reconhecemos serem necessárias ao nosso contexto de vida. Outro ponto que mereceu seu registro foi que ensinar não é transferir conhecimento, mas sim produzi-lo e comunicá-lo, possibilitar sua produção. Segundo Freire, a linguagem é fruto da práxis e, para ele, sem educação o mundo não se transforma. Por fim, Freire afirma que se há de acolher a rebeldia, entendendo esse ato transgressor como uma reviravolta criadora. Paulo diz que é preciso dar alma à rebeldia.

Noutro aspecto, Paulo Freire ainda comunica que não são apenas os escritores que geram sentido no que escrevem, mas que leitores e leitoras também dão sentido àquilo que leem. E, com isso, trata-se de um processo que envolve o ensino e a pesquisa. Enfatiza que, na formulação de um conhecimento, há de se ter um distanciamento epistemológico do objeto. O distanciamento epistemológico do objeto é o método e, ao se distanciar, dele se aproxima. A esse procedimento ele denomina "cerco epistemológico", um girar em torno, um admirar, para dar o bote, apreender o objeto.

No desfecho de sua fala, Paulo Freire problematiza o que caracteriza a prática educativa. Ele diz que uma prática educativa é constituída por uma relação que envolve educador, educando e objeto mediatizador, potencializado pela curiosidade como instância fundante e fundamental. Já finalizando, ressalta a importância da escuta no ato de aprender, para ser escutado. Literalmente, Paulo Freire diz que nada se repete: cada experiência que se tem no mundo traz um significado único e especial.

Paulo Freire, mais que nunca, é uma contribuição atualíssima, em especial, ao articular uma relação intrínseca entre educação e política. Para ele, na relação educativa, somos capazes de colaborar efetivamente com o mundo melhor que desejamos, um mundo de parcerias, um mundo de solidariedade, um mundo no qual as pessoas sejam respeitadas como seres humanos, o mundo em que deixa de existir opressores e oprimidos, com um mundo em que sejamos capazes de gerar amor em liberdade.

Finalizo deixando o convite para que possamos revisitar a obra e os escritos paulo-freireanos, para podermos ter, nesta jornada, uma atitude revolucionária, comprometida com uma democracia verdadeira, com um bem viver compartilhado.

Paz e bem.

CENÁRIO ZERO: UM GUISADO DE PREFÁCIO

Sérgio Guimarães[5]

Paulo Freire foi a primeira pessoa que me falou de Clodomir. Já explico o cenário: depois de mais de 15 anos de exílio, Paulo tinha ido ao Brasil em 1979, pela primeira vez desde que saíra para a Bolívia. Acabou voltando de vez em 1980, o que coincidiu, aliás, com a minha volta de Angola. A partir daí, vivendo os dois em São Paulo, retomamos as nossas conversas – do tempo em que ele trabalhava em Genebra, Suíça, no Conselho Mundial das Igrejas, e eu na Universidade Lyon II, França – e decidimos produzir uma série de livrinhos em forma de diálogo. A ideia era discutir temas que o Paulo ainda não tinha tratado anteriormente. Assim saiu, em 1982, o *Sobre Educação – 1,* sobre a infância e a escola primária. Dois anos depois, publicávamos o *Sobre Educação – 2,* totalmente dedicado ao uso dos meios de comunicação de massas na escola.

---

[5] Educador, jornalista e escritor que elaborou com Paulo Freire uma série de livros em diálogo com a pedagogia freireana.

Em 1984, começamos a gravar nosso terceiro livro. Numa de nossas discussões, eu havia comentado com ele sobre uma das minhas experiências como professor primário quanto à maneira de ensinar História. Em vez de começar pelo século XVI e pelo descobrimento do Brasil por Pedro Álvares Cabral – fatos totalmente estranhos à realidade concreta dos meus alunos de 7, 8 anos – tinha resolvido começar pela própria história das crianças para, a partir daí, estimular a consciência delas com relação a tempos (e espaços, integrando-se aí a antiga geografia) cada vez mais abrangente.

O Paulo gostou tanto da ideia que daí nasceu o *Aprendendo com a própria história* – nosso terceiro livro dialógico. Nele nos propúnhamos a discutir experiências e temas que não tivessem ainda sido publicados. Fizemos as primeiras gravações em 1984 e, evidentemente, como o Paulo tinha nascido 30 anos antes que eu – ele, em 1921 – decidimos começar pela história dele.

Na construção do livro, e depois de um primeiro capítulo sobre o período anterior ao golpe militar de 1964 – incluindo seu trabalho no Nordeste brasileiro, sua experiência inicialmente apoiada pela Aliança para o Progresso do governo Kennedy, e sua passagem breve pelo Ministério da Educação em Brasília – chegamos ao episódio de seus dias de cadeia:

Sérgio – E como é que você ocupava o seu tempo na prisão?

Paulo – Olha, de um lado lia, nas prisões onde era possível ter livro. De outro, conversava com companheiros, jogava palavras cruzadas, por exemplo.

Tive também um testemunho, agora de preso, que para mim foi extraordinário, de uma pessoa que ficou um grande amigo meu até hoje, que é o Clodomir Morais.[6]

---

[6] Freire, P. e Guimarães, S. *Aprendendo com a própria história* – 1. 2. ed. São Paulo, Paz e Terra, 2001.

O próprio Clodomir, aliás, reproduz mais adiante todo o segmento ("Caso e 'causos' de Clodomir: tarefa política na cadeia") desse terceiro livrinho escrito em parceria com o Paulo. Aquele período na prisão com Clodomir, na verdade, serviu para selar não apenas uma amizade, mas uma admiração tal e um respeito tão profundo entre os dois, que nem a morte do Paulo em 1997, 40 dias depois da visita à Universidade Federal de Rondônia – contada no Cenário 12 – conseguiu abalar.

* * *

Em 1985, a convite do Fundo das Nações Unidas para a Infância (Unicef), e incentivado pelo próprio Paulo, embarquei para Moçambique, o que nos obrigou a espaçar cada vez mais os nossos encontros e livrinhos dialogados. Já não ouvi mais falar de Clodomir.

Vinte anos depois, durante um congresso internacional de Ciências Sociais em Coimbra – a que me convidaram para falar sobre a situação das crianças da Guiné-Bissau, onde vivia como representante do Unicef – alguém que participava de um painel sobre Paulo Freire me deu finalmente notícia de Clodomir. Foi aí que eu soube que o baiano de Santa Maria da Vitória estava escrevendo um livro sobre Paulo Freire, no qual revelava inclusive detalhes sobre as relações entre Paulo e o Vaticano.

Fiquei intrigado. Afinal, durante os mais de 20 anos em que nos relacionamos e produzimos livros juntos – ao todo foram seis, sem contar um outro feito em trio com o professor Moacir Gadotti – em nenhum momento o Paulo me havia falado de seus contatos em Roma. Ao compormos o segundo volume do *Aprendendo com a própria história*, por exemplo, que acabou sendo publicado três anos depois da morte do Velho, eu bem que o havia provocado:

Sérgio – Agora, Paulo, o fato de você ter ido para o Conselho Mundial das Igrejas pode ter certamente reforçado a ideia que têm algumas pessoas de que toda a sua abordagem é uma abordagem cristã, de que a *Pedagogia do oprimido*, a moral, a ética que estaria por trás do seu pensamento traz no bojo os ideais da cristandade, a visão humanista do cristianismo. Como é que você reage, reagiu, a essa questão?

Aí é uma curiosidade minha: eu gostaria de ter a sua informação a respeito da sua prática cristã, da sua vinculação ou não, formal ou não, à Igreja Católica, à visão do Concílio Vaticano II – que aconteceu num momento em que você já era bem adulto – à visão ecumênica da Igreja, a partir de João XXIII. Que relações você estabelece, que distinções você faria ao trabalhar num Conselho Mundial das Igrejas, não se identificando necessariamente com ele ou não praticando os aspectos religiosos do ecumenismo cristão?

Paulo – Ao primeiro aspecto da sua pergunta, eu acho que devo remeter o leitor deste livro à leitura de *Pedagogia da esperança*. Lá eu respondo a um bando de críticas sectárias que foram feitas nessa direção, durante os anos 1970. Segundo, eu não tenho por que negar – porque seria uma hipocrisia, seria uma covardia, seria uma traição – a minha convivência com ideais cristãos. Eu não tenho por que negar, de maneira nenhuma, o bem-estar com que eu acredito em deus. Agora, o que eu tenho de reafirmar é que jamais esse bem-estar – que é o da minha crença, o que ela dá, e não a ciência – me levou a negar a ciência, mas me ajudou muito a criticar e a recusar o cientificismo, essa arrogância, desmoralizada hoje, com que a ciência se pensa esclarecedora de tudo, e não é. A negação que eu fiz do cientificismo, no qual eu fui ajudado pela crença, me fez respeitoso da cientificidade.

E é interessante observar, dos anos 1970 para cá também, e possivelmente muito enfaticamente nos anos 1980 e nos 1990, a presença de cientistas altamente científicos, físicos da nova Física, a dizer, alguns, por exemplo: 'Apesar de eu não ter pessoalmente nada de religioso, não posso como cientista continuar pensando que isso que está ocorrendo no mundo, essa possibilidade da sua preservação, quando a gente sabe fisicamente, matematicamente, que se o mundo desse um erro, de uma fração mínima do mínimo de um segundo, voava tudo no ar; e o fato de não haver esse erro me leva a me convencer de que há qualquer coisa a mais do que a possibilidade de ser acaso'. Quer dizer, hoje cada vez mais cientistas se aproximam da possibilidade de haver algo a mais.

Se, porém, a sua pergunta... Aliás, ela se estendeu até esse ponto em que eu vou tocar agora: com relação ao que se costumou chamar muito no Brasil de praticidade ou não praticidade da religião, quer dizer, se é católico praticante, quando na verdade basta você ser católico, ou ser protestante, ou ser presbiteriano, e não havia por que perguntar: 'praticante?'. E se pergunta 'praticante?' é porque no Brasil há uma tradição – acho que também em outros países do mundo – de o sujeito professar uma certa crença, mas não buscar vivê-la na sua plenitude. Mas aí no meu caso, por exemplo, que é o caso de muita gente, a questão entre a praticidade ou não de minha catolicidade não me leva a uma contradição, por exemplo, entre me dizer ou me pensar de um modo cristão amoroso, de um lado, e, de outro, de reduzir a postura humanista a apenas uma certa posição idealista--humanista, em que os cristãos sempre correm o risco de cair.

E, por isso mesmo, então, desconhecer certas verdades que o marxismo sublinhou e desnudou: comigo não se dá isso. Quando eu falo na não vivência prática, não tem nada a ver com um descompasso ético entre a minha fé e o meu comportamento no mundo. Aí eu busco uma grande coerência. [...] Agora, se você me pergunta – já perguntou também – em termos dessa praticidade formal, aí não.

Cansei de procurar também no *Pedagogia da esperança*, livro em que o Paulo – sem fazer propriamente autobiografia – retoma uma série de fatos marcantes em sua trajetória pelo mundo. Nada, nem uma palavra sobre virtuais encontros com bispos e cardeais na "cidade eterna".

Em outra conversa gravada ainda em Genebra, no inverno de 1978, mas publicada apenas em 2003 – como parte de outro livro nosso, *A África ensinando a gente* –, eu o havia abordado sobre o uso, que frequentemente ele fazia, de técnicas de estilo semelhantes às utilizadas na *Bíblia*. Paulo me falava de materiais preparados por ele para o processo de alfabetização em São Tomé e Príncipe, mencionando histórias como a de Pedro e Antônio – que eu identifiquei a parábolas, ao que ele concordou – e uma série de cartas escritas aos animadores locais:

Sérgio – Você está me fazendo fazer uma pergunta. Primeiro nós falamos das parábolas. [...] Agora você fala das cartas: a técnica epistolar. Isso me lembra muito ainda um procedimento do Novo Testamento. E é aí que eu queria perguntar para você uma coisa: o quê, no seu trabalho, existe de religioso?

Paulo – Eu diria que não existe nada de religioso, se se toma a religiosidade como uma certa expressão mágica, dentro de um certo quadro cultural. Evidentemente que eu não poderia jamais negar, em todo o meu trabalho, as marcas... – digamos agora, usemos agora a palavra 'religiosa' – as marcas da minha formação – eu preferia dizer até cristã a propriamente religiosa. Marcas de que eu ora tenho consciência total, de que ora eu não tenho.

Você inclusive está sendo a primeira pessoa que me chama a atenção para a técnica de parábolas e o estilo epistolar. Eu não tinha tomado consciência disso. É possível que, em nível mais profundo, isso me devolva à minha infância. Mas é possível – e aí é que eu acho que é o fundamental – que esse retorno a um tempo tão longínquo, no sentido de buscar a raiz disso, me leve à profunda influência que cristo exerceu sobre mim, enquanto, sobretudo, desafiador. [...]

Mas se tu me perguntas: através disso, há um conteúdo de caráter transcendental, no sentido agora religioso, nesse trabalho? Não, não há. Não porque eu o negue a mim, mas porque o que me interessa nesse esforço é ficar na história, sem pretender chamar a atenção sobre a meta-história. [...][7]

* * *

Em dezembro de 2005, garimpando numa livraria de Tegucigalpa – a essa altura já me havia transferido para Honduras, sempre como representante do Unicef –, dou de cara com o nome de Clodomir Santos de Morais num livrinho publicado pela editora hondurenha Guaymuras: *Apuntes de teoria de la organización*.[8] O achado me serviu como sinal. Tanto fiz, perguntando aqui e ali,

---

[7] V. Freire, P. e Guimarães, S. *A África ensinando a gente* – Angola, Guiné--Bissau, São Tomé e Príncipe. São Paulo: Paz e Terra, 2003, p. 63-64.

[8] Morais, Clodomir Santos de. *Apuntes de teoria de la organización*.Tegucigalpa: Editorial Guaymuras, 1989. Segunda reimpressão.

vasculhando pela internet, que acabei localizando o homem nos cafundós do Brasil. Em outubro de 2006, finalmente, Clodomir e Jacinta – esposa dele, para quem não conhece – me esperavam solícitos no aeroporto de Porto Velho, capital do estado de Rondônia. Entre outros motivos, queria vê-lo por uma razão concreta: gravar com ele o que seria um novo capítulo da próxima edição do *Aprendendo com a própria história*. Explico melhor: nossa ideia de livros juntos, o Paulo e eu, não era a de fazermos diálogos em circuito fechado. Pensávamos que, progressivamente, em edições futuras, iríamos convidar outros interlocutores que nos ajudassem a enriquecer as discussões.

Como aperitivo, leia só este pequeno trecho gravado nessa visita a Porto Velho:

Sérgio – Ontem à noite, num determinado momento você falou de uma viagem que o Paulo tinha feito à República Democrática Alemã, se não me engano...

Clodomir – Foi.

Sérgio – ...e que um professor de lá, depois de tê-lo ouvido, teria dito que...

Clodomir – ... 'as suas ideias são as de Gabriel Marcel', existencialista, não como o famoso existencialista francês, que tinha um olho assim...

Sérgio – Não como Jean-Paul Sartre, mas sim como existencialista cristão. [...]

Clodomir – Exato.

Sérgio – Então, como você disse que estava reunindo material e escrevendo um livro em que se refere às relações do Paulo com o Vaticano, sem querer me antecipar ao livro, que certamente vai trazer muito mais informações, lá vai: como é que você resumiria essa relação que o Paulo tinha com o Vaticano, e que nem sempre ficou muito clara?

Clodomir – Era um tanto quanto, não digo clandestina, era discreta. [...] O Conselho [Mundial das Igrejas] recebia dinheiro de uns países que não podiam mandar fundos para as instituições internacionais, para não entrar em choque com os governos. Então jogavam lá, porque assim não era dinheiro do governo, era do Conselho. Mandavam para a África, para os sandinistas etc.

E o Paulo estava lá, trabalhando discretamente, tratando de vender as ideias dele, e vendia! E nos fins de semana, ou qualquer dia feriado, atendia aos pedidos do Vaticano e ia lá, a chamado do próprio Paulo VI, que era tido como liberal. Aliás, quando ele foi eleito papa, reacionários de muitos países pensaram que o comunismo havia chegado ao Vaticano, conforme o livro *As sandálias do pescador*, de Morris West. Creio que um deputado baiano chegou a enviar ao Vaticano um telegrama protestando contra a eleição do cardeal Montini, tido como comunista.

Mas o fato é que tinha meia dúzia de cardeais ou bispos e arcebispos que escutavam e gostavam das ideias do Paulo. As ideias dele são ideias que não denunciam o materialismo dialético, mas apenas o determinismo histórico. [...]

Sérgio – E qual é o título do livro?

Clodomir – *Paulo Freire na prisão, Paulo Freire no exílio e Paulo Freire na Unir* [Universidade Federal de Rondônia].

* * *

A essa altura talvez você já esteja perguntando: "Mas, afinal, que espécie de prefácio é este, todo aos pedaços?". Por via das dúvidas, vejamos o que diz, a respeito, Antônio Houaiss, um mestre meu de há muitos anos:

> *prefácio, s.m.* texto preliminar de apresentação, geralmente breve, escrito pelo autor ou por outrem, colocado no começo do livro, com explicações sobre seu conteúdo, objetivos, ou sobre a pessoa do autor. ETIM. Nom. do lat. *Praefatio, onis* 'ação de falar ao princípio de'.[9]

Já a Real Academia Espanhola prefere uma definição dupla, apesar de mais curta:

---

[9] V. *Dicionário Houaiss da língua portuguesa*. Rio de Janeiro: Objetiva, 2001, p. 2.204.

prefacio. (Del lat. *Praefatio*). M. Prólogo o introducción de um libro. 2. Parte de la misa que precede imediatamente al canon.[10]

Quanto ao guisado sugerido no título em lugar de "à guisa de prefácio", a Academia Espanhola vai direto ao assunto nas acepções 5 e 6 desse verbete:

> *guisado*. [...] 5. M. Guiso preparado com salsa, después de rehogado. 6. Guiso de pedazos de carne, com salsa y generalmente com patatas.[11]

Melhor seguir o mestre Houaiss: guisado ou não, preparar um texto que seja breve; e neste, a meu ver, já começo a correr o risco de exagerar no molho. Terminando de montar este cenário zero, portanto, aqui vão seus últimos pedaços.

* * *

Depois que Clodomir me convidou para escrever esta introdução, logo me dei conta – ao ler boa parte do livro – que o título inicialmente proposto limitaria bastante a percepção dos leitores em relação ao vasto panorama coberto pela obra. Afinal, além de discorrer sobre diferentes fases da vida de Paulo Freire, os 12 capítulos, apropriadamente compostos como "cenários" – complementados por três anexos –, vão construindo todo o contexto histórico indispensável para compreender boa parte da vida e da obra do educador brasileiro.

Mais do que isso: dotado de instrumentos de análise que têm raízes no materialismo histórico e dialético, – ora em linguagem narrativa simples, perfeitamente cinematográfica, como nos primeiros quatro capítulos sobre a prisão e o exílio, ora em modo de ensaio com linguajar típico de tese, caso do *Cenário 5* sobre a

---

[10] V. *Diccionario de la Lengua Española*. Madrid, 22 ed. Real Academia Española, 2001, p. 1.235.

[11] *Id.*, p. 798.

Revolução Sandinista –, Clodomir vai pintando panoramas que nos ajudam a entender melhor, por exemplo:

- a história infernal dos porões da ditadura militar brasileira;
- o ambiente de exílio no Chile, com o "excelente nicho de exilados sábios" em que Paulo esteve metido, com destaque para o renomado filósofo brasileiro Álvaro Vieira Pinto, formulador dos conceitos de "consciência ingênua" e "consciência crítica", retomados na *Pedagogia do oprimido*;
- o processo revolucionário nicaraguense, bombardeado pelos *contras* com o apoio de Ronald Reagan e ainda mais complicado por suas cinco tendências internas (a tradicional, a revolucionária, a evolucionista, a reformista e a liberacionista);
- a chegada ao poder, na Nicarágua, da "Teologia da Libertação", com a vaia histórica recebida em Manágua pelo papa João Paulo II, e as pesquisas em torno do "Magno Cisma Católico em marcha".

Por essas e por outras, sugeri a Clodomir que buscássemos um título mais abrangente. E assim chegamos a "Cenários da libertação", complementado pelo subtítulo específico a "Paulo Freire na prisão, no exílio e na universidade".

Para os que desejam acesso direto às palavras do Paulo, Clodomir traz também materiais inéditos: duas cartas escritas no exílio e duas conferências pronunciadas por Paulo, em tom coloquial, na Universidade de Rondônia, pouco antes da crise cardíaca que o levou à morte, aos 2 de maio de 1997.

E mais não digo. Espero apenas que este introito guisado, a essa altura, já tenha aguçado o seu apetite para o prato principal.

Boa leitura e bom proveito!

Tegucigalpa, 27 de janeiro de 2009.

CENÁRIO I: VISÕES DO INFERNO DE DANTE

Um prévio esclarecimento

No momento em que redijo esses apontamentos de uma fase histórica do Nordeste brasileiro, leio em um dos matutinos cariocas uma propaganda extravagante. O anúncio tem o seguinte título: "Hotel, maternidade, escola e hospital para cães". Recordo-me com tristeza de ter lido um artigo que denunciava a desigualdade de tratamento dispensado às crianças e aos cães de meu país. O jornalista dizia que a receita estabelecida para os hospitais infantis oficiais de todos os cinco estados do Nordeste era inferior à soma das receitas previstas para hospitais, clubes, escolas e hotéis particulares destinados aos cães do Rio de Janeiro.

Os camponeses nordestinos pugnaram, naqueles dez anos das Ligas Camponesas, tão somente pela equiparação de direitos dos seus filhos queridos com os dos numerosos cachorros da Guanabara. Custaram-lhes pelo direito de pensar e de agir nesse sentido as atrocidades que relato adiante. Eles até não queriam tanto. Além de um pedaço de terra para os filhos, bastar-lhes-iam escolas e hospitais que sobram aos cachorros de uma cidade brasileira.

Claro que essa reivindicação jamais seria compreendida e atendida pelos latifundiários e feudais do Nordeste. Estranho, entretanto, é que oficiais das Forças Armadas se mostrassem insensíveis a esse quadro de penúria extrema. Não só insensíveis, mas hostis aos que tentavam sua superação, comportando-se como "capitães do mato" dos velhos tempos da escravatura negra. E até foram além: trouxeram para dentro dos quartéis as atrocidades, suplícios e torturas. Transformaram-se em magarefes e carrascos dos humildes.

Se esse é o quadro geral, a um só tempo hediondo e humilhante, do comportamento do IV Exército na "abrilada", forçoso, entretanto, é reconhecer que nele houve militares que não deixaram manchar-lhes a farda. O coronel Elisiário Paiva, o major Valmir, o capitão Carneiro Leão, o tenente Barroso, numerosos sargentos, cabos, soldados e outros, não se confundiram com aqueles. Cumpriram o dever de militar sem perder suas convicções políticas, mas também sem perder o respeito à pessoa humana e a responsabilidade de zelo pela honra das Forças Armadas de nossa pátria.

Estes e outros talvez estivessem conscientes de que seus superiores não respeitavam a Constituição Nacional e, desde o governo constitucional do presidente Getúlio Vargas, que criou a Petrobras e a Eletrobras, queriam entregar o país e suas riquezas nacionais ao imperialismo estadunidense. Posavam de patriotas e defensores da civilização cristã, quando, em verdade, eram traidores do povo e da pátria, além de desumanos e fascistas.

Cela 1 do 7º Regimento de Obuses

O tempo não importa. Podia já estar ali há quatro horas, quatro dias, quatro semanas ou quatro meses. O tempo não importa. Na primeira semana, parecia que eu já estava preso há vários meses e, às vezes, esse tempo se reduzia a um dia, a poucas horas.

Depois de 100 dias de cela, o tempo perde a dimensão. É do mesmo modo uma eternidade e um minuto. Com efeito, o tempo desaparece para quem está preso, envolvendo o corpo e a vida. A parede e a grade eram tudo, pois eram o que impressionavam os sentidos.

Os odores mais frequentes saíam delas. Eles denunciavam uma legião de soldados que por ali passaram de castigo. Soldado preso há 15 dias. Nunca mais de 15 dias. Preso porque chegou bêbado ao quartel. Preso porque dormiu no quarto na hora da sentinela. Preso porque não reconheceu o coronel que estava à paisana e, por isso, não prestou continência. Preso porque no concurso para cabo respondeu que o Rio Mississipi é afluente do Amazonas. Preso porque não veio ao quartel no dia em que a mãe morreu. Preso porque dançou a noite toda. Preso porque recusou a carne podre do rancho. Preso porque comprou, sem poder pagar, o "transistor" e os óculos *ray-ban*. Preso porque dormiu com a rapariga do tenente. Preso por qualquer coisa.

– Soldado número tal, teje preso!

Preso na cela n. 1 do Regimento de Obuses só por ser soldado. Ali ele dorme, ele come, ele urina, ele vomita e defeca porque nem sempre a guarda tem tempo de acorrer-lhe às necessidades. O seu mundo está ali reduzido a 1,70 metros por 60 centímetros. Tamanho de um colchão. Cabeça na parede e pés na grade. Mal se pode virar sem ferir os cotovelos no cimento propositalmente áspero das laterais da cela. O tato e o olfato se agridem nessa promiscuidade comprimida em centímetros de espaço feito de cimento, ferro e odores.

O paladar foi, talvez, o meu único sentido que não reagiu ao "Primeiro de abril". Comportou-se meio indiferente à quartelada. Esbaldava-se, na verdade, com o feijão vermelho da "Aliança para o Progresso". Não respeitava nem a carne de charque podre, nem o arroz azedo. Mesmo assim, o comportamento irritava os carcereiros.

Dos sentidos, a audição e a visão eram os únicos que conspiravam permanentemente. Foram os únicos sentidos que os militares não conseguiram, de todo, prender. Só se sentiram momentaneamente presos quando eu ouvia o gemido de dor dos companheiros espancados no xadrez anexo ou quando lia nas paredes da cela as frases rabiscadas pelos soldados presos nos últimos anos: "Aqui morou o Caxias da Mustardinha"; "O padrim Cirço é o meu protetor"; "Tiago, capítulo 5"; "O capitão tal é corno"; "Passei neste inferno 15 dias"; "E, aí... ela baixou as calças"; "Este é o país dos percevejos".

Cela n. 1 – 1,70 metros por 60 centímetros. Cela fria, escura, sem luz. Cela de soldado. Soldado que ali vai aprender a defender a pátria. Os 8,5 milhões de km^2 para o soldado da cela n. 1 se reduzem a centímetros. A cela n. 1 passa a ser a sua pátria.

Cela e célula são uma coisa só. De célula veio prisão celular. Célula quer dizer a menor parcela de vida. A Biologia nos informa que a célula é formada de uma massa viscosa, o protoplasma. A célula n. 1 do Regime de Obuses de Olinda é feita de cimento, ferro, tijolo e cal.

Dentro dessa célula se reúne outra célula. Célula política. Célula comunista formada da consciência, da memória e dos cinco sentidos. Célula com secretariado e tudo mais. Uma célula dentro da outra. Célula que faz reuniões rápidas de *controle, pleno-ampliado e ativos de análise crítica* e *autocrítica*. Célula vigilante que se reúne na calada da noite, ou quando tudo em volta é silêncio. Célula que fez reunião solene no dia 26 de julho de 1964, ouvindo o discurso de Fidel em Santiago de Cuba por meio de um "transistor". "Transistor" de um soldado.

A cela n. 1 é bem na entrada do quartel. Nada se vê, mas tudo se ouve: a entrada dos presos, seus gemidos; os comentários da guarda; as ordens de comando e alguns telefonemas. A cela n. 1 do 7º Regimento de Obuses de Olinda é estratégica. É o ponto de escuta, a sentinela avançada dos demais xadrezes.

Ouve-se tudo. Com 1,70 metros por 60 centímetros entre paredes, funciona como um tímpano, uma cúpula de teatro. É a corneta estridente; a ordem nervosa do sargento; o gemido do torturado; o choro das mães que procuram os filhos presos; o ruído do ferrolho que injeta a bala na hora em que o sentinela estranha quem se aproxima; os romances e as anedotas pornográficas do cabo debochado e as notícias de espancamento. Enquanto isso, os telefonemas informam sempre quem está entrando ou saindo do quartel.

Nada se vê, a não ser o soldado solidário que furtivamente vem trazer um cigarro, um pedaço de pão ou um bilhetinho dos companheiros recolhidos em outras dependências do quartel.

O tempo não importa. E luz tampouco. Não há luz na cela n. 1 do Regimento de Obuses. E lá fora muito menos. Falta luz e ar no resto do país. Ninguém respira. Prenderam muitos operários, professores, padres, pastores, engenheiros, estudantes, camponeses, cientistas, ministros, governadores de Estado.

– Só falta prender os ricos e a nós mesmos, disse um soldado. Um carnaval de prisões.

E um outro praça completa:

– Eu só queria ganhar de tostões os "teje preso" que já disse por aí. Não precisava mais trabalhar o resto da vida. Todos os quartéis estão cheios. A Casa de Detenção, a Secretaria de Segurança Pública, o Presídio de Itamaracá, a Ilha de Fernando de Noronha e as cadeias do interior já não têm mais canto para botar comunista. Estão prendendo gente agora no Sanatório de Tuberculose do Sancho.

O telefone toca. Mais presos.

– Formar guarda! – ouve-se a grita do sargento.

Mais um caminhão cheio de estudantes e operários.

À cela n. 1 do 7º Regimento de Obuses chegavam informações todos os dias, ora transmitidas pelos companheiros presos, ora pelos próprios soldados. E na falta desses condutos, o próprio telefone da guarda atendia à necessidade do mínimo de notícias. Durante os primeiros dias da quartelada de abril, a "operação terror" era discutida diuturnamente, à sombra dos canhões do 7º Regimento de Obuses. A todo instante, as cornetas davam o toque de oficial superior, e aqui e acolá o toque de oficial-general. Reuniões uma atrás da outra. Tramam contra o povo. Tramam contra a nação.

Grande movimento de soldados e de caminhões cheios de presos e de "tiras". À calada da noite, os espancamentos, as torturas e os assaltos aos lares miseráveis dos operários e camponeses. O terror mais agudo se instalou na 2ª Companhia de Guardas, na Rua Visconde Suassuna, onde o coronel Hélio Ibiapina pontificava o mando da "operação limpeza", e no quartel de motomecanização do subúrbio de Casa Forte. Neste último, comandava o coronel Villocq, que teve acessos de cólera quando viu derrotada sua proposta de fuzilamento.

Há lá fora uma imensa máquina de prender, sequestrar e torturar. O sistema capitalista de produção pode também prender, sequestrar e torturar em massa. Como navalhas, os gritos das sirenes das radiopatrulhas e ambulâncias cortam, dissecam o silêncio das ruas. E um ar de terror brota nos olhos dos transeuntes. O povo estava inquieto como boi encurralado que sente o cheiro da onça.

Só do xadrez da cidadezinha de Ipojuca foram comigo conduzidos ao Recife, de uma só vez, 20 presos, no dia 2 de abril. Na semana seguinte, mais de 200 foram trazidos de Ipojuca para a capital. As prisões eram feitas pelo IV Exército, pela Polícia Estadual e pelos próprios latifundiários armados de metralhadoras modernas.

Alguns camponeses chegavam amarrados e outros vinham cambaleantes de pancadas. Corpos marcados de açoites e bordoadas. Faces cheias de temor pela mulher e filhos que ficaram à mercê da violência. Olhos injetados de ódio, de desespero, sedentos de vingança.

O padre de Camela – um dos povoados do município de Ipojuca, Pernambuco –, jovem ainda, parecia ter envelhecido dez anos no momento da prisão. Com poucos minutos de grade, lhe confiscaram o breviário e a batina. Osias e Pedro Picopeu, dirigentes da Liga Camponesa do município do Cabo de Santo Agostinho, fizeram-lhe um violento sermão: que não devia ter entregado a batina, que devia deixar que os soldados arrebatassem à força e rasgassem a batina, que padre tem que ser padre até nos infernos!!!

Circo romano na Secretaria de Segurança Pública

Os camponeses chegavam cortados de chicotes. Muitos nem sentiam mais a dor dos açoites, porque o pensamento estava voltado para a mulher e os filhos, pais e irmãos, àquela altura entregues à sanha do senhor de engenho truculento e desumano. O mínimo que poderia acontecer seria umas pauladas em cada um; o amarrar do mocambo com uma corda e puxar com o trator; tiros e nomes feios para fazer medo e desmoralizar; crianças apavoradas se urinando de pavor, mãe e esposa se socorrendo com São Severino de Ramos, enquanto, com dois dedos, espremem as contas do rosário.

O ruído do jipe e de caminhões, naqueles dias, se misturou com o dos tiros de revólver calibre 38 e com os gritos nervosos dos chacais: "Não corra, comunista fila da puta!". À zoada se seguiam os gemidos e os golpes surdos de coronhadas. Silêncio. Ou desmaiou ou morreu.

Um camponês morto é um camponês morto. Vivo, é um comunista.

E as prisões se encheram de corpos sangrando e de gemidos de dor. No campo, o verde do canavial manchado de perseguidores. Na cidade, as ruas pobres maculadas de soldados e de "tiras". O terror reina e a violência anda à solta. Não houve engenho de Pernambuco sem dezenas de prisões nem rua do Recife sem famílias de presos e de perseguidos. O ódio contra o povo corria até o meio da canela.

A chegada dos presos à Secretaria de Segurança Pública era dantesca. Digna de *cinemascope*. Centenas de "tiras" e de patrulheiros sedentos de torturas animavam o moderno circo romano. Em torno do pátio, como se fora camarotes, o parapeito do primeiro andar continha os impulsos de centenas de expectadores. Pelos portões da Rua da União e da Rua da Aurora entram as legiões de presos. Alguns amarrados, ensanguentados e trôpegos.

Homens, mulheres, velhos e crianças, indistintamente, são tocados como animais, aos trompaços, pontapés e empurrões. E sobre o grupo de infelizes caem com fúria bestial os investigadores, os "araques", os "alcaguetes", os patrulheiros, os capangas dos senhores de engenhos e dos donos das fábricas. Um *show* de pancadarias, aos espasmos delirantes dos que se satisfazem, se realizam, quando esbofeteiam, pisoteiam e torturam o indefeso até se cansar.

Os ais de dores mal se ouviam, pois eram sufocados pelo alarido infernal dos gritos de frêmito circense dos espancadores. Cassetetes, chicotes, punhos e botas arremessados a esmo para que todos os espancadores atinjam a todos os espancados na recepção às enxurradas de presos.

Há mais cachaça para manter o fogo, o apetite das feras.

Às 14 horas do dia 2 de abril, chegamos ao "circo" da Secretaria de Segurança Pública. Já corria sangue no chão do pátio. A estranha bacanal de espancamentos tinha aspectos de hediondo carnaval. As risadas e urros eram uníssonos quando tombavam os corpos atingidos em cheio por murros e pontapés violentos.

Ali, extravasaram-se todos os ódios curtidos em um ano de lutas reivindicatórias dos trabalhadores e do povo. Vingava-se, naquele instante, o crime de se desejar terra para plantar, escolas, maternidades, hospitais e mais empregos para o povo.

Chacina

Naquela tarde, os abrilistas exibiram Gregório Bezerra sangrando, de cueca, e o puxaram pelas ruas como um animal amarrado ao pescoço. Era 2 de abril. No mesmo momento, no Quartel General do IV Exército, os industriais foram se solidarizar com os militares pelo golpe fulminante que eles haviam desferido contra o povo. Eram os mesmos que custearam e aplaudiram os comícios dirigidos por Gregório Bezerra, quando da eleição do latifundiário Cid Sampaio ao governo de Pernambuco. As objetivas das câmeras de televisão e os olhos aterrorizados das crianças e dos jovens fotografaram para sempre a humilhação a que expuseram o venerado sexagenário, batalhador das causas do povo.

Mariano, do Engenho Piaçabuçu, foi exibido de modo diverso: seminu, amarrado pelas pernas e arrastado por um jipe do Exército. Depois lhe cobriram as chagas das costas e o amarraram em cima de uma caminhonete para desfilar nas ruas do Cabo de Santo Agostinho e da Escada.

João Severino, outro camponês, teve desfile mais bizarro. "Passou" todo o Engenho "Serra", de Alarico, amarrado pelos testículos. Mendes de Pau d'alho, Siá Maria de Tiriri, Raimundinho de Abreu e Lima, Biu de Goiana, Jerônimo de Amaraji, Severino Biu de Gaibu, Pedro Fazendeiro e João Alfredo de Sapé não tiveram direito a desfiles. Tombaram no chão crivados de balas ou de pauladas. Seus corpos foram encontrados e reconhecidos. Nas matas, nos baixios dos canaviais e nas praias, outros corpos denunciados pelos urubus.

Cinco mil presos só em Pernambuco. Alguns foram soltos, a fim de morrer em casa, tal como ocorreu com o ex-secretário da Agricultura, Dr. Barros Barreto. O professor universitário José Bancowski, o médico Eleazar Machado, o advogado Carlos Duarte e outros foram socorridos a tempo pelos familiares.

O livreiro José Sobreira, com 50 anos de idade, tuberculoso, após uma "sessão" de choques elétricos e bordoadas, retornou semimorto à Secretaria de Segurança Pública. Morre, não morre, resultou sendo solto. Foi a sorte. Teve a vida encurtada em dez anos, porém escapou.

O Barão de Lucena, hospital de doentes mentais, durante todo o ano de 1964 recebeu presos políticos enlouquecidos pelas torturas. De abril a setembro, outros torturados foram recebidos no próprio Hospital Geral do Exército.

A palavra de ordem dos abrilistas era "a erradicação do comunismo e da corrupção" e tudo isso sob a bandeira da "Marcha da família com deus e pela liberdade", encabeçada pelo estadunidense Padre Peyton, ladeado de arcebispos, bispos etc.: sabe-se que foi recolhido mais de meio milhão de toneladas de joias e de ouro em pó.[12]

Dado o golpe de Estado, nas estações de rádio e televisão e nos jornais multiplicaram-se as entrevistas dos novos dominadores. E haja a dizer tolices. Afirmam que o comunismo já estava quase dominando o Brasil e que, para tomar tudo só faltava um pouco. Que o comunismo havia penetrado em todos os setores da vida pública brasileira, e até no clero católico e protestante.

---

[12] Recorda-se que o líder civil do golpe militar de 1º de abril de 1964 era, nada mais e nada menos, o próprio Magalhães Pinto, dono da maior rede de bancos privados do Brasil e, por coincidência, o governador de Minas Gerais, onde se situava e ainda se situa, a maior jazida de ouro do país.

– E agora – desabafava o general Justino Alves Bastos – o comunismo está morto. "Mortinho da Silva".

Houve muita festa depois de muitos assaltos e saques aos lares, a pretexto de buscar materiais subversivos. Os "tiras" da polícia do Exército levaram máquinas de escrever, máquinas fotográficas, móveis, roupas, sapatos, coleções de livros, bibliotecas inteiras, aquecedores, instrumentos musicais, bicicletas e automóveis. Nenhum auto de apreensão. Muitos saqueavam e conduziam direto para esconderijos próprios, deixando, quase sempre, um rastro de sangue e terror.

Prendiam-se famílias inteiras: esposas, maridos e filhos. O casal de cancerologistas – os Kelner – e mais ainda a filha, foram presos; Severino Ferraz, de Caruaru, o filho e o genro; o casal de professores universitários, Bianor e Naide Teodósio. E quando os militares não encontravam os pais, prendiam esposas e filhos, não importando a idade destes. Assim é que, não encontrando David Capistrano, prenderam-lhe a esposa e filho de 14 anos. Na falta de Hiram Pereira, encarceraram sua esposa e filha de 16 anos. Ernesto de Caruaru, apelidado de "Ernesto do colchão", não foi preso. Operário, pai de oito filhos menores, dias depois viu a polícia prender-lhe a esposa e um filho de 10 anos como reféns. Numerosas famílias de camponeses sofreram idênticas arbitrariedades.

Os militares tiveram a audácia inclusive de prender representantes da Justiça. Foram, entretanto, infelizes quando investiram contra o juiz Agamenon Duarte, em pleno Palácio da Justiça. Este, de mão no revólver [calibre] 38, concedeu ao major do Exército dois minutos para sair da sua frente e deixou claro, de início, que nas suas imunidades repousava a honra da Justiça, e por isso defendê-las-ia até com a própria vida. O oficial mediu a estatura moral do gigante e bateu em retirada.

Os delegados Eudes e Teobaldo submeteram, amarrado, Ozias da Costa Ferreira, presidente da Liga Camponesa do município do Cabo de Santo Agostinho, a sentar-se no chão da traseira de um jipe, cujo espancamento encurtado servia de objeto de tortura, com o calor insuportável no ânus e testículos do preso.

"Via-sacra"

A entrada dos presos no Regimento Motomecanizado de Casa Forte fazia comover e revoltar o indivíduo mais frio e insensível. Eram os comandados do coronel Villocq aproveitando-se de criaturas humanas para fazer exercícios de murros e de pontapés.

– Tudo vai mais ou menos. Eu só havia levado uns murros na hora em que me prenderam. – Narrava calmamente Manoel Vicente Ferreira, líder dos trabalhadores em hotéis e restaurantes – Gordo e de gestos largos, aparentando algum cansaço, Manoel Vicente acabava de ser transferido para o xadrez do 7º Regimento de Obuses de Olinda. Como em geral ocorre nas cadeias, os outros companheiros de infortúnio o rodearam logo para ouvir novidades dos outros quartéis.

– Só uns murros – prosseguiu – e uns empurrões. Mas quando cheguei ao quartel de Casa Forte é que a dor de um tapa me fez dizer um "Valha-me, Nossa Senhora!". Flecharam em mim mais de dez para me derreter na pancada. Pareciam marimbondos. E era batendo e dizendo: "Nossa Senhora, não é? Seu filho da puta!" – e *buft* e *buft, buft* e *buft*. Eu já não tinha mais lugar no corpo para tanta gente bater. Parecia jogo de peteca. Eu ia de um lado para o outro do corredor. Tive a impressão de que ia morrer. Quando eu dizia que não era comunista, pior ainda: lá vinha pau e nome feio! Cadê que me respeitaram a idade, cadê? Pareciam loucos!

Todos os que passaram pelo Quartel de Casa Forte viveram momentos difíceis. Um grupo de 18 presos foi confinado durante vários dias em um aparelho sanitário de modestas dimensões. Tão pequeno o espaço que os presos tinham que ficar de pé o tempo todo. O cansaço e o mau cheiro da sentina faziam desmaiar os mais fracos.

Ali, de pé, tinham de dormir e comer. Ao amanhecer, chegavam os carcereiros, sempre aos gritos e com ameaças de fuzilamento. Malgrado o local, em nada apropriado para solenidades, forçavam os presos a cantar o Hino Nacional e a rezar, em voz alta o "Pai nosso" e a "Ave Maria".

Em Casa Forte, a maioria dos presos foi submetida a trabalhos forçados. Carregavam pesados blocos de pedras até se extenuarem. Manuel Messias, jovem estudante de Caruaru, sofreu muito na unha do próprio coronel Villocq. Rasparam-lhe as sobrancelhas e metade da cabeça. Foi tão espancado a pau e a cano de ferro que o médico militar chamado para o socorrer chorou, tão massacrado se encontrava Manuel Messias.

Gregório Bezerra foi quem mais penou nas mãos do coronel Villocq. Ele ordenou exibi-lo de cuecas e puxado por uma corda amarrada ao pescoço. O velho batalhador, de cabeça inteiramente esbranquiçada pelos trinta anos de lutas em favor dos trabalhadores, foi conduzido pelas ruas nessa situação humilhante. Em torno dele, uma dezena de baionetas e metralhadoras. O cortejo parava de porta em porta sob os olhares apavorados das mulheres e crianças.

– Esse desgraçado – dizia o coronel Villocq – é um traidor, um monstro que queria beber o sangue das crianças. É o rei do comunismo e vivia aí pregando contra a pátria, a religião e a democracia.

Gregório marchava com vista baixa, porém de cabeça erguida, firme, apesar dos 64 anos de idade e dos espancamentos sofridos. Marchava calmo e do mesmo modo ouvia tais insultos. Poderia ter reagido e não se deixar humilhar daquele modo. Corajoso, pois, acostumado a vexames maiores, tinha consciência de que aquela "via-sacra", fulminando-lhe a vida, mostraria ao povo a raça de gente que havia assaltado o poder; que gênero de "cristianismo" presidia a "abrilada". Impunha-se a si mesmo mais esse sacrifício em prol da causa comum. Preciso era, naquele instante, ajudar as crianças, os jovens e todas as criaturas conscientes e honestas a reconhecer bem o que de monstruoso vinha do bojo do Movimento de Abril. A maioria das pessoas fechava as janelas, as portas, envergonhada, horrorizada.

As câmeras documentaram essa moderna "via-sacra" e a exibiram nas televisões, levando, assim, o horror e a vergonha ao interior dos lares. Puxado como boi, pelo pescoço e aos empurrões, o ancião suportou tudo isso sem a mínima manifestação de medo. Faltou-lhe apenas um madeiro aos ombros para se reeditar, naquela tarde de 2 de abril, a memorável forma como o império romano, utilizando oficiais judeus, humilhava e torturava os que pugnavam por uma vida nova sem amos e sem escravos.

No Quartel de Casa Forte, Gregório Bezerra foi entregue à soldadesca e oficiais para ser escarnecido e torturado. Não lhe colocaram coroas de espinhos, porém da sua fronte jorrava muito sangue em consequência das cacetadas covardemente desferidas pelo próprio coronel Villocq até prostrar-lhe por terra.

– Fique em pé, desgraçado! – gritava furioso no pátio do quartel o coronel Villocq. Gregório já havia sangrado muito e mal podia ficar sentado. Foi colocado de pé pelos praças.

– Repita bem alto o que eu for dizendo – ordenava o coronel Villocq –, ouviu, seu filho de uma égua?

E berrava: "Eu sou um filho da puta". Gregório, a todo peito: "E eu sou filho de uma mulher honrada!" O coronel Villocq engoliu em seco. Consertou o casquete, piscou as pestanas, olhou rápido os soldados em torno e gaguejando corrigiu-se: "É, é, realmente, a senhora sua mãe nada tem com isso. Desculpe-me. Mas agora, seu comunista traidor – voltou à carga – repita bem alto, bem alto, ouviu? 'Eu sou um traidor!'". E Gregório, a todo pulmão: "E eu sou um patriota!"

Pano rápido. Depois desta, até o militar médico que tentou socorrer Gregório foi espancado pelo coronel Villocq.

O "bafo da onça"

O Quartel de Subsistência do Exército, localizado no bairro da Cabanda, Recife, desempenhou um papel de todo especial na "abrilada". Seus imensos frigoríficos, destinados a conservar carnes, peixes, frutas e outros alimentos perecíveis, estiveram superlotados antes de abril. Os militares previniram um abastecimento para meses de luta. Não lhes bastariam as reservas alimentares da "Aliança para o Progresso" representadas em feijão, leite e banha, principalmente. Todos os frigoríficos dos quartéis estavam, geralmente, em idêntica situação. Tamanha era a quantidade que, havendo uma ligeira avaria no maquinismo de frigorificação do 7º Regimento de Obuses, toneladas e toneladas de carne ali armazenadas tiveram de ser distribuídas ao povo.

Durante três ou quatro dias seguidos, filas quilométricas, ladeadas de soldados e organizadas aos gritos nervosos de oficiais e sargentos, serpenteavam a Estrada Paulista até o pátio do quartel. Era a população pobre e faminta do bairro do Jatobá e vizinhanças, convocada para consumir a carne ameaçada de putrefação.

A feição daquela gente, a maioria mulheres, velhos e crianças, trazia no rosto um misto de alegria e medo, pois, se de um lado tinha a certeza de receber uns quilos de carne cada um, se apavoravam com os gritos e as armas dos que a mantinha horas inteiras na fila.

Depois do "Primeiro de Abril", os frigoríficos do Quartel de Subsistência do Exército, em lugar de bois, carneiros e aves – alimentos para o corpo – passaram a receber seres humanos vivos, que serviam de alimentos para a alma de seus algozes. À noite, presos eram retirados do Quartel de Baterias de Costa de Rio Doce ou da Secretaria de Segurança Pública ou da 2ª Companhia de Guardas e até mesmo do próprio Hospital Geral do Exército, a fim de serem metidos descalços e nus ou com pouca roupa na imensa geladeira do Quartel de Subsistência. A esse suplício os soldados chamavam de "bafo da onça".

O preso é ali metido às aguilhoadas de baionetas ou, em caso de resistência, jogado no lastro do frigorífico. Fechada a porta, a luz interior se apaga e o frio, que já é intenso, passa a ser insuportável. A operação "bafo da onça" era feita em minutos. Porém, era o suficiente para queimar os pés e aterrorizar as vítimas. O economista Evaldo Lopes, o professor universitário e deputado Assis Lemos, o advogado Ubiracy Barbosa e outros passaram por esse suplício.

O "foguete Titã"

Os tempos mudam e com eles as técnicas e instrumentos de suplícios. E como em tudo há aprimoramento, com o decorrer dos tempos a técnica e os instrumentos de torturas foram aperfeiçoados. No passado, o aparelho de repressão queimava com pontas de cigarros e com ferro em brasa o corpo dos presos políticos. Desta vez, nos cárceres de Pernambuco predominou o choque elétrico. Em quase todos os quartéis do IV Exército, delegacias, comissariados de polícia foram feitas, improvisadamente, instalações do novo suplício, de eficiência comprovada pelos estadunidenses no Vietnã, principalmente pelo fato de não deixar vestígios no corpo da vítima. Os choques elétricos eram aplicados de preferência nas orelhas, nos mamilos, no clitóris e nos testículos dos presos.

"Japão", um camponês do município de Paulista, quase foi eletrocutado, tão elevada a carga de volts que lhe aplicaram nos ouvidos e por todo o corpo. Jasson, líder dos funcionários públicos de Pernambuco, depois de várias noites submetido a esse gênero de tortura, perdeu dez quilos e a pressão arterial subiu a 20. Osias Ferreira, dirigente das Ligas Camponesas, depois de tanto espancamento e choque elétrico, baixou ao hospital.

O famoso "pau-de-arara" – grosseiro e bárbaro suplício da polícia do governador Carlos Lacerda – teve plena aplicação na área do IV Exército. O "pau-de-arara" consiste em manietar o preso da seguinte forma: passa-lhe um pau, uma "bengala", por trás dos joelhos. Encolhidas as pernas, faz-se passar os pulsos da vítima por baixo da madeira, a fim de serem atados os mesmos pulsos na parte inferior da rótula. Feito isso, o corpo é suspenso pela bengala, cujas extremidades se repousam sobre duas mesas. O corpo do infeliz fica, assim, com a cabeça para baixo e as nádegas para cima, facilitando, dessa maneira, a tortura nas partes mais delicadas do organismo.

Enquanto os "garrotes" simultâneos dos pulsos e das pernas feitos, respectivamente, pela corda e pela madeira impedem a circulação sanguínea das mãos e das pernas, causando tremendas dores locais, o resto do sangue escoa para a cabeça, provocando dores nos ouvidos e nos olhos.

O economista Evaldo Lopes, diretor da Loteria Estadual, teve o azar de ver uma "poule" de jogo de bicho transformada em importantíssimo segredo revolucionário. Apontamentos a lápis de números que o homem simples da rua facilmente traduziria como milhares do carneiro, do avestruz, do urso, gato e camelo, as autoridades do IV Exército admitiam haver ali a estranha numerologia criptográfica da mais alta conspiração comunista. E foi difícil se convencerem de que se tratava de simples código do sorteio da Loteria do Estado. Meteram o economista no "bafo da onça", crivaram-lhe todo de pauladas e de choques elétricos. Submeteram-no a hipnotismo e, no fim do primeiro dia de suplício, o colocaram no famigerado "pau-de-arara". Ao cabo de uma semana, estava quase louco e com apenas metade do peso.

Um varredor analfabeto de uma escola particular de datilografia de Beberibe foi encontrado com um papel no bolso. Era um mero exercício de iniciantes:

asdfg qwert

asdfg qwert

Pois bem, o infeliz quase morreu de tanto apanhar e de levar choque elétrico, para explicar semelhante código.

Porém, a mais avançada aquisição técnica de torturas empregada no IV Exército foi, sem dúvida, o "foguete Titã", como se vê, pelo nome, atualíssimo com a era dos voos espaciais. Evaldo Lopes, Assis Lemos e Ubiracy Barbosa, os dois últimos notadamente, manietados ou desmaiados, foram utilizados nesta torpe experiência. Os militares, encapuzados à moda da "Ku Klux Klan", enfiavam rolos de jornal no ânus da vítima suspensa no "pau-de-arara" e, em seguida, tocavam fogo na extremidade. E se divertiam mais do que inquiriam. Tudo indica que esses hediondos "cabos canaverais" se localizaram em vários quartéis do IV Exército.

A "piscina seca"

Ivo Carneiro Valença, preso em Alagoas, havia chegado ao Regimento de Obuses no dia 20 de abril. Foi metido no xadrez dos sargentos, encontrando, semimorto e estendido numa cama, Valdir Ximenes, cunhado do deposto governador Miguel Arraes. Oficial da reserva e com a velha ilusão de que o Exército brasileiro é democrata, progressista e com tradicional espírito humanista, Ivo Valença teve, logo ao chegar, tremenda decepção. Ali se achava, imóvel, um homem de 40 e poucos anos, industrial e ex-dirigente da Cooperativa de Usineiros. Rosto pálido, barba crescida e grisalha, olhos parados, fixos no teto. Era seu conhecido, porém se lhe apresentava dez anos mais velho. Envelhecera em três noites de torturas no 7º Regimento de Obuses. Pouco influiu a sua condição de homem rico e de católico praticante. O que interessava aos "revolucionários" eram as armas, as metralhadoras e, paradoxalmente, as únicas "armas" que encontraram em seu poder e nos seus guardados foram um rosário, um crucifixo e dois livros de missa.

Suspeitavam que Valdir Ximenes sabia onde se encontravam os supostos depósitos de armas de guerra do governador Arraes. E, como a "revolução" já havia dado larga divulgação à exposição do farto material bélico arrebatado aos comunistas, era urgente que tais despojos aparecessem de qualquer maneira. A data de abertura da exposição não podia ser adiada mais uma vez sem implicar na desmoralização dos "revolucionários".

No "pau-de-arara", Ximenes só não morreu porque os outros presos fizeram chegar ao arcebispo de Olinda e Recife uma denúncia dos bárbaros espancamentos a que ele era submetido. O prelado – segundo se informou na época – esteve em Brasília, rogando ao presidente da República a suspensão das torturas em Pernambuco.

Fraturaram-lhe a espinha e amassaram-lhe um dos rins. O médico do Regimento de Obuses só lhe socorria quando as dores eram insuportáveis e para lhe ministrar analgésicos. Muitos dias depois é que Ximenes foi transferido para o Hospital Geral do Exército, onde foi metido em colete de gesso.

Ivo Valença começou a ser torturado a partir do momento em que o colocaram junto a Ximenes em um xadrez solitário. Evidentemente, não poderia guardar melhor sorte sendo antigo participante do Movimento Comunista de Pernambuco, já que Ximenes, infenso a credos políticos, quase o mataram.

À meia-noite, Ivo Valença foi conduzido aos fundos do quartel. Em um alojamento de pouca luz, seis homens encapuzados o aguardavam com instrumentos nas mãos. Às primeiras bordoadas, Ivo faleceu. Em seguida, o seu corpo de 100 quilos foi pendurado pelas pernas a uma roldana fixada no teto do edifício; braços cruzados ao pescoço e atados pelo cangote, a fim de deixar todo o tórax e o abdômen expostos aos espancamentos.

Os militares queriam saber o local onde se achavam escondidas e a origem das supostas armas. Uma vez inúteis os golpes de cassetete e de canos de ferro, os algozes moveram a roldana fazendo baixar o corpo da vítima, a fim de introduzir-lhe a cabeça dentro de uma tina de água suja, ameaçando-o de afogamento. Madrugada adentro, Ivo Valença, sangrando todo, era devolvido ao xadrez com o corpo marcado de ferimentos, equimoses e hematomas.

E assim, três noites seguidas, passou pela câmara de torturas do 7º Regimento de Obuses de Olinda. Emagreceu 18 quilos em uma semana. De resto, aplicaram-lhe maior golpe. O mesmo oficial que comandava as sevícias lhe avisou, pessoalmente e já sem capuz, que sua filha, jovem de 15 anos, havia sido sequestrada por oficiais degenerados. Mentira. Porém, naquelas circunstâncias, não seria Ivo Valença que iria duvidar da informação e da fonte. Essa mentira quase lhe custou a vida. O choque cardíaco exigiu médico imediatamente.

Enquanto isso, na cidade de Natal, o professor universitário Luis Maranhão Filho passou pela mesma situação que Ivo Valença. Apenas uma diferença: aquele era todo mergulhado em um tanque cheio de combustível e de óleo lubrificante. Já era míope e quase cegou. Na mesma cidade, o bancário José Campelo Filho, ridiculamente acusado de querer matar o ex-presidente Gaspar Dutra, foi metido em "garrotes" e torniquetes pelos militares do IV Exército.

Ao deputado Floriano Bezerra, dirigente das Ligas Camponesas do Rio Grande do Norte, "os revolucionários" proporcionaram mergulhos especiais. Nada de tina d'água e tampouco tanque de óleo. Para o deputado dos salineiros e camponeses potiguares, estava reservada, no arquipélago de Noronha, a "piscina seca" – uma sugestão dada por oficiais ianques que trabalhavam naquele território insular.

Atados os pés e as mãos para trás, Floriano foi suspenso pelos membros a um pequeno guindaste. Evidentemente, imaginou a princípio que lhe quisessem deslocar ou mesmo quebrar os braços com o peso do próprio corpo. Porém, coisa pior estava urdida. Feito isso, os oficiais trouxeram um caixão de pinho vazio. Manobrando o guindaste desciam o corpo de Floriano Bezerra de modo a apoiar-lhe a garganta e as coxas sobre as bordas ásperas do caixão. Era a "piscina seca". Com o peso do corpo descendo sobre o pescoço, a garganta, a vítima se contorcia de dor inutilmente vendo a hora de morrer asfixiada. Faltava-lhe a voz sufocada na goela. Esbugalhavam-se os olhos. O rosto e a língua se avolumavam congestionados de sangue, no estertor da morte iminente. E para descansar, ministravam-lhe o que os oficiais chamavam de "colherzinha de chá", uma saraivada de choque elétrico por todo o corpo.

"Na melhor das hipóteses, um Concílio Ecumênico"

A quartelada de abril quase foi também um movimento antirreligioso. Além de assestar um tremendo golpe sobre a chamada "esquerda católica" – um movimento humanista que aparecera nos três últimos anos com o nome de Ação Popular –, fechando-lhe e saqueando-lhe os jornais, levou aos cárceres numerosos padres, ministros protestantes, espíritas etc. Os que escaparam à sanha dos policiais e militares tiveram de fugir, buscando proteção nos palácios dos bispos ou no estrangeiro. E aqueles tidos como esquerdistas e que mais abertamente professavam o seu credo religioso, então, sofreram torpes humilhações nas cadeias.

– O mais perigoso dos comunistas é aquele que se encobre com a capa da religião – dizia um dos oficiais do 7º Regimento de Obuses de Olinda.

E prosseguia na sua santa ignorância:

– Não está vendo? O país ocidental onde há mais comunistas é a Itália, sede do Vaticano e de um clero formado por 11 mil padres. Uma igreja em todo canto e em cada canto um comitê comunista. O papa atual, João XXIII, para ser comunista basta fichá-lo. Certos estão os deputados, em Salvador, quando denunciaram à Bahia e ao mundo que o Consistório[13] havia elegido um comunista ao trono de São Pedro, o cardeal Montini. Tomara que o comunismo ganhe e depois passe a corda no pescoço de cada um desses "come-hóstia".

É que no combate ao subdesenvolvimento, ao atraso cultural, havia se unido, no país, a maioria dos homens honestos de todos os credos políticos e religiosos. De maneira que, quando a reação militar golpeou a democracia, teve de arrastar aos cárceres pessoas importantes e inclusive de inabaláveis convicções cristãs, como os professores universitários Antonio Baltar, Arnaldo Marques, Anita Pais Barreto e o deputado Sérgio Murilo Santa Cruz, que só saiu arrastado da Assembleia Legislativa, tão dignamente resistiu à prisão e à entrega do cargo.

---

[13] Reunião de cardeais para dar assistência ao papa nas decisões.

Todas as camadas da população já haviam amadurecido politicamente para tomar posição contra os fatores de atraso de nosso povo: o imperialismo e os restos feudais na agricultura. Só os abrilistas não. Razão por que se irritavam com o simples título de um livro ou com a cor de sua capa. Assim é que foram apreendidos caminhões e mais caminhões de livros e revistas, não escapando exemplares de literatura apolítica e livros religiosos.

Os padres e cidadãos religiosos metidos nos movimentos de cultura popular e de alfabetização tiveram, em abril, quase a mesma sorte dos comunistas mais conhecidos. De resto, com a resistência oferecida por alguns religiosos às investidas militares, estes passaram a ver naqueles os piores "agentes do comunismo internacional".

Os militares ficaram indignados quando souberam que alguns dos perseguidos se achavam escondidos no interior do Convento de São Bento em Olinda. Interrogado, o superior do convento confirmou estarem ali alguns homens foragidos.

– Comunistas? – indagou-lhe o coronel Ivan, então secretário de Segurança Pública.

– Não sei se o são. Não lhes indaguei, pois pouco importa a condição política – respondeu o jovem padre. – A casa de deus é aberta a todos os seres humanos, já que "a transfiguração pode se dar ao se lhe atravessar a soleira da porta".

– Tudo muito bem e bonito, mas o senhor nos vai entregá-los – insistiu o oficial.

– Não, senhor. Não de nossa missão sacerdotal. Foi o "batei e abrir-se-vos-á" que ditou o meu gesto. Cumpre-nos "aliviar os aflitos e socorrer os necessitados".

– Então – optou o coronel – vou mandar uma patrulha invadir o convento e trazê-los de qualquer maneira. Que acha o senhor?

– Acho grave esta decisão – respondeu o reverendo e, resolutamente, concluiu –; os seus soldados me encontrarão na porta. E defenderei o meu convento.

O arcebispo D. Helder Câmara acolheu no Palácio Episcopal a senhora Violeta Arraes. Tratava-se de proteção de mais uma católica praticante e bem identificada com os modernos princípios sociais da Igreja, do que meramente a irmã do governador deposto, Miguel Arraes Alencar.

Em contrapartida, carcereiros e seus superiores faziam tremenda resistência aos pedidos de confissões e de comunhão solicitados pelos presos católicos. Em geral, deixavam de transmitir aos padres confessores os recados, quando não – e isso constantemente ocorria – vedavam a entrada aos quartéis, de sacerdotes que conduziriam a eucaristia. Alimentavam revoltante prevenção contra os presos católicos. E só não foi maior o sofrimento destes graças à humana e constante intercessão da digna esposa do general Muricy, comandante da 7ª Região Militar, de ideologia diametralmente oposta à do marido, a qual até chegou a participar da Ação Popular em Minas Gerais.

O professor universitário Paulo Freire, criador de um método de alfabetização, que pela eficiência demonstrada na prática se tornou famoso até fora do país, antes de ser preso era cidadão católico de receber diariamente a eucaristia. Cristão consciente, o professor Paulo Freire, atualizadíssimo com a filosofia católica, desde Santo Agostinho, são Tomás de Aquino até Jacques Maritain e Gabriel Marcel, sofreu muitas humilhações.

Se bem que o seu processo de alfabetização seja de uma metodologia e prática acentuadamente objetivas e lógicas, a sua conceituação é, por outro lado, profundamente idealista. Em qualquer país dirigido por comunista aquela conceituação receberia, a par do respeito que merece, as críticas mais acerbas.

Pois bem, para o coronel Hélio Ibiapina, chefe dos Inquéritos Policiais Militares, os famosos IPMs, toda aquela formulação tomista de conceitos cristãos do professor Paulo Freire era "comunismo do mais legítimo". Tudo o que o mestre havia escrito sobre o método foi apreendido pelo Exército. Não escaparam nem mesmo as inofensivas ilustrações feitas pelo desenhista e pintor burguês, Francisco Brennand, destinadas a uma edição europeia do "Método Paulo Freire".

Da equipe do professor, constituídas de padres e de estudantes da universidade e de colégios católicos, foi uma parte escorraçada e a outra metida nos cárceres. Preso duas vezes, o professor Paulo Freire foi o tempo todo humilhado. Meteram-no na famosa Cela n. 1 do 7º Regimento de Obuses de 1,70 metros por 60 centímetros, e no famoso "X-2" (xadrez n. 2) da 2ª Companhia de Guardas, onde era obrigado a passar o dia seminu, entregue à sanha do tenente Mousinho que fazia questão, pois isso o deixava orgulhoso e satisfeito, de ser chamado de tenente "Mausinho".

Com a resignação quase apostólica dos velhos luminares da Igreja dos primeiros tempos, Paulo Freire suportou com muita coragem e altivez os meses de prisão. Não foram menores, todavia, as humilhações sofridas pelo pastor metodista Dorival Rodrigues Beulke. Foi preso seis vezes e obrigado a se despir do hábito religioso para ficar seminu no asquerosíssimo e apavorante buquê da Secretaria de Segurança Pública, no "X-1", "X-2" e celas da 2ª Companhia de Guardas. Toda vez que era preso, arrebatavam-lhe das mãos a sua *Bíblia*.

De nada serviram os documentos enviados pelo seu bispo, explicando sua condição de ministro evangélico, com que se pretendia forçar os militares a lhe dispensar tratamento menos humilhante. Expulsaram-lhe a esposa e filhos que, de certa feita, foram visitá-lo. De outra vez, chegou ao quartel um pequeno grupo de evangélicos chefiados por um diácono de nacionalidade estadunidense. Queriam fazer uma visita ao pastor Beulke, para lhe dar a justa assistência espiritual. Impedidos de fazê-lo, os crentes se limitaram a, defronte do quartel, ler uns trechos bíblicos – Atos 4, versículos de 32 a 35 – e, em seguida, entoaram em altas vozes um hino:

Servo de deus
A trombeta tocai,
jesus em breve virá!

Coincidiu, desgraçadamente, que o corneteiro do quartel, como que atendesse às palavras dos "irmãos", a todo o pulmão, com o estrépito das cornetas de Jericó tocou o "rancho acelerado". Foi a conta. O coronel Ibiapina mandou o sargento da guarda ameaçá-los de prisão.

Da vez que se encontraram no "X-2" da Companhia de Guardas, o pastor Beulke, o professor Paulo Freire e um espírita, era comum vê-los ajoelhados, ao se levantar e na hora de dormir, fazendo, em conjunto, as orações de agradecimento a deus por lhes haver conservado a vida e pela alma dos que morreram naqueles dias de provações.

Fazer um católico, um protestante e um espírita rezarem em conjunto, só um golpe de Estado ou, na melhor das hipóteses, um Concílio Ecumênico.

O "trono do diabo"

A capacidade inventiva dos policiais é quase inesgotável em matéria de instrumentos de torturas. A cada dia surgiam novas "aquisições". O aperfeiçoamento sempre persegue o objetivo de não deixar vestígios. E, nesse particular, a tortura mental e os choques elétricos foram, sem dúvida, os processos mais utilizados pelos "abrilistas" de Pernambuco. Não foi por acaso que o Manicômio Judicial de Tamarineira recebeu presos políticos durante todo o ano de 1964.

Gravações de torturas físicas reais e outras teatralizadas eram ouvidas por presos nas vésperas de seus depoimentos. Porém, aqui e acolá o atraso tecnológico aflora e os policiais mais truculentos surgem com criações toscas, grosseiras, apesar de serem, às vezes, originais.

É o caso, por exemplo, do "trono do diabo", aparecido na quartelada de abril. Mariano Sales da Silva era membro da Liga Camponesa de Timbaúba e residia no Engenho Terra Nova, do município Aliança. Em 1963, Mariano Sales e uma centena de outros camponeses foreiros daquele engenho formaram a "delegacia" local da Liga. A maior parte dos camponeses ali associados era feita de pentecostais que, aos domingos, faziam o seu culto sob a fronde de grossas mangueiras, local onde também se reunia a assembleia das Ligas Camponesas.

De forma que, aos sábados, era a assembleia das Ligas e aos domingos a "Assembleia de deus", denominação vulgarizada pela Igreja Pentecostal. Tanto os pleitos reivindicatórios das Ligas como os princípios pentecostais eram assuntos novos no Engenho Terra Nova e muito sensibilizaram as massas camponesas.

Ao radicalismo das Ligas se associou o dogmatismo protestante e, como eram frequentes na região as destruições de lavouras de camponeses pobres patrocinadas pelos latifundiários, não tardou que aqueles buscassem um remédio bíblico, já que as leis terrenas eram desrespeitadas impunemente.

– A lei de deus – pregava um noviço – é a lei divina, consoante o que está escrito aqui na *Bíblia*.

– Aleluia! Aleluia! – repetiam em coro os camponeses.

Em cima de um carro de bois e circundado de uma centena de crentes, o noviço havia, com gestos de maestro, dirigido os cânticos iniciais do culto. E, no momento, lia com alguma dificuldade de homem das primeiras letras, os trechos bíblicos escolhidos para a prédica dominical. Versículos de Isaías, de Jeremias e dos livros de Moisés transfiguravam aquelas almas simples e sofredoras, cujo desabafo das dores encontravam alento no balbuciar incansável dos "aleluias".

A descoberta do trecho sagrado que dita a Lei do Talião – "dente por dente e olho por olho" – coincidiu exatamente com a chegada de uma família camponesa cujo sítio, naquele momento, havia sido destruído pelo senhor de engenho. O prejuízo era de 72 pés de bananas, quase a totalidade das fruteiras do pequeno sítio.

A denúncia eletrizou toda a Assembleia de deus, iluminada assim pelos derradeiros ensinamentos divinos ali ouvidos. No dia seguinte, ao ritmo das machadadas e aos sons dos "aleluias", foram derrubadas 72 bananeiras do malfeitor. Isso ocorreu um mês antes do golpe de Estado. Houve pânico entre os latifundiários e queima de *Bíblias* em profusão.

"A lei da Liga é a lei da *Bíblia* e por isso é a lei de deus" – silogismo grosseiro que, no entanto, levou a consolidar em Aliança o prestígio da organização camponesa. Nenhum senhor de engenho se aventurou mais a invadir os pequenos sítios dos miseráveis camponeses.

Nos tormentosos dias de abril, Mariano Sales da Silva foi preso e, uma semana depois, solto por nada constar contra sua pessoa. E retornou ao trabalho da roça. Um mês mais tarde, o latifundiário Teobaldo o denunciou e Mariano foi novamente preso por soldados do Exército e policiais da Secretaria de Segurança Pública. Manietado com as mãos para trás, é sentado nu sobre o lastro do jipe e ladeado de espancadores.

Como os soldados do tempo de cristo, estes lhe aplicavam bofetadas inesperadas para que Mariano adivinhasse quem lhe bateu. Até aí, nada lhe parecia novidade, pois na *Bíblia* já estava escrita aquela sorte de tortura. Não entendia, contudo, a insistência de lhe afirmar os policiais que ele, Mariano, estava sentado no "trono do diabo". Só o entendeu quando o jipe começou a se movimentar. O escape do veículo estava voltado para o lastro do veículo.

Os 60 quilômetros que ligam Aliança ao Recife deixaram--lhe tostadas as nádegas, a ponto de sofrer contínuos desmaios. Quase morto, Mariano Sales foi escondido nos porões do comissariado do bairro Vasco da Gama, no Recife, a fim de ser recuperado. Dias após, os policiais o transportaram para o comissariado do bairro do Espinheiro que, em abril, se celebrizou pelas torturas de presos políticos. Não poderia estar em boas mãos, já que o delegado a que fora entregue era filho do próprio latifundiário que o denunciara, o bacharel Gil Teobaldo.

Todas as noites, durante uma semana inteira, o camponês Mariano Sales da Silva foi entregue à sanha dessa autoridade. E como se não bastassem os suplícios, o juiz de Aliança o condenou, sem direito à defesa, a três anos de prisão e a Auditoria de Guerra do IV Exército acrescentou-lhe mais 12 anos de reclusão.

Na Casa de Detenção do Recife, com o corpo todo marcado a pontas de cigarros e a escape de jipe, se encontra o camponês Mariano Sales da Silva, como um troféu da Quartelada de Abril.

A sindicância inacabada

Os gemidos saídos dos cárceres do IV Exército provocaram um clamor geral no país inteiro, apesar da maioria dos jornais se encontrar amordaçada pelos golpistas. Os excessos praticados pelos militares e civis a seu serviço não puderam permanecer encobertos e a consciência nacional exigiu uma atitude das autoridades competentes.

Este foi o motivo do presidente Castelo Branco ter enviado urgente a Pernambuco o general Geisel, chefe da Casa Militar, a fim de apurar as denúncias de torturas de presos políticos naquela área. O general ouviu pessoalmente a maioria dos presos, porém sempre acompanhado dos responsáveis e até mesmo dos executores das torturas. Ainda assim, ouviu numerosas e graves denúncias. Porém, nenhuma providência concreta destinada a punir os espancadores foi tomada. Ao contrário, os que tiveram a coragem de formular-lhe as denúncias foram perseguidos e passaram mais tempo presos.

A chamada Comissão de Alto Nível, constituída do presidente do Tribunal de Justiça de Pernambuco e de representantes da Cúria, da Ordem dos Advogados e da Associação dos Jornalistas, ouviu também a maioria dos presos políticos e tomou por termo o depoimento de cada um referente às torturas. O vasto relatório dessa Comissão, apesar de ameno e incompleto, foi morrer em um dos arquivos do IV Exército.

Porém, se o envio do general Geisel ao Nordeste resultou em farsa e a dignidade da Comissão de Alto Nível não mereceu dos militares mais que uma pasta de arquivo, fim melancólico teve uma tal de Sindicância Secreta, determinada pelo general Muricy para apurar as torturas nos quartéis do Recife. O encarregado de fazê-la foi o major Ednaldo que, pronto, procurou ouvir os presos do 7º Regimento de Obuses. Interessava-se, principalmente, por apurar os espancamentos sofridos por Valdir Ximenes e Ivo Valença.

No momento em que o major tomava depoimento na prisão especial, dois oficiais de patente inferior, na sua frente e para intimidar os presos diplomados, aos brados maldiziam e ameaçavam os seus acusadores. O capitão Haroldo, apontando para os papéis do major Ednaldo, enraivecido, esbravejava:

– Se isso aqui me prejudicar a carreira militar, Ximenes vai pagar caro. Hoje ele se diz aleijado, amanhã eu acabo com ele. Não vai ficar assim, não.

Menos possesso, o capitão Bismarck, no entanto, fez um "comício" contra Ivo Valença, de cujos espancamentos afirmava não haver participado. O certo é que o major Ednaldo, muito a propósito, deixava que aqueles seus subalternos tentassem intimidar as testemunhas.

No momento em que estava depondo o professor Paulo Freire, chega, inesperadamente, o comandante do quartel, coronel Ivan Rui, e mal recebeu a continência do major foi logo, logo advertido:

– Major, não puxe muito pela memória do professor, porque senão vai ouvir muita coisa séria. Diz ao general Muricy – frisou irritado – que não é o meu quartel que precisa de sindicância para apurar espancamentos. Se ele quiser, de fato, saber onde estão os espancadores, que faça sindicância na 2ª Companhia de Guardas. Lá, o coronel Ibiapina não respeita nem a pessoa humana. Ele sabe bem disso. Não é o Regimento de Obuses que precisa de sindicância, não.

O major, depois de responder com vários "sim, senhor" e "pois não, senhor coronel", continuou ouvindo Paulo Freire. E a Sindicância Secreta ficou ali mesmo, inacabada.

O "trialético"

Já fazia meia hora que os policiais carregavam a caminhonete de livros. Era uma das maiores apreensões que faziam. A esposa em prantos viu o marido ser chamado de tudo quanto há de nomes feios e jogado aos bofetões dentro do jipe do Exército. Os filhos, com olhos cheios de pavor, se seguravam trêmulos nas vestes da mãe. Jamais viram o pai apanhar. E os livros eram atirados violentamente, às arrobas, dentro do veículo. Havia ódio nos arremessos dos volumes encadernados.

João Guilhermino era contador do Sindicato da Indústria do Açúcar e, por azar, foi surpreendido dentro da sede do Conselho

Sindical dos Trabalhadores. Era muita falta de sorte. Quantas vezes deixara de ser preso em circunstâncias muito mais comprometedoras – estaria ele refletindo no percurso da residência à prisão. Homem calmo, pacato e de muita fleuma britânica, não se permitia preocupar-se com o rastro de aflição deixado no lar modesto. Apesar de jamais ter sido preso, acostumara-se desde cedo a assistir às razias da Polícia Política no bairro operário de Santo Amaro. Eram frequentes, nas campanhas nacionalistas de 1950 a 1955, as batidas da polícia à procura de Zé Raimundo e Valdomiro, o popular Ceguinho, e de outros homens de esquerda. Frequentíssimas eram as discussões de comícios-relâmpago. Ademais, lera muito. Lera quase tudo de literatura política. Lera tanto a ponto de conciliar bem entrosadamente as suas relações com patrões e empregados. Com estes, principalmente, pelo fato de ter sido, e ainda continuar a ser, um empregado. E, com aqueles, pelo vasto acervo cultural que engoliu nas consultas da bibliografia dos economistas burgueses repleta de uns quantos ensinamentos e teoria sobre a paz social.

Depois de certo tempo, não via mais a profunda contradição entre o capital e o trabalho. Daí as constantes tertúlias e algumas discussões acaloradas com operários do bairro e dos armazéns de açúcar. E não foi por acaso que, em 1958, quase chegou às vias de fato com Gregório Bezerra, em um palanque de comício no seu próprio bairro de Santo Amaro. Sim, porque não sendo ele reacionário, mas até muito progressista, se imaginava ser o candidato ideal, como deputado, para receber os votos locais dos comunistas.

"A candidatura preferencial de militantes comunistas" – concluía sempre – "resulta de uma posição dogmática própria dos sectários, dos stalinistas e, mais ainda, dos stalinistas da época do mandonismo, pois, inclusive houve stalinistas flexíveis. Ademais, se está provada a incapacidade de a classe operária marchar sozinha com o campesinato – daí necessitar de frente única com a burguesia nacional – por que não apoiar um modesto militante das campanhas nacionalistas?"

O certo é que resultou descendo do palanque comunista por não lhe terem dado a chance de, ao menos, expor sua plataforma eleitoral aos amigos e vizinhos do bairro. A gravata preta e o guarda-chuva apoiado ao braço, mesmo quando discursava, o distinguiam de longe, mais do que o contraste da cabeça grande com a estatura baixa.

– Lá vem o João Guilhermino! – e soltava um suspiro o proleta organizador do comício, ouvindo o primeiro e único orador no palanque, já rouco de tanto discursar. Faltavam oradores no início do *meeting*, pois os "medalhões" chegavam sempre depois que a massa já estava reunida pelos "micrófono-maníacos".

E ele até perdia o passo quando, à distância, era reconhecido e anunciado:

– Está chegando ao nosso comício o contador e economista João Guilhermino, mais um orador da Frente Popular do Recife.

De sorriso aberto e um largo aceno de mão, em cujo braço repousa o indefectível guarda-chuva, dois dias de chuva e dois dias de sol, saudava com voz grave:

– Minhas senhoras, meus senhores, proletários de Pernambuco, uni-vos.

E lá ia destilando todo um raciocínio conturbado, aqui e acolá, soltando um rasgo de populíssimo prenhe de palavras do chulo, freado conscientemente por uma frase de efeito do mais ininteligível gongorismo. À guisa de dissertar sobre o alto custo de vida, fuzilava a multidão com termos muito a seu gosto: renda média, renda *per capita*, malthusianismo, metafísica e empirocriticismo.

– Fala difícil, é verdade – é verdade – comentava um dos seus generosos admiradores – mas em compensação sustenta o comício até o palanque se encher de oradores. É injusto, depois de tanta contribuição, lhe puxarem insistentemente o paletó. Por que, então, esses "medalhões" não chegam cedo?

De certa feita, no Alto dos Coqueiros, desejando ficar mais uns segundos ao microfone, tratou de anunciar vários oradores importantes que estavam chegando naquele momento. Para cada um criou uma apresentação pomposa.

– E agora, meus amigos – gritou entusiasmado e ao espocar do foguetório – está subindo ao nosso palanque esta grande figura que não claudica e nem adormenta nas suas reivindicações benévolas, deputado tal...

– Não é Aníbal Benévolo não, seu doutor! – corrigiu um popular bêbado – Aqui é rua do Colégio. Aníbal Benévolo é lá mais adiante, no Alto do Pascoal.

João Guilhermino era assim mesmo, porém fazia falta nas campanhas populares do Recife. Os seus patrões do Sindicato das Indústrias do Açúcar achavam-no notável exegeta das formulações de Marx, em cuja volumosa obra João Guilhermino mostrava com clareza meridiana a coexistência pacífica entre o capital e o trabalho.

– Desses comunistas – dizia um usineiro –, é quem entende de marxismo e de trabalhismo. O resto é feito de saqueadores biliosos. Gosto dele porque não é superficial. Vai a fundo na análise marxista e trabalhista.

– E é exímio conhecedor de Leão XIII – acrescentava outro industrial –; puxa por ele que você vai ver. Conhece todas as encíclicas dos santos padres. Puxa, puxa por ele! Se o comunismo for tudo isso que ele leu, realmente, é uma maravilha, apesar de ser inatingível.

João Guilhermino sabia desses comentários elogiosos e, por isso, se aprofundava mais ainda na pesquisa das ciências políticas e sociais. Pesquisava-as mais no material armazenado no cérebro do que nas bibliotecas. Comprou mais um guarda-chuva. O novo para ir ao trabalho no sindicato dos patrões e o velho para enfrentar, de vez em quando, as assembleias do Conselho Sindical dos Trabalhadores. Entendia-se bem com ambas as partes, quase sempre em litígio. E, ao que parece, até chegou a enfrentar a tarefa de guarda-livros daquele conselho de trabalhadores. De sorte que o 1º de abril o surpreendeu dentro do Conselho Sindical dos Trabalhadores (Consintra). Obrigaram-no a ir até a sua residência para entregar os livros e materiais subversivos que possuísse. Tudo isso sem a menor resistência. Bofetões recebia-os com algum medo, mas também com estoicismo dos que confiam no futuro das coisas. Afinal, não era um candeeiro calejado, mas o volume de conhecenças que ele supunha ter adquirido que lhe exigia um comportamento altivo diante de "tanta ignorância verde-oliva".

Ao ser jogado de cuecas dentro do xadrez n. 1, o asqueroso "X-1", da 2ª Companhia de Guardas, repleto de presos políticos, João Guilhermino, de pronto, ministrou em voz alta e severa:

– Paciência, companheiros, todos nós temos que pagar o nosso tributo. Eis aí no que deu o dogmatismo. "O dogmatismo é a chave de todos os insucessos".

E citava um nome complicado qualquer de chinês que ninguém jamais ouvira. O seu rosto achinesado, entretanto, fazia com que o nome inventado se tratasse de velho e conhecido publicista da Revolução Chinesa. Era hábil e cordato, sobretudo nas questões de princípio:

– O verdadeiro marxista é o que não se apega às questões de princípios, aos esquematismos – e concluía dizendo: Por isso só o dogmático não respeita e discute os princípios dos seus interlocutores. – E lá se ia ele com a aula, reduzindo a voz toda vez que chegava à porta do xadrez a escolta trazendo novos presos.

Uma semana depois, vendo sair todos os dias presos para prestar depoimento no gabinete do coronel Ibiapina e sabendo dos vexames, torturas e terror por que passavam os indiciados, João Guilhermino encerrou o círculo de palestras e buscou no silêncio e na sobriedade os seus melhores conselheiros. Emudeceu-se toda uma semana, ao fim da qual, para surpresa dos companheiros de prisão, saiu da privada com os punhos cortados, sangrando. Havia tentado o suicídio com uma das lentes rotas dos seus próprios óculos.

O medo, como é natural nas prisões de uma ditadura, sempre é contagiante. E são poucos os que escapam desse contágio. Alguns presos, interrogados à base de terror, nem retornavam mais: iam direto para o Hospital Geral do Exército ou para o Manicômio da Tamarineira.

O clima de terror chegara-lhe ao máximo quando a escolta veio buscar João Guilhermino para depor. Correu-lhe um frio na espinha, só amenizado por um suspiro profundo e a sua costumeira frase de resignação: "Paciência, companheiros, todos nós temos que pagar o nosso tributo".

Vestiu a roupa e a gravata. Sentiu falta do guarda-chuva; contudo, marchou firme em direção à porta do xadrez. Assustou-o o número excessivo de soldados e baionetas caladas. Jamais vira tantos em uma escolta. Quinze soldados e três sargentos para acompanhar um homem – considerou.

Compreendeu imediatamente – e disso até se arrepiou de orgulho – que não era um simples agitador da esquina do Café Sertão. Reconhecia em si mesmo um teórico importante. E, nessa condição, poderiam levá-lo até à fogueira de Galileu que se deixaria queimar satisfeito. Um nome de rua ou de alguma escola seria o mínimo com que a posteridade ocultar-lhe-ia a memória, a sapiência e a coragem política em tão grave conjuntura.

Ocorre exatamente o que imaginava como tal o coronel Ibiapina, chefe dos Inquéritos Policiais Militares, os famosos IPMs. Teórico? Seria eufemismo dizê-lo. O coronel, de antemão, já se sentiu compensado de todas as frustrações de uma longa carreira militar de quase meio século, quando descobriu ter prendido o comunista mais importante de Pernambuco, do Brasil, do Hemisfério Ocidental – o verdadeiro *anticristo*.

Somente aquela valiosa presa justificaria a Revolução de 1º de Abril e daria dimensão à envergadura das operações militares, com tanques, canhões, aviões e milhares de soldados. O inspetor Borer e o delegado Álvaro da Costa Lima, em 30 anos de violentas campanhas anticomunistas, jamais teriam conseguido prender espécimen tão raro e tão importante.

O material encontrado em seu poder, envolvido em sete capas e dentro do colchão de alcova modesta, era qualquer coisa que maravilharia a CIA, o Pentágono, o hexágono, decágono ou qualquer outro ágono mais alto ainda. E teve espasmos de gozo mental, o coronel Ibiapina. Reviveu por alguns minutos todos os sacrifícios que custaram as suas promoções, muitas delas demoradíssimas, por tempo de serviço, sem falar nas que recebeu por merecimento, em virtude de ter pisado em solo italiano durante a Segunda Guerra Mundial. Aquela prisão suplantaria em resultados promocionais toda uma carreira militar brilhante. Encher-lhe-ia o peito e o colo. O colo? Não. Poderia calhar de ser a condecoração do Cruzeiro do Sul com que Jânio Quadros agraciou Che Guevara. Este não. Em todo caso (estava na época das cassações), cassa-se a comenda do maldito argentino que ajudou a botar uma espinha na garganta, na goela do tigre ou, quando não, colocou-a à pequena distância do seu canino – a Península da Flórida. E reviveu mais ainda todas as medalhas que quando jovem cadete cobiçou, em uma visita a algum museu militar.

Com sofreguidão havia convidado, por telefone, a todo o Estado-maior do IV Exército para assistir ao interrogatório do *anticristo*. À tarde, as altas patentes se acotovelavam, de pé, em torno de uma grande mesa, com os olhos pregados no precioso achado. Uns até nem ousavam tocá-lo. Satisfaziam a curiosidade com uma cuidadosa olhadela através dos óculos mais graduados.

Ali se achava um livro de, calculadamente, 2 mil páginas e de dimensões exageradas. Livro-caixa, livro-razão: livro de contabilidade. Algum oficial superior deve ter-se convencido, pela primeira vez, do motivo da existência da profissão de guarda-livros. Tão grandes e pesados são esses anais da sonegação de impostos e salários que se torna necessário ter uma pessoa especial que os carregue e os armazene. Na capa, caprichosamente desenhado, o título: *A trialética*. Só o nome os impressionava. O simples folhear rápido das páginas cheias de um manuscrito complicado e, aqui e acolá, juntos o K e o X que delatam, num lance de vista, o nome de Karl Marx, convenciam, *a priori*, da gravidade do material subversivo ali contido.

As fórmulas algébricas, as escalas trigonométricas com que o autor buscava medir os ângulos e os graus das relações hostis do capital e do trabalho, ora ladeadas de uma foice-martelo, ora de uma cruz, faziam tremer os menos entendidos no combate ao comunismo ateu e sanguinário. Ele havia tentado incursionar na área da Sociometria – essa tão sonhada tecnologia de ponta trazida pelos "chicagões boys" e tão cobiçada pelos psicólogos sociais militares, quase de todo limitados ao tema "Teje preso!". Apenas alguns tinham dúvidas, mesmo assim e tão somente, quanto à autoria. João Guilhermino – concluíam – é um nome que não convence.

– Deve ser nome de guerra. O verdadeiro nome, vai ver, tem algum *ov* ou *ewsky* no fim. No mínimo, algum russo que aprendeu tão bem o português que passa até por nordestino de Caruaru.

O capitão Noalb entrou na sala, perfilou-se ruidosamente e bateu uma continência de estátua. Era o aviso da entrada do preso. Um capitão, vários coronéis e majores se arrumaram na sala apressadamente e flecharam a porta com olhares de silenciosa expectativa.

– Eis o homem!

A decepção inicial só não foi maior porque o preso estava barbado. E a barba lhe imprimiu alguma austeridade. Entrou cabisbaixo, mas um rápido rabo de olho resvalado na testa de cada inquisidor, indo atingir o livro, o fez outro homem. Não temeu mais o interrogatório e, de testa erguida, marchou até a mesa. Nervosamente, alguns acenderam cigarros. Com o devido respeito às sumidades, um major lhe ofereceu um cigarro de filtro. O preso recusou, agradecendo. Entendera, de muito cedo, que o cigarro, mesmo sendo dos mais grã-finos e caros, vulgariza os indivíduos.

– Conhece isso aí? – indagou-lhe o coronel Ibiapina com um sorriso de quem se satisfaz com a desgraça alheia.

– "Isso" não conheço. – Cícero pronunciava o *ille*, que significava "isso", quando queria mostrar desprezo a alguma pessoa ou a alguma coisa. É como ele se referia ao revolucionário Catilina. Sentiu-se um ligeiro recuo nos olhares dos circundantes e houve até quem teve a respiração momentaneamente suspensa. E prosseguiu:

– Isso não conheço. Conheço, sim, este livro.

Mas o coronel continuou na ofensiva, em meio ao silêncio e aos olhares clínicos dos camaradas de farda.

– Sabe que com a queda desse material você vai ser proscrito do Comunismo Internacional? E, ademais, corre perigo, inclusive, dos comunistas o assassinarem. – O "teórico" ouviu calmamente, olhos voltados para o volume, e com voz suave respondeu:

– Comunistas? Que comunistas?

– Os lacaios de Kruschev, Mao Zedong, Fidel Castro e Stalin – acudiu nervosamente um general que, até então, se conservava calado. Um sorriso da mais absoluta tranquilidade, sorriso dos que zombam da ingenuidade ou da ignorância, brotou-lhe dos lábios, enquanto os seus olhos, como bolas de pingue-pongue, saltavam, lá e cá, da testa do general à testa do coronel Ibiapina. Repousou levemente a mão sobre o livro e falou:

– Não há comunistas. Nem Marx, nem Lenin foram comunistas. Nem Engels, nem Plekhanov, nem Lassalle, nem Blanqui, Kautsky, Liebknecht, Rosa Luxemburgo, Bukharin, Togliatti, Thorez ou mesmo Mao Zedong e Fidel não foram ou são comunistas.

– Tanto assim? – timidamente um oficial indagou ao vizinho.

– Nenhum deles – disse com ênfase.

– Então – meio agastado, volta à carga o coronel Ibiapina – quer dizer que não existiu e nem existe comunistas.

– O senhor o diz bem. Só houve, ou melhor, só há um comunista neste mundo.

E apontando o peito com o indicador, soltou a bomba:

– O único sou eu.

E não dando tempo para que os oficiais estupefatos se entreolhassem, continuou:

– Todos eles fingiam buscar o comunismo através do método dialético. Método falho e superado logo nos primórdios do proletariado. Superadíssimo *ab ovo*, como se vê.

Esse introito foi uma ducha de água fria que fez relaxar a tensão ambiente, deixando o cavalheiro para falar:

– Estes dez anos de pesquisas e cinco anos para escrever a minha obra, *A trialética*, foram mais profícuos do que toda a existência de Pasteur, pois a mim me parece bem importante os ódios sociais do que o combate à raiva, à hidrofobia.

Um velho coronel reformado, mobilizado pela "revolução", balançando a cabeça e tremendo os lábios, aprovou em paralelo. E, durante 5 minutos ininterruptos, aquele vomitou, com ar professoral, a síntese da teoria que havia concebido. Ouviam-se, às vezes, murmúrios de elogios e de críticas saídos entre dentes.

– Mas, afinal – falou-lhe alto e irritado um major –, que diferença existe entre esta tri... tri...

– Trialética e dialética marxista. Qual a diferença? Tudo não é a mesma... – E saiu com um nome feio que fez corar o autor. Imediatamente, fingiu não ouvir o insulto.

– Não, excelência – disse, impassível. – Muito ao contrário, elas se diferenciam no fundamental. – Pigarreou, consertou a gravata e prosseguiu. – O método dialético tem como elementos de indagação, exclusivamente, o homem e a realidade objetiva.

E, alterando a voz, em um giro de cabeça para os oficiais que se achavam à sua direita, traduziu:

– Realidade objetiva é a natureza, o mundo material. Os dialéticos só enxergam esses dois elementos: o homem e a natureza. Trata-se, como se vê, de método incompleto que não resiste à experimentalidade. Dir-se-ia, em comparação vulgar, chá, rasteira: raciocínio que se apoia em um banco de duas pernas, sem equilíbrio, e que, portanto, não suporta o menor abalo. – Houve aí semblantes de satisfação entre os militares.

– A trialética – continua – é um método científico que se apoia também, em um terceiro e fundamental elemento que é deus. À falta dele, a dialética marxista é falha, incipiente e vulnerável. Só a trialética conduzirá rápido a humanidade ao comunismo.

A clareza com que explicou só serviu para convencer os militares do perigo que ele, João Guilhermino, o único comunista do mundo, o trialético, representava para a civilização cristã – paradoxalmente, ele que mobilizara deus para uma teoria de instauração do comunismo.

O coronel Ibiapina vislumbrou logo o mundo de medalhas, condecorações e comendas portuguesas no peito. Fartou-se de satisfação em um sonoro gole de saliva. Com efeito, estava ali explicada de maneira clara e evidente a razão do comunismo ter penetrado tanto nas camadas sociais de Pernambuco e do Brasil, a ponto de recrutar, inclusive, padres e pastores protestantes. Aquele era, de fato, o homem mais importante que conseguira prender: o trialético – o teórico da revolução, da guerra revolucionária nos países materialmente subdesenvolvidos e superdesenvolvidos espiritualmente. Eis a razão de falar em comunistas cristãos, budistas e africanistas, de padres, pastores, bispos e papas comunistas.

Os militares ficaram estarrecidos, considerando o maravilhoso da caçada. O chefe dos IPMs mentalmente bendisse a ventura de, no meio de 5 mil presos, ter filtrado esse protozoário que poderia enfermar e destruir todo o restante do mundo capitalista. Nem os microscópios de Washington (na URSS ainda se trabalhava a olho nu – o famoso *olho de Moscou*) foram capazes de localizar e isolá-lo.

Mas, quando as suas digressões chegavam ao clímax do desvario, os militares voltaram suas atenções para mais um importante material que a soldadesca havia encontrado no travesseiro do trialético. Era uma série de mapas, croquis, plantas, esquemas codificados. Afigurava-se um complicadíssimo projeto do mais complexo computador orgânico.

– Esta é a minha principal descoberta – não esperou que lhe fizessem a primeira pergunta –; é mais um invento do que mesmo descoberta. Com este invento que V. Exas. estão vendo aqui, acabar-se-ão todas as guerras neste mundo.

Um capitão logo fechou a cara ante o silogismo incontinente: "não mais havendo guerras, dissolver-se-ão os exércitos, logo, perderemos os empregos". Outros ficaram tristes ou manifestaram-lhe ódio nos olhares ameaçadores.

Prosseguiu indiferente:

– O filósofo Paolo Montegazza profetizou que um dia as crianças, futuramente, contemplarão admiradas, nos museus, as armas que o homem criou para a guerra. E indagarão aos pais o motivo dos homens dos nossos dias gastarem tanto com máquinas e funcionários destinados, exclusivamente, à destruição do ser humano. Aqui está – enfatizou – a planta completa do *vacum-atomicum*, aparato infernal capaz de impedir a explosão da mais poderosa bomba de hidrogênio de 100 a 200 megatons. Artefato de guerra algum jamais funcionará depois de construído este invento de precisão e controle cibernéticos.

Dissolveu-se aí a importante reunião convocada pelo coronel Ibiapina. Só neste ponto os militares se haviam dado conta da insânia formidável que, há anos, derruía o cérebro de João Guilhermino. Afigurou-se hígido até ali. As altas patentes desceram as escadas tão decepcionadas que se esqueceram de desligar o gravador. Deram as costas ao coronel e à sua presa. A fita magnética, entretanto, registrou os dois aos berros:

– O que você é, é doido, seu...

– Doido, não. Eu sou é trialético.

– Tirem esse maluco da minha frente. O que eu quero é comunista! Comunista! Comunista e não doidos.

– Doido, não: trialético.

Após um curto internato no Manicômio Judicial da Tamarineira, foi solto João Guilhermino, o único preso político que teve condições de discutir com as autoridades do IV Exército.

Clodomir Santos de Morais
Embaixada do Chile
Rio de Janeiro, junho de 1965.

CENÁRIO 2: PAULO FREIRE NA PRISÃO

Primeiro encontro com Paulo

O meu primeiro encontro com Paulo no Recife foi resultante da crise política interna das Ligas Camponesas de Julião. Com o divisionismo resultante da infiltração ideológica da pequena burguesia intelectual, as Ligas haviam sofrido com essa crise um grande golpe, o golpe da luta interna, e, em virtude disso, regressaram a Pernambuco os melhores militantes que estavam atuando em outros estados. Evidentemente, muitos militantes se viram às voltas com problemas de desemprego.

O movimento sindical tinha tomado um impulso extraordinário, motivado pela lei, ou pela ação de Almino Alfonso no Ministério do Trabalho, o que permitiu que alguns dos membros das Ligas, atuando dentro dos sindicatos, conquistassem postos remunerados, como foi o caso de Osias da Costa Ferreira, por exemplo. Antes, ele dirigia a Liga Camponesa do município do Cabo de Santo Agostinho e, logo depois, estava dirigindo o Sindicato dos Trabalhadores Agrícolas deste município, sindicato que recebia contribuição dos seus membros e o imposto sindical e, por este motivo, tinha condições de remunerar o seu presidente, um ou dois secretários e o tesoureiro e, mais ainda, inclusive, no meu caso, um advogado trabalhista do Sindicato do Cabo. Eu estive exercendo este posto até o golpe militar. As ações eram movidas às centenas porque nenhum patrão rural cumpria com a legislação trabalhista e por isso era necessário mover ações massivas, a fim de que os sindicalizados pudessem ressarcir os seus prejuízos em tempo útil.

Havia outros colegas das Ligas que não tinham condições de conseguir trabalho. A crise do desemprego caiu também sobre a alta direção nacional das Ligas. Um dos membros da direção nacional das Ligas, Alexina Crespo de Paula, esposa de Francisco Julião, estava se separando dele e queria ligar-se à produção. Era uma mulher bastante hábil; tinha uma capacidade muito grande de trabalho e, do ponto de vista político, ela era excelente!

Foi ela quem contribuiu no sentido de transformar a consciência política de Francisco Julião. Houve época em que essa mulher mantinha, em sua casa, sem que o próprio esposo Francisco Julião soubesse, durante anos, os documentos fundamentais do Comitê Regional do Partido Comunista Brasileiro. Ela era notavelmente vigilante e hábil na rigorosa atividade clandestina. Era responsável pela atividade da direção nacional da capacitação política das Ligas de Julião.

Alexina me pediu pessoalmente que eu buscasse um posto de trabalho junto com o Programa de Cultura Popular que Paulo Freire havia fundado e dirigia. Eu não conhecia Paulo Freire senão de nome e, mesmo assim, sabia muito pouco dele, porque educação não era exatamente a minha área de atuação. De todo modo, fui à Rua do Sossego, onde, na época, funcionava o Programa de Educação Popular, ou seja, o programa dirigido por Paulo Freire.

Ele me recebeu muito bem, depois de uma pequena espera de 5 minutos. Eu lhe expliquei o *curriculum vitae* dessa companheira que sabia também de agitação popular, ou seja, de animação popular e ademais entendia de sociodrama, ou teatro, além de uma sólida formação política e consciência da luta de classes. O Paulo disse que não tinha naquele momento um posto para ela, mas que ia anotar o nome e o endereço e, logo que houvesse possibilidade, ela seria contemplada.

Passaram-se alguns – eu creio que talvez quatro – meses, quando as condições políticas se tornaram cada vez mais graves e a agitação social cada vez mais profunda. Veio a greve geral dos trabalhadores rurais de Pernambuco, com 300 e tantos mil assalariados agrícolas parados. Foi uma greve encabeçada sobretudo pelas direções locais das Ligas Camponesas, passando por cima da atitude, da posição do próprio Comitê Estadual do Partido Comunista Brasileiro, que achava que se deveria proteger o governo Arraes, de raízes populares, enfim.

Essa greve foi tão importante e desembocou logo em ações muito mais rápidas das próprias Ligas na formação de quadros no seu centro de capacitação do bairro do Recife, em um outro teatro desativado, e que, mais tarde, foi transferido clandestinamente para o Engenho Tiriri, a 31 de março, quando os militares deram o golpe de Estado.

Como todos sabem, as prisões e as perseguições foram um drama que atingiu a milhares de pessoas no estado de Pernambuco. Falava-se em 5 mil pessoas encarceradas. Pelo fato de já não haver espaço nos quartéis, na Casa de Detenção, em Fernando de Noronha e nas prisões da Secretaria de Segurança Pública, algumas pessoas foram confinadas no Hospital do Câncer.

Paulo Freire na prisão

Quando menos se esperava, se soube que Paulo Freire tinha sido preso, porém não se sabia onde estava encarcerado. As notícias que se tinha do clima de vigilância e das torturas imperantes faziam-nos temer a sorte pelo destino do professor Paulo Freire, tão odiado pelos golpistas de farda militar, de batina ou civis.

Fazia cinco meses que eu estava preso no Quartel de Obuses, no bairro de Jatobá, município de Olinda. Eu já havia saído da solitária de 60 centímetros de largura e 1,70 metros de comprimento, sem luz solar, na qual vivi 123 dias, ou seja, quatro longos meses, sendo em seguida transferido para o local da Enfermaria dos Oficiais, que os militares determinaram para a prisão especial de pessoas com título universitário. E lá estavam o ex-prefeito do Recife, Pelópidas Silveira, o advogado Joaquim Ferreira e vários outros. De repente, chegou Plínio Soares, um funcionário da Superintendência de Desenvolvimento do Nordeste (Sudene), que acabava de vir de lá de baixo, ou seja, de uma cela "solitária".

De fato, ele vinha exatamente de uma das solitárias, mas chegou todo amedrontado, guardando o segredo de que, ao seu lado, na solitária vizinha, justamente uma das solitárias onde eu havia estado quatro meses, estava um cidadão cujo nome ele recusava informar porque podia complicar a vida dele, a vida do cidadão e a vida nossa etc., e nós ficamos pensando: "Quem diabo seria esse tão importante que o Plínio tem medo de relatar?".

Eu lhe disse que quem tinha ficado lá embaixo fora Rivadávia Braz, também funcionário da Sudene, cujo fundador e primeiro chefe foi o ex-ministro de Juscelino Kubitschek, Celso Furtado. E indagávamo-nos que cidadão tão importante será esse preso que Plínio Soares quer conservar incógnito?

Mas foi questão de dias, 15 dias mais. Aí então nos chegava, para nossa surpresa, espanto, raiva e revolta, a notícia desagradável que era o professor Paulo Freire. Paulo chegou, depois de algumas semanas na "solitária". E, ao chegar, encontrou comigo; encontrou com Pelópidas, encontrou com os outros presos importantes e perigosos. Pelópidas e os outros ele conhecia muito bem. Eu, um conhecimento muito rápido, daquela oportunidade em que buscava trabalho para a camarada Alexina, ex-esposa de Francisco Julião. Então, logo se tratou de dar o maior apoio moral, psíquico que ele necessitava. Era um velho e sábio hábito daqueles que passamos por situações de restrição da liberdade sabendo, pois, que é importante assistir às pessoas que não tiveram essa experiência, nesse caso, Paulo Freire.

A vida nessa prisão, uma enfermaria de oficiais, era, evidentemente, mais agradável do que lá embaixo. Lá embaixo os militares tinham duas prisões: essas duas famosas solitárias, em uma das quais eu estive; na outra, estava Ivo Valença e depois que saiu Valença, entrou Rivadávia Braz; eu ainda estava lá quando Rivadávia chegou e, depois então, quando saíram esses, entraram Plínio Soares e Paulo Freire.

Mas lá havia uma outra prisão, que era a prisão dos sargentos. A prisão dos sargentos era uma prisão mais ampla, como a prisão de cabos também era mais ampla. Na de cabos existia ao redor de umas 30 pessoas, e na de sargentos cabiam, talvez, quatro sargentos. As solitariazinhas eram duas, apenas reservadas a punições mais sérias, para soldados indisciplinados etc.

Paulo foi uma companhia muito interessante e muito agradável. Um homem humilde, que tinha consciência do momento que estava atravessando o país. Falou-me, pela primeira vez, do seu tipo de trabalho, que era, de fato, um trabalho importante.

A Igreja Católica contra as Ligas Camponesas

Via de regra, naquela época, existia uma enorme reserva ou desconfiança de parte dos comunistas e do pessoal das Ligas Camponesas com respeito à Igreja Católica Romana; também com a sua justa razão por que, exatamente na área das Ligas, apareceu o padre Melo, que era oportunista e provocador. Provocador contra as Ligas e contra os comunistas. Essa reserva e desconfiança eram grandes e a luta entre as Ligas e esse padre foi dura. Quem punha a cara mais à vista era o padre Melo, demagogo eclesiástico do município do Cabo.

As Ligas resolveram desbancar esse padre e da seguinte forma: estruturou-se uma enorme Liga. Coube a Osias da Costa Ferreira organizar uma grande Liga, a Liga do município do Cabo de Santo Agostinho, uma organização de massas que envolvia não somente o produtor, mas também a sua família. E nisso consistia a diferença entre uma Liga e um Sindicato: enquanto o sindicato estrutura apenas o produtor assalariado, a Liga reúne o produtor e sua família.

A Liga apresentava dimensões enormes, eram umas oito mil pessoas. E isso contagiava massas muito maiores na cidade e no município do Cabo de Santo Agostinho. Dessa maneira, quando houve nova eleição do Sindicato dos Trabalhadores Rurais do Cabo (no grande Recife), foi fácil, extremamente fácil eleger Osias presidente do sindicato. Sindicato com, aproximadamente, cinco mil associados.

Essa luta contra o padre Crespo e o padre Melo e sua gente era uma constante das Ligas e também do Partido Comunista mediante a famigerada Liga Eleitoral Católica (LEC). A LEC, que a burguesia dominante botava por cima do Tribunal Eleitoral para vetar as candidaturas de comunistas a postos administrativos, era constantemente usada como instrumento de repressão. Como se fosse pouco, essa mesma burguesia e os latifundiários mandaram trazer dos Estados Unidos o famoso padre Peyton, que, com suas imagens e andores de santos, desfilava nas grandes capitais com centenas de milhares de pessoas, em nome da defesa da democracia, contra a corrupção e a subversão do governo Goulart.

Então, a presença de Paulo na prisão e as narrações da forma com que operava deixavam claro que ele não tinha nada a ver com as bandeiras do padre Crespo e do padre Melo, ou com a suposta bandeira de uma chamada democracia cristã que estava sendo criada no Brasil depois de se espalhar por toda América Latina, principalmente Chile e Venezuela – no Chile, com Eduardo Frei e na Venezuela, com Rafael Caldera.

Sabíamos que havia pequenos atritos entre o pessoal do Partido e o trabalho de educação popular, a campanha Projeto de Educação Popular, pelo fato de que muitos dos jovens que estavam metidos nisso eram cristãos novos e tinham um enorme medo dos comunistas.

Nelson Rosas, por exemplo, que era um dos chefes de gabinete do governador Miguel Arraes, membro do Partido Comunista ou do Comitê Regional do Partido, se queixou a Paulo Freire de que, quando teve que ir trabalhar com o Programa de Ação Popular, notava que havia bastante preconceito, ou seja, contra comunistas. Mas isso se dissipou a partir do momento em que Paulo Freire chegou à prisão dos oficiais e lá ele teve longo tempo e tranquilidade para conversar sobre tudo isso. E ele resultou mostrando que a sua atuação não trazia esse estigma de discriminação política ideológica.

Passatempo do preso

O tempo que passamos na prisão foi um tempo realmente agradável, apesar de ter momentos desagradáveis. Ele mesmo já narrou no seu livro e de Sérgio Guimarães, *Aprendendo com a própria história*, qual foi a nossa vida ali.[14]

---

[14] Freire, P. e Guimarães, S. *Aprendendo com a própria história*. São Paulo: Paz e Terra, 2001. (N. E.)

O tempo nós passávamos com horários estabelecidos, uma vida mais ou menos organizada. Dedicávamos um certo tempo a divertimentos, com palavras cruzadas, que era um jogo interessante com pequenas peças com letras assim de montar, em competições, dois contra dois, ou eu e Pelópidas, ou eu e Paulo, ou eu e Ferreira, contra qualquer um deles dois; ademais jogávamos xadrez, tratando de descontrair o máximo possível, apesar de que a pressão dos oficiais e de outros militares era cada vez maior.

Isso já estávamos no mês de agosto, por aí. Havia nessa mesma época um inquérito militar para apurar torturas ocorridas no Quartel do Regimento de Obuses, onde estávamos presos. De fato, tinha havido torturas, o Ivo Valença mostrou que esteve preso e chegou aí por mãos dos oficiais do Regimento de Obuses bastante machucado e com muitos hematomas! Ele havia sido vítima de torturas como a denominada "piscina seca", em que a pessoa é posta com as mãos amarradas para trás, depois pendurada pela cintura para ser apoiada na beira de um caixão, de um lado o seu pescoço e no outro lado o meio das suas coxas, provocando dores e câimbras horríveis e insuportáveis. Depois a vítima era mergulhada dentro de um tambor cheio d'água e ameaçada de ser afogada.

Era uma das formas que os militares usavam para amedrontar o indivíduo, a fim de arrancar dele declarações e, com isso, instruir os inquéritos ou, para vingarem-se, pura e simplesmente, como era o caso do preso Ivo Valença, oficial da reserva. Pelo fato de haver sido preso anos antes, junto com Fragmon Borges – metido num processo do qual só saíram graças à ação inteligente do advogado do partido, Carlos Duarte – alguns oficiais lhe tinham um grande ódio e buscavam a oportunidade para vingarem-se desse heroico dirigente do Comitê Regional do Partido Comunista Brasileiro.

Esse inquérito aberto foi feito por um major, a mando do coronel Ibiapina, que era o responsável pelos inquéritos políticos de Pernambuco. Tudo indica que ele queria se vingar do comandante do quartel de Obuses, que era o coronel Ivan, que nesse tempo, comandava o quartel, mas assumia também o posto de Secretário de Segurança Pública de Pernambuco e parece que, aproveitando a sua ausência, alguns cometeram atrocidades. O coronel Ibiapina, que podia não ter nada de simpatia pelo coronel Ivan, mandou, no entanto, abrir o inquérito.

Esse inquérito tem uma origem muito especial. O dom Hélder Câmara, arcebispo do Recife, havia denunciado, por meio de que ou de quais canais não sei, mas tinha feito chegar ao ouvido do general Castelo Branco, chefe de Estado, de que em Pernambuco ocorriam torturas. E, de fato, tinha havido torturas. Sabia-se que, na área do VII Exército da 4ª Região Militar, havia torturas. Assis Lemos foi torturado. Ivo Valença, Ximenes, Evaldo Lopes foram torturados. Havia torturas e, por essa razão, o general Castelo Branco mandou o próprio general Ernesto Geisel a Pernambuco para averiguar se eram verídicas essas informações. E o general Geisel visitou vários quartéis, entre eles o do Regimento de Obuses e o da Companhia de Guardas, comandada pelo próprio coronel Ibiapina.

O Regimento de Obuses ele visitou e, na oportunidade, se disse a ele que havia passado gente por aí, ou gente que havia estado nesse quartel, gente quebrada de pau. Ximenes, por exemplo, a espinha dorsal quebrada de torturas, de maus tratos, e que sofreu torturas psíquicas como isolamentos nas famosas solitárias e outras torturas de outros tipos.

Recordo que ao pastor Beulke lhe tomaram a *Bíblia*, que lhe fazia falta. A *Bíblia* na qual ele lia os salmos, ou lia os capítulos e versículos que lhe permitiam reduzir o seu sofrimento na cadeia. A notícia da "prisão da *Bíblia*" rápido se espalhou pela periferia do Recife, onde pululavam centenas de igrejas evangélicas de denominações as mais diversificadas. E por conta disso, uns dias depois, acercou-se da parede do "X-2" (xadrez n. 2), da Companhia de Guardas, um grupo de piedosos evangélicos de aspectos pobres, para recitar em voz alta alguns versículos bíblicos do apóstolo Paulo e cantar hinos religiosos. No entanto, com a saída do comandante de turno que, de praxe, o corneteiro tem que, a todo pulmão, soar o toque característico que lhe corresponde, coincidiu com o entoar do hino evangélico: "Servos de deus, a trombeta tocai, jesus em breve virá!!!".

Foi a conta. O comandante ficou com medo e nervosamente ordenou a guarda: "Desce o cacete nesse grupo de comunistas safados!". Não eram comunistas, eram apenas crentes, dispersados em cinco minutos na base da violência.

Ao chegar o inquérito ao Regimento de Obuses, a pressão foi muito grande sobre os presos, porque ninguém sabia se o inquérito era para valer ou era uma farsa para descobrir os que denunciavam torturas. Tudo isso consistia em formas de pressão que se conhecia e tratávamos de evitar que atingissem os colegas. Na própria vida diária havia pressão, pois o comando do quartel, que censurava a correspondência, censurava a alimentação e, aqui e acolá, chamava um e outro preso para depor nesse ou noutro quartel.

Esses dias que Paulo Freire passou aí foram dias, para ele, de muita tensão nervosa, mas nem por isso ele perdeu a sua consciência de um preso que tinha que enfrentar com galhardia o seu papel de prisioneiro e não abrir mão de sua dignidade. Eu diria que Paulo foi um preso excelente. Mesmo quando as provocações eram as mais torpes e cretinas, ele sabia como encará-las com dignidade, sempre de cabeça erguida.

Recordo-me bem da época do seu depoimento, que foi feito lá na Companhia da Guarda, em que, por sua vez, eram ouvidos por sargentos ou por tenentes diferentes presos políticos. Na hora do depoimento do Paulo Freire, evidentemente, todos tínhamos receio do que lhe pudesse acontecer. O próprio Gregório Bezerra, que era um homem experiente nessas coisas, porque havia sofrido prisões em 1935 e na década de 1950, também era motivo de preocupação de parte dos presos que o conheciam e o estimavam. O sexagenário Gregório Bezerra temia o famoso Quartel de Guarda da Visconde Suassuna, não tanto pela tortura física, porque ele era um homem capaz de resisti-la, mas sim a tortura moral era o que receava Gregório, porque era um homem de muito valor e muita vergonha. Ele não estava conosco porque a prisão onde estávamos era uma prisão especial para o pessoal que tinha diploma de nível superior. Gregório estava noutro quartel. Nós obtínhamos notícias por meio de presos que mudavam de uma cadeia a outra, e assim sabíamos como andavam as outras prisões.

Essa é a situação de todos os perseguidos, pois os perseguidos nunca vivem só o seu problema; vivem os problemas de todos, por mais que se diga que o homem na cadeia deve preocupar-se com a sua própria condição de prisioneiro, já que ali está sua trincheira da luta de classes. E nesse caso, o povo, para resistir à opressão, à violência e à injustiça, deve se apoiar naquele famoso pensamento de Goethe e de que se valeu o líder operário internacional Georg Dimitrov (búlgaro), quando se defendeu no processo-farsa Leipzig do governo nazista, em 1933: "Quando se perde os bens, perde os bens, perde-se algo; quando se perde a moral, perde-se muito; porém, quando se perde o ânimo, perde-se tudo".

Paulo Freire alfabetizando-se no dialeto do Rio São Francisco

Mas, já no Regimento de Obuses, com Paulo Freire, Pelópidas Silveira, Joaquim Ferreira e outros, a intimidação foi, de certo modo, leve, porque tínhamos maneiras de como enfrentar esse estado de espírito, descontraindo-nos com jogos cultos, nada de jogo de azar. Jogos cultos, como são o caso da palavra cruzada e xadrez etc. Também usávamos a leitura: tínhamos um tempo estabelecido para ler, de modo que um dia alguém trouxe de presente para Paulo Freire o livro *Grande sertão: veredas*, de João Guimarães Rosa.

Paulo Freire começou a ler o livro, eu acho que não foi mais do que dez páginas, e avançou para outras tantas páginas na frente, e assim mais outras páginas até o final do livro, só dando uma sapeada em cada página e depois disse:

– Clodomir, olha, eu não entendo, não tenho a menor ideia do que está escrito aqui, e não posso entender porque tanta fama tem o Guimarães Rosa, e tanta fama essa sua obra, que dizem que é uma obra da estatura de *Os sertões*, de Euclides da Cunha. Eu não vejo nada disso aqui, eu só vejo que é tão grosso quanto *Os sertões*, em 700 páginas.

– Por quê, Paulo?

– Porque não consigo entender. Isso está feito num linguajar que desconheço totalmente, não posso entender o conteúdo, as palavras, muitas delas eu jamais escutei ou li na minha vida.

E aí, então, eu tratei de explicar-lhe:

– Olha, Paulo, o Guimarães Rosa usa um linguajar, um idioma com falares perdidos entre o São Francisco e Goiás, que ele apelidou de dialeto do Urucuia. Em verdade, não era do Urucuia. É o dialeto que minha mãe e os meus parentes até hoje falam lá nessa região. Eu sou natural dessa região, mas só que o Urucuia está em Minas e a minha região é no estado da Bahia. O rio de Minas se chama Urucuia e o rio onde eu vivi chama Rio Corrente, mais importante, porque é navegável, nele trafegam navios e barcas, enquanto o Rio Urucuia só é navegável por canoas e balsas feitas de toras de madeira, mais conhecidas por ajoujos.

– Mas deixa eu lhe explicar: a chamada Comarca do São Francisco que, segundo dizem, pertenceu à Casa D'Ávila, constitui um enorme pedaço de terra que pertencia a Pernambuco, desde Petrolina, à margem esquerda do São Francisco, até a fronteira de Minas Gerais. Entre o São Francisco e a Serra do Piauí, essa área se alarga porque chega ao extremo oeste da Bahia na Serra da Tabatinga, até chegar às nascentes do Rio Carinhanha. Trata-se de um pedaço de terra de, aproximadamente, 200 mil km² que, somados aos atuais 97.500 km² de Pernambuco, dava à Província uma extensão enorme, tão grande ou maior do que o atual estado de São Paulo.

– Em virtude da Revolução Separatista de 1817, Paulo, que você conhece muito bem, o governo imperial resolveu punir Pernambuco: pegou esse pedaço de terra e passou para o estado de Minas Gerais. Mas este estado não tinha muito que ver com isso; a sua capital era São João Del Rey, uma cidade pequena, de uma província que estava mais voltada para o litoral do Rio de Janeiro. Tanto é assim que o crescimento de Minas se dirigiu no sentido de Juiz de Fora, que hoje é uma cidade industrial.

– Então, os mineiros não se interessaram por esse pedaço de terra que havia sido presenteado pelo Império e, logo depois, no Parlamento, houve pressão do lado da Bahia, que terminou conquistando o pedaço de terra, recebendo ou aceitando a transferência, para a Província da Bahia, a chamada Comarca do São Francisco, cuja cidade principal era Barra do Rio Grande, onde pontificou sua força política o Barão de Cotegipe, João Maurício Wanderlei, que nasceu no interior desse município. Hoje tem o nome de Cotegipe o lugar onde ele nasceu, no norte do município de Barreiras. Aí, então, esse pedaço de terra de Pernambuco ficou política e administrativamente ligado à Bahia.

– Ah! – Paulo disse. – Ah, sim! Eu conheço essa história toda, porque, afinal, além do mais, a própria Constituição do estado de Pernambuco levanta a bandeira de reintegração da Comarca do São Francisco ao território pernambucano. Os pernambucanos, nunca aceitamos essa punição severa e estúpida do governo imperial. Tanto que a Constituição pernambucana de 1946 reedita a reivindicação de Pernambuco, que chegou a nomear (inclusive está no texto constitucional) o advogado Barbosa Lima Sobrinho, que foi logo depois governador do estado, e atribuindo-lhe o dever, o direito, ou mandato de defender Pernambuco nas Cortes do país, a fim de recuperar a Comarca do São Francisco.

— Pois é, Paulo, agora você vai entender o fato de a Comarca não ter sido administrada por Minas Gerais e também pela Bahia, em tempo útil. Por quê? Por que não foi administrada pela Bahia em tempo útil? Porque não existia uma via de penetração que permitisse um contato permanente sistemático entre a capital, Salvador, antigamente chamada Bahia, e as populações ou as gentes que estavam no oeste do Rio São Francisco.

— O número de habitantes não era muito grande, mas já havia nessa época povoações e cidades que eram conhecidas, como Santana dos Brejos, Barreiras, Barra do Rio Grande, Ibipetuba, Carinhanha, Correntina, Remanso, Bom Jesus da Lapa, Pilão Arcado, Casa Nova etc. Esses centros populacionais tinham que ser considerados porque ali estava, neles, sobretudo, a cultura do Nordeste. Foram integrantes de uma província nordestina que era Pernambuco, e não contavam com formas de comunicação além daquelas dos viajantes ou de um ou outro missionário.

— Era o caixeiro-viajante e o tráfego do São Francisco, que era feito em barcas e, posteriormente, em navios a vapor de rodas atrás. O trânsito do São Francisco se fazia muito mais fácil no sentido sul-norte, ou seja, de continuarem ligados a Pernambuco, mediante determinado comércio com Santa Maria da Boa Vista, Cabrobó e Belém do São Francisco, e daí saíam tropas de burros para Salgueiro, ou para Arcoverde, ou para Garanhuns. Esse era o trânsito comercial.

– Como Pernambuco não pôde mais se meter nessa área, houve um isolamento involuntário das populações do São Francisco. Esse isolamento permitiu que, ao redor de mais um século, a Comarca do São Francisco tivesse conservado, sem maiores modificações, os seus falares, ou seja, o seu dialeto. É o português seiscentista, eivado de muitos termos e expressões que se assemelham bastante, em alguns casos, a termos do espanhol: o *entonces* do camponês é o *entonces* do espanhol.

– No espanhol eles dizem, até hoje, *dedivera* e *divera* (em português, é o nosso *deveras*). O São Francisco, até hoje, usa *divera* e *didivera*. O homem da Comarca do São Francisco fala *dispois*, que é o *después* do espanhol. Isso apenas para citar alguns verbetes, que sugerem a elaboração de um glossário do São Francisco, com a etimologia do português antigo.

– Mas ali ficaram também muitos dos costumes comprovantes de que a Comarca do São Francisco não tem muito que ver com a Bahia, com Salvador. A cultura do Recôncavo baiano é uma cultura de miscigenação com as forças de trabalho do escravo africano usadas na usina do açúcar e nas fazendas do cacau. Então, a África exerce uma influência extraordinária na cultura do Recôncavo, sobretudo, na capital, Salvador. O São Francisco pouco tem a ver com aquela cultura, porque o baiano do São Francisco era um baiano do sertão nordestino que estava acostumado a uma culinária nordestina e não à culinária da Bahia. Não come vatapá, não come mugunzá; o mugunzá, para eles, é a canjica sem leite; o acarajé, o abará e outras comidas do Recôncavo não existiam na culinária do São Francisco.

– Houve, em consequência desse isolamento, uma espécie de mumificação de um marcante linguajar regional que permanece até os nossos dias, apesar de que a televisão a bombardeia diariamente, diuturnamente, como o faz com as culturas do país todo. No entanto, no São Francisco, até hoje, se conhece, ou se pode ouvir, termos ou mesmo formulações gramaticais que são típicas do português seiscentista.

– O homem que tratou de conversar, de descrever, de usar o idioma da Comarca do São Francisco, a que Guimarães Rosa atribui o nome de "idioma do Urucuia", foi um velho amigo dele, chamado Osório Alves de Castro, alfaiate e barqueiro, que viajou o São Francisco todo. Osório migrou de Santa Maria da Vitória muito cedo para São Paulo; foi um dos muitos baianos que contribuíram extraordinariamente para construir Marília, que hoje é uma cidade importante, de onde posteriormente surgiu o Bradesco e os Transportes Aéreos de Marília (TAM).

– Ele chegou a ser vereador em Marília, quando, em 1949, veio a proscrição do Partido Comunista. Foram proscritas também as representações comunistas nos parlamentos federal, estadual e municipal, ou seja, nas Câmaras de Vereadores e, por isso, Osório perdeu seu mandato popular. No entanto, na cidade de Marília, a Câmara de Vereadores não decidia nada que não fosse depois de reuniões na sua alfaiataria – alfaiataria que passou a ser apelidada de "O Senado de Marília".

– Osório Alves de Castro somente aos 60 anos de idade viu publicado o seu primeiro romance, *Porto calendário*, que é o nome que ele dá ao porto de Santa Maria da Vitória. O *Porto calendário* foi contemplado com o Prêmio Jabuti, da Câmara Brasileira do Livro. Nessa época, ele e Guimarães Rosa eram muito amigos. Guimarães Rosa tinha sido funcionário diplomático e, nos dias do Terceiro Reich, ou seja, nos dias em que Hitler mandava na Alemanha, Guimarães Rosa estava morando em Berlim. Uma vez estourada a Segunda Guerra Mundial, Guimarães Rosa voltou ao Brasil.

– Guimarães Rosa era um homem que tinha uma visão de esquerda, ou seja, que tinha uma visão de povo, e se surpreendeu com o linguajar de Osório em algumas crônicas, ou mesmo nos primeiros capítulos que ele havia tratado de rabiscar para o seu livro. Numa das últimas cartas para Osório Alves de Castro, Guimarães Rosa agradece ao seu velho amigo por ter conseguido uma editora dos países socialistas para lançar *Grande sertão: veredas* no leste europeu. Guimarães Rosa era o entusiasta desses falares com que se expressava Osório Alves de Castro e, em consequência disto, Osório o convenceu de fazer uma pesquisa sobre o vocabulário e a cultura da Comarca do São Francisco.

– E é nessa oportunidade que Guimarães Rosa teve que entrar na região do Rio Urucuia, em Minas Gerais, e Rio Carinhanha, na Bahia. Por aí também se estendia à influência cultural da Comarca do São Francisco. A sua influência não ficava só na margem esquerda, porque se espalhava também pela margem direita do Rio São Francisco, bacia do seu tributário, o Rio Verde até a Chapada Diamantina, que constituía a grande "muralha" divisória da Bacia do São Francisco com as demais bacias que se estendem em sentido horizontal para o litoral; a bacia do Itapicuru, do Rio de Contas, do Rio Jequitinhonha, do Rio Pardo e do Rio Paraguassu.

– Pese-se que aqueles mencionados costumes abarcavam duas margens do Rio São Francisco, e, evidentemente, se acentua muito mais ainda no interior da margem esquerda do São Francisco, ou seja, do vasto pedaço de terra que faz limite com Goiás e Piauí.

Explicado isso para Paulo Freire, ele achava encantador que houvesse uma descoberta tão recente de uma coisa que ele desconhecia. Guimarães Rosa, quando escreveu o *Grande sertão: veredas*, já foi como resultado da pesquisa vocabular e Paulo Freire dava muito valor ao universo vocabular das comunidades. O seu método de alfabetização se preocupa pela definição do universo vocabular do grupo social, a comunidade, a fim de que possa, com os conceitos mais usados, montar o conjunto das palavras que refletem a sua realidade objetiva e as suas necessidades; gerar no analfabeto o interesse, a necessidade de aprender a ler, porque toda atividade capacitadora só pode se realizar montada sobre a necessidade das pessoas ou do grupo social.

Guimarães Rosa escreveu 700 páginas, uma espécie de romance telúrico em que mostra um mundo mais amplo do que o mundo em que Osório Alves de Castro tinha tentado demonstrar no *Porto calendário*. Eu disse:

– Olhe, Paulo, essa linguagem que usam é a da minha mãe, dos meus parentes todos.

E ele:

– Você entende esse livro?

E eu:

– Claro que entendo bem e, inclusive, o li com grande satisfação. Não digo que li num fôlego só, apesar do entusiasmo, porque são 700 páginas e, naquilo de andar buscando o "feijão--nosso-de-cada-dia-nos-dai-hoje", não houve tempo de ler com a sofreguidão que o *Grande sertão: veredas* gera num cidadão nascido naquelas plagas, entre as margens do Rio São Francisco e Goiás. Então, se você quiser, eu, com toda a satisfação, vou tratar de traduzi-lo. Não será, pois, uma tradução senão umas anotações que eu irei fazendo das palavras típicas, dos falares do São Francisco, do idioma perdido lá nos confins da Bahia com o Goiás e de algumas expressões idiomáticas que não lhe são comuns, ou que você desconhece por ser um homem do litoral.

– Oba! Excelente! – disse Paulo – Beleza! Pode ir fazendo! E eu fico todo satisfeito, eu disponho de tempo, a leitura que eu estou fazendo aqui não é tão importante.

Dessa maneira, eu esbocei uma espécie de tradução, com anotações em cima das palavras típicas e das expressões idiomáticas. Recordo-me bem da alegria com que Paulo lia Guimarães Rosa. Feliz, porque lhe aparecia uma quantidade de vocábulos que ele achava de fundamental importância por sua estrutura, sua morfologia, de importância para a utilização do método de alfabetização.

Depoimentos

E foi assim que a gente passou tempos quando, de repente, um dia, Paulo foi retirado do quartel e levado para depor. Sabe-se que quem inquiriu Paulo Freire foi o capitão Virgínio, enquanto outros presos estavam sendo inquiridos por diferentes oficiais ou sargentos. Eram os oficiais que inquiriam e os sargentos que datilografavam.

Isso ocorria em uma sala muito grande, e o coronel Ibiapina, na sua mesa, manejava as fotocópias que, naquela época, eram novidade. Não existia xerox, existia sim termofax 3M (Minesota), de curta vida, pois era impresso num papel sensível ao calor. O coronel Ibiapina tinha que ficar mexendo e movendo aquelas folhas todas de inquéritos, possivelmente fazendo resumos para incriminar os prisioneiros.

Paulo Freire não voltou ao Quartel de Obuses; ficou conosco uma semana e, depois, então, foi enviado a outra unidade do Exército e depois foi solto. Foi solto porque não tinha nenhum crime, era difícil arranjar um processo contra esse homem, que não cometeu nenhum delito. Era vergonhoso o fato dele estar preso. Não só Paulo como outros que lá estivemos presos, tivemos os processos anulados.

Eram processos mal feitos, porque não havia provas cabais e porque muitos deles foram inventados para vingar-se das pessoas. Em suma, era apenas uma guerra, uma luta de classes em que os militares tomavam para si o trabalho de serem os algozes das classes dominantes, burguesia e latifundiários. O que é certo é que, depois disto, não mais se teve notícias de Paulo Freire.

"Aprendendo com a própria história"

A todos nós nos fez uma grande falta a companhia de Paulo, por várias razões: primeiro, porque com ele se aprendia muito sobre o seu método de alfabetização e segundo, porque a Elza, sua esposa, nos trazia aquela enorme quantidade de comida que servia não só para nós comermos uma alimentação melhor, mas também, como era do seu propósito, que nós enviássemos lá para baixo, onde estavam presos os camponeses, e cuja a alimentação era muito mais frugal, ou, quando não era frugal, era péssima, de sabor insuportável. E, como dizia Paulo no seu livro *Aprendendo com a própria história*, se refazia, se reciclava a comida, se mandava para os camponeses uma boa quantidade, bastante, suficiente e gostosa. Transcreve-se aqui o depoimento de Paulo Freire (1987), *ipsis literis*, sobre nossa vida na prisão – depoimento dado em entrevista a Sérgio Guimarães no referido livro, escrito por ambos:

Caso e 'causos' de Clodomir: tarefa política na cadeia

Sérgio – E como é que você ocupava o seu tempo na prisão?

Paulo – Olha, de um lado, lia, onde era possível ter livro. De outro, conversava com companheiros, jogava palavras cruzadas, por exemplo.

Tive também um testemunho, agora de preso, que para mim, foi extraordinário, de uma pessoa que ficou um grande amigo meu até hoje, que é o Clodomir Moraes. O Clodomir tinha sido preso antes do golpe, no Rio de Janeiro, pela polícia de Lacerda. Ainda no tempo de Goulart como presidente da República, mas não sob a responsabilidade de Goulart, claro. Aliás, ele tinha sido torturado, antes do golpe. Ele e a esposa também.

Sérgio – Por quê?

Paulo – Pelas posições políticas dele, por sua prática política. E depois foi condenado, acabou ficando aproximadamente uns dois anos na cadeia. Quando saiu, possivelmente seis ou oito meses antes do golpe, ficou fora pouco tempo, pois foi preso de novo no Recife. Ele era muito ligado aos camponeses e trabalhara muito, inicialmente, com as Ligas Camponesas, com o Julião. Depois parece que houve uma separação política entre eles.

O fato é que o Clodomir Moraes foi preso e deve ter passado 120 dias numa celinha igual à minha. Eu o tinha conhecido antes do golpe e, um mês antes, tínhamos tido uma conversa na Universidade do Recife. Depois do golpe, numa cadeia desses quartéis de Olinda, nós nos reencontramos. Falar sobre o Clodomir, para mim, é quase uma obrigação.

Em primeiro lugar, o Clodomir é um grande contador de estórias. Insisti muito, inclusive, para que ele escrevesse essas estórias. Ele escreveu, mas acho que não publicou.

Em segundo lugar, o Clodomir é um homem do sertão, do *Grande sertão: veredas*. Ele conhece toda aquela região que Guimarães Rosa discute, e a linguagem também. Por exemplo, li Guimarães na cadeia. Confesso que devia ter lido antes, mas não tive tempo e só li na cadeia. E li maravilhado, mas muito ajudado pelo Clodomir, que me elucidou muita trama do livro e muita linguagem dos personagens de Guimarães.

Em terceiro lugar, o Clodomir assobiava extraordinariamente. Aí ele juntava essas coisas, o bom humor dele e a experiência política que tinha de cadeia, inclusive. Ele conhecia, por exemplo, as curvas de euforia e de depressão do novo preso. Dois dias depois de chegado o novo preso, ele já sabia que o cara ia 'cair'. Quando o camarada percebia que tinha que viver um período de carência para que a mulher dele, ou os filhos, a noiva, ou a mãe o visitassem, no segundo dia desse período de carência ele começava a cair um pouco, quando a realidade da cadeia se impunha. E o Clodomir pressentia. De um lado ele sabia, de outro, adivinhava. E aí ele se aproximava do cara e inventava conversa, contava estórias do sertão.

Havia, por exemplo, um personagem extraordinário, que realmente existiu, no sertão de Clodomir: chamava-se Pedro Bunda, um 'grande filósofo'. E as estórias de Pedro Bunda eram estórias maravilhosas que o Clodomir contava e, necessariamente, refazia, recontava, recriava constantemente, mas com um gosto fantástico, inclusive literário.

E o Clodomir não contava essas estórias para deleite pessoal apenas: contava como tarefa política. É uma coisa que me fez admirar profundamente o Clodomir até hoje: ele cumpria uma tarefa política na cadeia. E não só com estórias, mas também com o seu assobio; ele assobiava clássicos, como Bach, Beethoven; assobiava os músicos da sua região, grandes músicos analfabetos da sua região. Tocou clarinete quando menino. Pois bem: com suas estórias, sua capacidade de assobiar bem, sua experiência anterior de cadeia e de ter sido torturado, ele sabia que, pondo tudo isso junto, podia exercer uma tarefa política lá dentro. E que tarefa política era essa? A de assegurar um mínimo de segurança ao preso. Se o preso fosse chamado para depor numa noite daquelas de insegurança, poderia ceder, poderia cair, poderia pifar. Daí a tarefa política dele, que não está nos livros de tática revolucionária, mas que ele sabia que era uma tarefa para o espaço da cadeia.

Mas além das estórias e dos concertos que ele dava, também tinha sugestões excelentes para dar aos presos. Um dia, por exemplo, conversando conosco, ele disse: 'Há palavras que preso não usa em depoimento. Uma delas é 'aliás'. As outras eram se não me engano, 'por sinal' e 'a propósito'. Mas o 'aliás' é uma maravilha! Por exemplo, você está sendo ouvindo e, de repente, o coronel lhe pergunta: 'O senhor conhece o Sérgio Guimarães? 'E você responde: 'Não, não conheço. Aliás...' Quando você diz esse 'aliás', até que você pare, vai ter que meter um terceiro no fogo.

Enfim, essas lembranças do Clodomir estão entre as mais ricas, quando penso em minha passagem na cadeia. Ainda me lembro do esforço com que a Elza trazia, às vezes ajudada pelas filhas, panelas com comidas para nós. Ela não trazia só para mim, não. Uma vez éramos oito, aliás, bem tratados, num quartel de Olinda. A Elza tinha assumido com prazer a tarefa de trazer a comida. E lá ia o soldado apanhar na portaria do quartel a panela com feijoada, para depois levar a panela vazia. Um dia eu lhe disse: 'Mas, Elza, isso é um trabalho enorme!'. A gente não tinha dinheiro para ela pegar táxi, vinha de ônibus, de Casa Forte para Olinda. E ela me respondeu poeticamente: 'Prefiro continuar fazendo isso, porque assim entro na sua cela através da comida e da panela, e você vem um pouco na panela vazia'.

Mas, com essa comida que a Elza trazia, o Clodomir me deu um outro ensinamento político extraordinário, e não só a mim, mas aos outros presos também. No primeiro dia em que chegou uma feijoada fantástica feita pela Elza, os seis companheiros e eu partimos para cima da feijoada. Enquanto isso, o Clodomir pegava uma lata vazia de leite em pó, das grandes, que a gente tinha, bem limpa, e com o almoço que veio para nós – muito melhor que o almoço que ia para os camponeses presos lá embaixo, numa condição péssima – foi preparar um almoço melhor para os camponeses e, enquanto comíamos o nosso, ele fez primeiro o almoço dos camponeses. Pegou, inclusive, uma parte do que sobrou para ele e pôs em cima da comida dos camponeses, para distingui-la e dar aparência de que não era comida de quartel. Nessa lata ele fez separação, com guardanapos de papel, para não misturar a sobremesa com a farinha, com o feijão. Depois de obter solidariedade também de um de um jovem soldado que correndo risco levou isso para os camponeses lá embaixo, aí ele veio comer o dele.

No primeiro dia que vi o Clodomir fazer isso, pensei: 'Puxa, esse homem está tendo uma postura muito mais revolucionária do que nós!'. E havia muito mais gente dita revolucionária do que eu também. E dizia a mim mesmo: 'Como a gente aprende todo dia! Com esse gesto, numa condição diferente, na cadeia, o Clodomir continua sendo um político, e muito mais concretamente do que eu'. A partir daí, no dia seguinte, quando chegou a comida de novo, assumi com Clodomir a feitura do almoço dos camponeses primeiro. Não comentei nada, mas aprendi a lição que ele me deu, fazendo. Deu uma lição na prática, e não fez nenhum discurso. Humildemente, ele não olhou para nós e cobrou: 'Onde é que anda a revolução de vocês? Onde anda a ideologia, a posição política de vocês?'. Não cobrou, só cumpriu a tarefa dele. Aliás, depois, no exílio, ele me deu outros testemunhos disso.

Enfim, em relação a essa experiência de cadeia, sempre digo, sem ser masoquista, que retirei muita coisa importante da minha pequena experiência, da minha passagem por ela. Talvez aí até seja uma deformação profissional de educador: sempre procuro aprender algo na prática em que estou. Se a minha prática era de preso, eu tinha que aprender era dela mesmo. Sem querer bem a ela, mas tinha que aprender.[15]

---

[15] Freire, P. e Guimarães, S. *Aprendendo com a própria história*. São Paulo: Paz e Terra, 1987, p. 53-58. (N. E.)

A despedida de Madalena

Recordo-me muito bem que, naquela quadra em que Paulo Freire esteve no Regimento de Obuses, teve um dia que, em verdade nos entristeceu a todos. A ele entristeceu, mas ele tratou de não o manifestar, talvez pelo fato de que era uma forma de ver a sua filha longe daquele inferno que constituiu o Brasil, naquele período de perseguições e de torturas.

Com efeito, sua filha maior, Madalena, era uma jovem de uns 15 anos, e traços muito bonitos, muito delicados e que foi visitá-lo pela última vez, porque deveria partir para a França, onde amigos de Paulo ofereceram alguma bolsa de estudos, em troca, evidentemente de algum trabalho, que ela podia desenvolver.

E o trabalho, já sabíamos era trabalho doméstico. Enfim, a filha de Paulo Freire ia enfrentar a cozinha ou varrer chão de franceses para estudar e não estar, evidentemente, ao alcance dos seus algozes que poderiam, de repente, querer estender a perseguição à sua família. Ela era a única pessoa adulta, com 15 anos (muita gente foi presa com essa idade).

Então, Madalena foi visitá-lo, pela última vez, e nós, com uma enorme satisfação, e também com o espírito de pena, a conhecemos. Depois do almoço, ela foi embora. Paulo e todos nós fomos à janela do quartel para abanar a mão ou para responder à última saudação de Madalena. A mãe, Elza, saiu com ela e Paulo não chorou.

Era forte, era duro, por isso reteve as lágrimas e se manteve íntegro. Não falou muito nesse momento e, logo depois, disparou a falar, mas a falar e a falar e a falar o tempo todo, até a hora de dormir. E nós víamos nessa mudança a vontade, ou melhor, o esforço que ele fazia para sufocar a sua dor. Falar e falar, conversar muitos assuntos, tratar de muitas coisas, no que insinuavam os colegas, claro, que fizessem a retribuição, e nós tínhamos também que conversar muito.

Nesse dia não se pôs no toca-discos as músicas clássicas que nós costumávamos ouvir, a maioria das quais concertos e tocatas de Bach. Eram músicas tristes, e tratamos de fazer chegar a hora de dormir com bastante distração, a fim de que Paulo pudesse dormir tranquilo ou, no caso, se tivesse que chorar, teria que chorar enquanto dormíamos, ou seja, chorar para o travesseiro e não para os outros, porque ele temia torturar as pessoas com o seu choro. Ele tratava de proteger a todos nós do sofrimento de que ele estava sendo vítima.

Lá se foi, então, Madalena. Dias depois, quando transferiram Paulo do quartel foi, também, a comida dos camponeses e a nossa comida que Elza trazia. E voltamos, pois, a comer a comida do quartel, péssima, feijão da "Aliança para o Progresso" dos gringos, que era um feijão grande e duro, com carne de charque.

Uma parte da comida melhor, a dos oficiais, misturávamos com a dos soldados e invariavelmente enviávamos para baixo, para os camponeses que estavam presos no recinto da prisão de sargentos e soldados, onde a alimentação era pior, era péssima.

CENÁRIO 3: O EXÍLIO

Bolívia e Chile

O tempo correu. Paulo Freire entrou na embaixada da Bolívia, foi o que soubemos por meio do rádio. Nessa altura já se podia ouvir rádio. Depois, lá ele se instalou. Chegou a La Paz sozinho. A família ficou no Recife. Eles moravam numa casa muito boa, perto de Apipucos, num bairro novo que criaram com casas lindas, novas e amplas, construídas com recursos do Instituto de Previdência Social.

Paulo teve que encarar o exílio em um país pobre e de meio ambiente bastante problemático: frio e de altitude acentuada. Uma vez chegando na Bolívia, sofreu uma das coisas mais dolorosas que sentem as pessoas que vêm do litoral e, de repente, são jogadas a quatro mil metros de altura. Paulo foi vítima do *soroche*, que é uma espécie de mal da altura: a pessoa se sente mal, com dores musculares que vêm dos pés até em cima e dor de cabeça; aquele mal-estar que a pessoa tem vontade de morrer, perde a vontade de viver e não sabe como sair desse incômodo. Evidentemente, porque Paulo não seguiu as regras que se havia estabelecido para ele.

Quando se chega a essa altura de quatro mil metros, o cidadão não deve comer muito e o que come deve ser frugal, porque senão lhe causa esse mal-estar, o *soroche*, assim chamado.

Com efeito, Paulo passou muito mal, porque era um *bon gourmet* e não podia passar sem feijoada. Ele não se refreava frente a essa comida e era incapaz de se submeter a um regime rigoroso, e o achava desnecessário, porque ele não estava em idade de regime. Nessa época, Paulo devia ter uns 40 anos. Era um homem jovem, porém sofreu muito com a altitude na Bolívia. Em virtude disso, ele fez tudo para ir para o Chile, porque, em verdade, Santiago era o melhor lugar para seu exílio.

Lá pontificava a democracia cristã. Cidadão cristão, de certo modo afinado com a democracia cristã, fez ocorrer o paradoxo da democracia cristã, mais tarde, se afinar com suas ideias. Ademais, lá já estava, morando no Chile, Plínio de Arruda Sampaio, um autêntico cristão que havia sido secretário da Reforma Agrária do Governo Carvalho Pinto de São Paulo. Estava Paulo de Tarso, um dos fundadores do famoso Partido Democrata Cristão e que foi ministro da Educação de Juscelino Kubitschek e prefeito de Brasília.

Enfim, em Santiago, ele tinha amigos que podiam introduzi-lo na tão necessária vida do trabalho, imprescindível ao exilado, porque este necessita não só assegurar o feijão de cada dia e o da sua família, como também faz parte de uma espécie de laborterapia, porque quando o exilado não trabalha ele sofre muito e com isso faz todos os compatriotas sofrer.

Assim que o Paulo Freire, quando pôde tomar um trem em La Paz para Arica, o fez com uma enorme alegria. Tomou o trem que atravessava regiões de até cinco mil metros de altitude e, quando chegou a Arica, ou seja, ao nível do mar, encheu os pulmões de enorme carga de oxigênio, coisa que não se consegue em La Paz, porque o nosso pulmão é pequeno, e não tem, ou nós não temos, aquele imenso fôlego que têm os bolivianos da altura que, quando respiram, enchem o peito de oxigênio.

Nós, ao contrário, com um pulmão comum e corrente dos cristãos lá do nível do mar, quando puxamos o oxigênio não puxamos o necessário; puxamos, se sabe, poucos litros, que lá, naquelas alturas, não são suficientes. Lá é diáfano o oxigênio e bastante rarefeito. É necessário um grande "fole" para aspirar oxigênio, destinado a alimentar os três trilhões de células do ser humano.

Paulo chegou a Arica, desceu do trem e saiu correndo em direção à praia, gritando: "Viva o oxigênio, viva o oxigênio!", maravilhado, como se tivesse voltado à vida, como se tivesse ressuscitado; tomou um ônibus, e foi bater na capital do Chile, Santiago.

Lá ele foi apoiado pelos primeiros exilados que haviam chegado anteriormente. Com sua família foi morar na Rua Carlos Antunes, no bairro da Providência, onde existiam muitos prédios de apartamentos recém-inaugurados e que eram vendidos aos chilenos que compravam esses apartamentos e alugavam a exilados. Paulo alugou um deles e lá vivia com sua família.

Eu cheguei a Santiago um ano depois, e fui me hospedar nas proximidades da estação de trem, num modesto hotel chamado Cervantes. Esse hotel consumiu, em três dias, toda a "fortuna" que eu havia levado para o exílio. A partir daí, fui socorrido por um casal de médicos comunistas, os Aybares: Emílio, exilado da República Dominicana, e Maria Emília, panamenha, que haviam construído uma casa e ainda não a tinham inaugurado.

Estava novinha em folha, cheirando ainda a tinta e, ao ver que existia um casal de brasileiros perseguidos, sem dinheiro, então nos ofereceram a casa para morar de graça. Encontramos na casa uma cama de solteirão, uma mesa e o resto em duas unidades: dois garfos, duas facas, duas colheres, dois pratos fundos, dois pratos rasos, duas xícaras, dois pires, tudo em dois, e nela fomos no dia seguinte morar graças ao espírito solidário do internacionalismo proletário defendido pelos Aybares do Chile e da República Dominicana e pelo espanhol Carmelo Sória e outros camaradas da vizinhança.

Como é normal, os exilados, ao chegarem ao país do exílio, tratam de entrar em contato com outros exilados imediatamente, pois vão estar metidos em comunidade totalmente desconhecida. Sem maiores ligações com os nacionais, então têm necessidade de comunicar-se com os seus compatriotas, com seus conhecidos, porque têm interesse de estender suas relações e porque o estrangeiro não deve viver isolado.

A pessoa que nos havia recebido no aeroporto, a mando da "Caixinha dos Exilados", ou seja, de uma instituição financeira para os recém-exilados, foi Josefina Fraga. Recebeu-nos no aeroporto de Santiago. Foi confortável essa recepção por uma mulher de uma simpatia extraordinária, secretária-executiva da Comissão Econômica para América Latina e Caribe (Cepal), que falava vários idiomas; uma mulher muito comunicativa, alegre e muito solidária; linda, por dentro e por fora.

E foi logo declamando os nomes dos brasileiros que estavam vivendo em Santiago: tem fulano, tem sicrano, tem beltrano, tem Paulo Freire, por exemplo. Desses que ali viviam, eu conhecia alguns deles. Conhecia Fernando Henrique Cardoso, que foi meu colega de colégio e de militância estudantil em São Paulo. Além de Paulo Freire e Fernando Henrique Cardoso, eu conhecia Paulo de Tarso, pois havíamos, três anos antes, viajado juntos numa missão que Jânio Quadros levou a Cuba para prestigiar a Revolução de Fidel em contraposição à campanha de desprestígio lançada pelo general Lott, que era apoiado pelas esquerdas, ou seja, pelo Partido Comunista e pelo Partido Socialista. Julião e eu tínhamos participado dessa missão, juntamente com uma quantidade enorme de importantes personalidades.

Eu era amigo de Jânio Quadros desde o tempo em que, em 1949, trabalhávamos no jornal *A Hora* e no *Sport* de Denner Médice, em São Paulo, onde ambos nos iniciamos em jornalismo. Jânio, nessa época, era apenas um vereador que havia ocupado uma das cadeiras das muitas que foram esvaziadas com a cassação dos representantes municipais do Partido Comunista. Ele era o homem que tratava de preencher essa lacuna, buscando dar soluções a problemas populares, (que os comunistas abordavam a favor das massas mais reprimidas), na Câmara de Vereadores de São Paulo.

Trabalhamos juntos n'*A Hora* e, até mesmo, um dia, passamos por um sufoco. Com efeito, eu e mais outros repórteres, Waldemar Gonçalves, Antonio Lúcio e o fotógrafo Glicério, mobilizados pelo vereador Jânio Quadros, fomos à rua Conde de Sarzeda (que liga a Praça João Mendes ao Parque Pedro II) para garantir, com o grito de respeito à liberdade de imprensa, a circulação do jornal que o Partido Comunista ia distribuir, *O Popular*. Quando chegamos à porta do jornal, a polícia cercou, e aí o famoso atrabiliário comissário Páscoa nos deu ordem de prisão e nos introduziu todos no camburão. Logo se vangloriou perante o seu chefe, por rádio, de que tinha prendido o vereador Jânio Quadros e uns jornalistas comunistas. Aí o delegado disse a ele: "Você é louco. Pare esse carro imediatamente e solta essa gente".

Julião e eu tínhamos conhecido Paulo de Tarso na referida missão de Jânio Quadros, destinada a prestigiar a Revolução Cubana e, depois, baixar em Caracas, a fim de, com a derrota do ditador Pérez Jiménez, prestigiar o governo esquerdista de Rómulo Bettancourt.

No luxuoso Hotel Tamanaco de Caracas, Jânio convocou o representante do Chedi Jagan para que comunicasse a este líder da independência da Guiana Inglesa, que, no seu governo, abriria uma rodovia pavimentada de Manaus até a fronteira, cujo propósito era o de ajudar na independência e de expulsar os ingleses da Guiana, como primeiro passo para limpar a nossa fronteira de colônias europeias. Os passos seguintes seriam os de colaborar para a independência das outras duas Guianas, a Holandesa e a Francesa.

Josefina Fraga tratou logo de me reunir com outros exilados na casa de alguns deles, a fim de ampliar as relações de amizade, mais ainda no meu caso, porque as pessoas com quem eu mantinha relações, os meus conhecidos, eram pessoas que já estavam em altos postos: o Fernando Henrique Cardoso da Cepal, o Paulo de Tarso era um homem importante no Desenvolvimento Social na América Latina (DSAL), uma espécie de ONG dirigida pelo padre Veckman, com recursos do cardeal Spelman, de Nova York.

Veckman tinha sido um dos assessores do presidente Kennedy e andava com recursos bastante fartos, estudando o problema da marginalidade e como evitar sua expressão mediante programas de assentamentos rurais, e mediante pílulas anticoncepcionais, para evitar o incremento de populações marginais dentro das cidades ou no interior dos países.

Essas amizades não eram de fácil alcance; eles trabalhavam ou operavam num nível bem alto. Eu poderia frequentar a casa de exilados mais modesta, como a de João Batista Zacariotti, por exemplo, goiano que se integrou à delegação das Ligas Camponesas que foi a Cuba em 1961. Dias depois, Josefina lembrou logo de Paulo Freire: "Sim, conheci, estive com ele na cadeia. Ele está entusiasmado e me pediu que viesse aqui e levasse você até a sua casa, entendeu?". Que tratasse de dar o endereço e fôssemos jantar juntos. Só sei que chegamos ao hotel, cinco ou seis da tarde, e, quando foi às oito horas da noite, estava na casa de Paulo Freire.

A própria Josefina, no dia seguinte, buscou alguém que pudesse nos levar de novo a Paulo Freire, cuja casa tinha bastante pessoas; era uma casa frequentada por muitos exilados. Os demais filhos dele eu conheci nessa oportunidade. A primeira pessoa que eu encontrei foi Fátima. Luth e Joaquim, os dois menores, acompanhavam Fátima, que era a filha morena de cabelos negros. Logo depois, à entrada do edifício, encontrei-me com Cristina e, lá em cima, novo encontro com Paulo Freire e com Elza. Havia bastante amigos exilados na casa dele naquele momento; era hora de almoço e almoçamos uma inesquecível feijoada. Aí, Paulo disse: "Olha, você, toda vez que sentir vontade de comer e sentir fome e não tiver dinheiro, venha aqui em casa que nós temos comida permanentemente para atender aos convidados recém-chegados". Perfeito, muito obrigado, era uma feijoada, a comida deliciosa de que Paulo sempre gostou.

Relembramos, durante horas inteiras, o nosso mundo, a nossa vida lá no Regimento de Obuses, e ele tratava de que os filhos ouvissem as narrações, os contos etc., os mesmos contos de *Pedro Bunda*, *Mestre Ambrósio*, *O ladrão da calça de casimira*, *Zé Apocalipse*, *Causos de sentinela*, que na prisão tanto lhe encantaram, e também as histórias reais da nossa vida na prisão.

Iniciação ao exílio

Passados uns meses, eu notava que Paulo necessitava ainda de uma aprendizagem que não se havia completado na cadeia. A casa dele vivia num reboliço exorbitante de gentes, e ele sentia que a família sofria com isso. Ele tinha uma família organizada no seu lar, em Recife, no aristocrático bairro de Apipucos, e agora aquilo parecia uma feira, um circo, cheio de gente, naquela natural angústia, naquele mal-estar dos exilados, que tratam de curar o problema fazendo visitas, a fim de romper o isolamento. E as fazem sem nenhum aviso, sem nenhuma preparação. Essas pessoas achavam que exigir que anuncie sua visita previamente era uma grosseria, uma falta de solidariedade, era espírito burguês.

Até que, um dia, eu conversei com Paulo Freire e lhe disse: "Olhe, Paulo, você tem que cuidar mais da sua família; não deixar que a família seja atirada a um mundo assim, de tanta desordem e de tantos enfermos mentais. Seus filhos estão na escola, as amizades deles estão na escola. Sua mulher, Elza, aqui em casa, deve ter descanso; as visitas dos companheiros exilados não devem deixar vocês caírem no anarquismo, que noto no seu apartamento duplex. Tem gente aqui e no outro andar, lá em cima, onde vocês dormem, onde deveria ser um recinto de tranquilidade e privacidade. Lá também enche de gente, ou seja, os amigos dos filhos e os exilados que entram e saem".

E a pobre Elza, que era, em geral, a pessoa que devia cuidar da comida, não tinha empregada. "Ademais, você precisa de tempo para ler e escrever sobre o seu método de alfabetização. Por isso, companheiro velho, você deve, pouco a pouco, convencer as pessoas que, quando queiram fazer-lhe uma visita, lhe avisem, a fim de que não haja um amontoado de gente, que isso não é nada saudável. Somente os seus familiares e os amigos dos seus filhos devem desfrutar do espaço e da atenção de você e de Elza. Nada da casa estar permanentemente cheia de gentes. E, quando tiver que receber gente, que avisem por telefone".

Perfeito! Demorou bastante, mas terminou Paulo tomando essas medidas, que foram notáveis e necessárias. No fundo, aquela espécie de congresso de exilados, manhã, tarde e noite na casa de Paulo Freire, era resultante da angústia que a insegurança forja nas pessoas exiladas, submetidas a um período indefinido de desemprego em terra estranha. Esse estado inconsciente de angústia é agravado pelo desgarramento involuntário do seu povo, de sua cultura e a eventual inadaptação ao meio cultural a que estejam submetidas.

Enquanto o exilado não encontrar um emprego ou uma fonte de renda, ainda que seja temporária, ele é uma pessoa ligeiramente desestruturada e trata de superar o nervosismo mediante a busca permanente de encontrar, de contactar com seus compatriotas; matar as saudades que os torturam na medida em que sofrem um dos mais graves efeitos do desemprego: a redução da capacidade de consumo, o que não deixa de ser uma das formas de limitação da liberdade. Recordo-me que minha mãe, Idalina Piau, me escreveu advertindo-me que "o exílio é uma espécie de prisão por fora, no qual sempre se sentirá sem liberdade".

Há que levar-se em conta que a consecução de trabalho para Paulo não era fácil. O medo do seu método e o medo dos programas de educação popular já havia se estendido por toda América Latina, por onde havia jornais falando do perigo que correspondia a esse cidadão chamado Paulo Freire. De maneira que, mesmo lá no Chile, da social-democracia cristã, estava difícil de ele conseguir um emprego que lhe permitisse fazer avançar o método que ele tinha concebido. Não o tinha, ainda, formulado nas suas últimas linhas. Eu me recordo do que eu ouvia na prisão, lá no Quartel de Obuses de Olinda onde estivemos presos juntos, referente aos seus princípios, as suas ideias sobre o método de alfabetização apoiado na conscientização. Foi lá que tomei conhecimento dos conceitos: questionamento, universo vocabular, problematização, conscientização, reflexão etc.

O seu grande amigo Jacques Chonchol, casado com uma brasileira, Edite, ambos "para frente", boa gente, tinha uma imensa admiração por Paulo Freire e tratava de ver como utilizar o seu método de alfabetização para os programas de assentamento e de desenvolvimento de comunidades. Chonchol dirigia o Instituto de Desenvolvimento Agropecuário (Indap), dependente do Ministério da Agricultura.

No meio rural, onde seria mais fácil de realizar uma campanha de alfabetização, resultava difícil de utilizar-se no campo, porque o ministro da Agricultura, Hugo Triveli, não parecia propenso a programas de conscientização que resultassem em fazer o camponês questionar a sua realidade, dado que o parlamento chileno ainda não tinha consciência das necessárias transformações do meio rural. Tanto é assim que o Instituto de Capacitação e Investigação da Reforma Agrária (Icira), patrocinado pela Organização das Nações Unidas para Alimentação e Agricultura (FAO) e pelo governo de Eduardo Frei, estava entregue às traças, no limbo, pois havia pouca demanda de cursos e de projetos de pesquisas.

Por isso é que, durante algum tempo, Paulo sofreu muito sem um emprego e o emprego que conseguia era de um salário modesto, que mal dava para cobrir as suas necessidades. Recordo-me bem do dia que ele chegou para mim e disse: "Olha, vamos preparar aqui um projeto. Eu quero que façamos juntos um projeto em que esteja envolvido você, a sua mulher, Célia Lima, a Evelyne Singer, uma socióloga de origem austríaca, e outras pessoas". Íamos preparar esse famoso projeto, a fim de dar início a atividades de alfabetização regular, no sul do Chile, ou na parte central do país.

Quando ele jogou o projeto no papel, este não funcionou. Nesse ínterim, eu já tinha feito um curso de profissional de reforma agrária, patrocinado pela FAO e pelo governo do Chile. E, graças à forma disciplinada que eu tinha na leitura e no estudo, apesar de já estar com 35 anos e disputando com jovens recentemente saídos da universidade (o mais velho podia ter 26 anos), eu consegui sair em primeiro lugar. Isso me daria a oportunidade de arranjar um posto de trabalho, o que, porém não aconteceu, lamentavelmente, porque se havia esgotado a verba.

Rapidamente tratei de elaborar um projeto do *Dicionário de reforma agrária da América Latina*. O diretor do projeto da FAO, no qual eu fiz o curso, o Dr. Solon Barraclough, era uma espécie de exilado ianque, o único que eu conheci.

Ele não queria sair do Chile e não podia estar nos Estados Unidos, onde era catedrático de economia agrícola na Universidade Cornell, lá no norte do estado de Nova York, na cidade de Ithaca. Ele estava sendo processado nos EUA e corria o risco de pegar uns tantos anos de cadeia, no reacionaríssimo estado de Arkansas, pelo fato de ter sido flagrado orando em uma igreja de negros, uma igreja frequentada por cidadãos afrodescendentes.

Em virtude disso, esse homem não podia viver nos EUA e, para não perder o seu posto na Universidade de Cornell, ele, uma vez por ano, armava-se de vários advogados para segurar as precatórias que lhe chegavam e só assim podia dar seus dois ou três meses de aulas com que deveria cumprir com a sua obrigação, a fim de não perder o seu posto de professor na universidade. E, imediatamente, saía correndo de novo para Santiago.

No Chile, ele dirigia esse projeto, que teve um papel muito importante, que contribuía para a criação de técnicas que servissem às Reformas Agrárias. Solon Barraclough era o diretor internacional do Icira destinado a formar os primeiros quadros para a reforma agrária, os "Técnicos em Desenvolvimento Econômico", nível médio ou universitário e que se intitulavam "profissionais de reforma agrária".

De repente, Dr. Solon Barraclough foi convocado pelo ministro Hugo Trivelli Franzolini para informar-lhe que necessitava urgente de um documento com a pesquisa, no âmbito mundial, sobre os principais programas de desenvolvimento rural. É que o parlamento chileno resistia a legislar sobre reforma agrária.

Com essa proposta, Barraclough caiu em pânico porque o Icira, naquele momento, não dispunha de gente para preparar em apenas duas semanas os documentos solicitados. Ele ficou mais calmo quando lhe argumentei que a condição de exilado leva o técnico subempregado a trabalhar dia e noite. Desse modo, ele encomendou a mim e a João Batista Zacariotti essa tarefa, munido das devidas credenciais, para que o diretor da enorme Biblioteca do Senado disponibilizasse quatro bibliotecários para nos atender.

Na primeira semana, identificamos 103 Leis de Programa de Desenvolvimento Agropecuário de países da Europa, da América, da Ásia, e da Oceania. Na semana seguinte, se produziu a síntese de 32 delas e sua edição com cinco cópias entregues ao ministro Trivelli.

No mês seguinte, o aludido ministro Trivelli informou que o parlamento estava propenso a avaliar os mais importantes projetos de reforma agrária. Outra vez, Barraclough foi socorrido pelos dois exilados com algumas credenciais junto à biblioteca do Senado e junto a algumas representações diplomáticas com sede em Santiago.

Em apenas dez dias, pesquisamos e coligimos leis e seus resultados de dez reformas agrárias dos seguintes países: México, Bolívia, Cuba, Itália, Japão, Taiwan, República Popular da China, União Soviética, Iugoslávia e Venezuela.

Solon Barraclough foi várias vezes solicitado por Plínio de Arruda Sampaio e Almino Afonso para arranjar um trabalho para Paulo Freire no Icira, da mesma forma que foi solicitado para arranjar um trabalho em organismos da Organização das Nações Unidas para a Educação, Ciência e Cultura (Unesco) que funcionavam em Santiago do Chile. Isso foi impossível no Icira, porque não havia verba da Unesco. Era, ademais, impossível porque esta agência das Nações Unidas, diferentemente da

OIT e da FAO, só contrata técnicos com beneplácito de seus respectivos governos. A OIT e a FAO nomeavam pessoas sem a menor consulta ao governo do país originário do perito.

Como a direção da Unesco era formada pelas embaixadas sediadas em Paris, qualquer papel de recrutamento de brasileiros cairia na mão de uma direção da qual participava o embaixador, o representante do governo militar em Paris; e o representante dos gorilas brasileiros não era qualquer coisa, era o general Lyra Tavares, um dos golpistas – um general desconhecido, com veleidades de escritor e, que de repente, arranjou uma boca que foi ir representar o Brasil em Paris. Supõe-se que ele buscava ingressar na Academia Brasileira de Letras (ABL) ou disputar o Prêmio Nobel.

Dessarte, não foi possível conseguir emprego para Paulo Freire na Unesco. Tampouco foi possível encaixá-lo no Icira, porque não havia verba disponível. Alguns exilados já tinham conseguido trabalho: Paulo de Tarso e José Maria Rabelo trabalhavam com Desenvolvimento Econômico e Social da América Latina (Desal), Fernando Henrique Cardoso trabalhava com a Cepal, Antonio Baltar com o Instituto Latino-Americano de Pesquisas Econômicas e Sociais (Ilpes), e assim por diante.

Todos operavam no serviço público internacional. A Paulo Freire, lhe tocou um posto nacional do Instituto Nacional de Desenvolvimento Agropecuário (Indap). Ele penou bastante pelo fato de estar no Chile com a Democracia Cristã no poder, uma democracia cristã diferente do democrata-cristão, ou do cristão Paulo Freire. O seu chefe imediato, Jacques Chonchol, de qualquer forma, lhe pagava um salário normal, porém que não lhe dava a chance de realizar os seus planos. Continuava produzindo matérias teóricas sobre a *Pedagogia do oprimido*, à espera de que, um dia, iria, afinal de contas, se sentir realizado com o seu método de alfabetização.

Nisso, ele penou durante muito tempo. Eu me recordo, quando eu já não estava mais no Chile, e já tinha sido nomeado conselheiro regional da OIT/ONU para a América Latina, em assentamentos de desenvolvimento rural e reforma agrária, que passei pelo Chile e tive a satisfação de encontrar Paulo Freire empregado no Icira, com um posto da OIT. Enfim, ele estava agora como funcionário internacional, predicando livremente suas ideias.

Nicho de sábios perseguidos

Em Santiago do Chile, Paulo Freire teve o privilégio de estar metido em um excelente nicho de exilados sábios, vítimas de perseguições políticas, nicho formado pelos seguintes intelectuais reconhecidamente dos mais altos níveis: Álvaro Vieira Pinto, Anísio Teixeira e Álvaro de Faria. Comecemos pelo doutor Álvaro Vieira Pinto, diretor do Departamento de Filosofia do Instituto Superior de Estudos Brasileiros (Iseb) do Ministério de Educação e Cultura, que alguns intelectuais nacionalistas e de pensamento avançado fundaram para fazer frente à Escola Superior de Guerra, a famosa ESG criada pelos ministérios militares. Álvaro Vieira Pinto encabeçava um grupo de intelectuais, entre os quais se destacavam Rolando Corbisier, Nelson Werneck Sodré, Cândido Mendes de Almeida, Ignácio Rangel e Osny Duarte Pereira.

O orientador de Paulo Freire

Álvaro Vieira Pinto foi professor de Paulo Freire quando este assistiu a um dos cursos especiais do Iseb sobre *Consciência e realidade nacional*. O valioso conteúdo deste curso se estende por mais de 1.100 páginas dos dois volumes do importante ensaio escrito por Álvaro Viera Pinto, editado em 1960 pelo Iseb, e de grande difusão nas universidades e livrarias do país. O primeiro volume é dedicado à dissecação minuciosa do conceito *consciência ingênua*, enquanto no segundo volume exaure, em mais de 60 páginas, tudo sobre *consciência crítica*.

Vieira Pinto era sobretudo um renomado filósofo e profundo conhecedor de Hegel e Marx, além de ser dotado de enorme facilidade para aprender idiomas. Com efeito, em menos de um ano de exílio na Iugoslávia de Josip Broz Tito, onde havia chegado com outras personalidades brasileiras perseguidas, entre elas o líder do governo na Câmara dos Deputados e ex-titular da pasta do Trabalho, o amazonense Almino Afonso, Álvaro Vieira Pinto, além de falar fluentemente o sérvio podia fazer traduções de outros idiomas eslavos ocidentais (polonês, checo e esloveno) e também em outros idiomas eslavos orientais, como búlgaro, russo e ucraniano.

Um dos seus livros, A *educação de adultos*, posteriormente divulgado pela Editora Cortez, traz seu famoso artigo, em que explica as razões do fracasso dos "Mobrais"[16] e de outros projetos nacionais de alfabetização de adultos que dezenas de governos nacionais, estaduais e municipais implementaram sem obter o êxito esperado.

Vieira Pinto atribui o fracasso dos programas de alfabetização de adultos à ignorância dos professores ao lidar com a própria definição do que é o *analfabeto*. Em geral, estes erroneamente definem o analfabeto como aquele indivíduo que não sabe ler e nem escrever. Basta os alfabetizadores se basearem nesta definição para impedir o êxito de um programa de alfabetização de adultos.

Diz Vieira Pinto que tanto os professores quanto os professores dos alfabetizadores conhecem somente o fenômeno e dado

---

[16] Mobral: Movimento Brasileiro ele Alfabetização. (N. E.)

que, nem no colégio e nem na universidade lhes ensinaram a buscar o que está por trás do fenômeno, ou seja, a sua *essência*, os governos gastam milhões e milhões de cruzeiros, cruzados e reais inutilmente e, dessarte, aumentam ou mantém as cifras também de milhões de brasileiros analfabetos.

Analfabeto, diz Vieira Pinto, não é o indivíduo que não sabe ler e escrever. Analfabeto, frisa bem, é aquele que *não teve ou não tem necessidade* de ler e escrever.

Essa sumidade que norteava o Iseb tinha sido criado por uma tia, que, juntamente com sua secretária Maria, o acompanhou ao exílio. Sua tia tornou-se famosa pelo rigor das suas exigências, às quais submetia o sobrinho desde a adolescência, a uma despótica disciplina de estudos, prendendo-o, com chave no seu quarto, durante todo o dia, excetuando apenas as horas das refeições.

Em uma das manhãs que sucederam o dia do golpe militar, o sexagenário professor e doutor Álvaro Vieira Pinto foi visto sentado no meio-fio da calçada do Iseb, com a cabeça apoiada nos joelhos, afirmando que o golpe militar de direita fora desfechado principalmente para aniquilar aquele instituto que ele e outros intelectuais haviam criado.

O pedagogo precursor de Paulo Freire

Outro importante interlocutor de Paulo Freire, naquele eventual "nicho de sábios" de Santiago do Chile, foi o professor e doutor Anísio Teixeira, até então considerado o maior pedagogo que o Brasil havia produzido.

Baiano da reconhecida culta cidade de Caetité, ainda adolescente, ingressou em um seminário católico-romano e ali – segundo afirmava o seu velho amigo Darcy Ribeiro – Anísio Teixeira se revelou a maior vocação sacerdotal tal como o seu contemporâneo, quase da mesma idade, Helder Câmara e sendo que sobre ambos o clero brasileiro alimentava a ideia de chegarem a ser fortes candidatos a Sumo Pontífice, no dia em que se conseguisse romper o monopólio dos papas europeus.

Anísio Teixeira estava sendo preparado pelos jesuítas do Colégio Padre Antônio Vieira, de Salvador, para algum dia galgar os escalões mais altos da hierarquia católica romana. Já naquele começo do século XX, havia gentes que tinha a veleidade de algum dia ser súdito de um papa de nacionalidade brasileira.

Darcy, mineiro de Montes Claros, e muito amigo de Anísio Teixeira, afirmava que esta foi, de fato, a vocação sacerdotal brasileira de maior probabilidade para ser o beatíssimo do Vaticano, porque respondia com grande virtuosidade aos esforços do seu formador, o padre Luís Gonzaga Cabral, do Colégio Padre Antônio Vieira.

No entanto, o pai de Anísio Teixeira contrariou sua vocação sacerdotal e o transferiu para estudar Direito no Rio de Janeiro, curso concluído em 1922. Em 1928, Anísio Teixeira fez seu mestrado nos Estados Unidos e três anos mais tarde foi editado o seu livro, intitulado *Vida e educação*, no qual reúne dois ensaios do filósofo e pedagogo estadunidense John Dewey, de quem sofreu grande influência.

Darcy Ribeiro contava que em 1935, Anísio Teixeira, dado ser suspeito de vinculação com a Aliança Nacional Libertadora (ANL), encabeçada por Luís Carlos Prestes, foi perseguido e teve que se esconder na fazenda de gado de propriedade de um grande amigo de sua família, no município de Riacho de Santana, nos contrafortes ocidentais da Chapada Diamantina.

Na verdade, ele achava mais seguro esconder-se não em outro município e sim em outro estado. O fazendeiro amigo, contudo, o tranquilizou, dizendo-lhe que, para todos os efeitos, ele seria considerado vaqueiro, queimado do sol, com cavalo selado, com alforjes, vestido de gibão completo e alpercata de rabicho, chapéu de couro, facão e, claro, com nome falso, um codinome qualquer.

Dito isso, depois de mandar servir um rico desjejum com ovos estrelados, bife de carne de sol, muito beiju de tapioca, coalhada, paçoca de gergelim, mandioca, batata-doce, o fazendeiro mandou o falso vaqueiro alojar-se lá no grande depósito (espécie de senzala), onde costumavam dormir outros vaqueiros, almocreves e tangerinos. Os quatro vaqueiros da fazenda, àquela hora, já estavam em plena labuta.

Anísio Teixeira nem sabia qual seria a rede que lhe tocava descansar, e por isso, foi tirar um cochilo na primeira que viu. Qual não foi sua surpresa ao constatar que, debaixo da colcha, estava discretamente uma edição simplificada d'*O capital* de Karl Marx, editada em 1912 em Lisboa.

É que ali também estavam escondidos uns militantes da esquerda, Milton e Nabor Caires de Brito, do vizinho município de Paramirim, e Antônio Barbosa, de Bom Jesus da Lapa. Quando o Partido Comunista voltou, em 1946, à legalidade, Milton Caires de Brito exerceu o cargo de diretor do diário comunista do partido de Luís Carlos Prestes, que havia adquirido em São Paulo a enorme e moderna gráfica, com muitos linotipos e potente rotativa que, na rua Conde Sarzedas, entre a praça João Mendes e o parque Pedro II, foram desapropriadas do antigo *Jornal Alemão* pelo governo federal, em guerra contra o Terceiro Reich. Foi a época em que os comunistas mantinham seis jornais diários no país: *O Democrata*, de Fortaleza; a *Folha do Povo*, do Recife; *O Momento*, de Salvador; a *Tribuna Popular*, do Rio de Janeiro; a *Tribuna*, de Porto Alegre e o *Hoje*, de São Paulo, além de uma dezena de semanários. Todos eles atravessaram quase dez anos de vida ininterrupta, mantidos pelos partidários de Prestes. No entanto, vai-não-

-vai, sofriam repressão e suspensão temporária de circulação. O *Hoje* trazia como ícone, junto ao seu título, a cara de Prestes, ladeada da estrofe de Castro Alves:

> Escarneceste o profeta?
> Desprezaste a Jeremias?
> Pois sim!... por bem curtos dias
> Tu serás Jerusalém.

Depois que a polícia e a justiça proibiram a circulação do *Hoje*, os comunistas o substituíram imediatamente por outro diário, o *Notícias de Hoje*, que uma vez também interditado este foi substituído pelo diário *O Sol*, mantendo o ícone de Prestes seguido de outro verso de Castro Alves:

> Estrela para o povo;
> Para os tiranos,
> Lúgubre cometa!

O outro falso vaqueiro da clandestinidade do famoso pedagogo Anísio Teixeira, Nabor Caires de Brito, no início dos anos 1960, foi o modernizador do jornal *Folha de S.Paulo*, enquanto o outro brilhante jornalista comunista, Cláudio Abramo, modernizava *O Estado de São Paulo*.

Anísio Teixeira, posteriormente a aqueles percalços, ocupou cargos muito importantes, tais como o de assessor, em Paris, do fundador e primeiro diretor geral da Unesco, o famoso cientista inglês, o biólogo Julian Huxley. No ano seguinte foi o secretário de Educação do governo de Otávio Mangabeira; em 1951 assumiu a Secretaria Geral da então Campanha Nacional de Pessoal de Nível Superior (Capes).

Em 1952, Anísio Teixeira foi o diretor do Instituto Nacional de Estudos Pedagógicos (Inep) e do Centro Brasileiro de Pesquisa Pedagógica (Cabpe). Com Darcy Ribeiro, cria a Universidade de Brasília (UnB), da qual foi o seu segundo Magnífico Reitor. O golpe militar de 1964 alijou Anísio Teixeira de suas funções públicas e por isso ele voltou à condição de professor visitante em universidades dos Estados Unidos e do Chile. Neste país sul-americano, morava sua filha Babi, esposa do combativo deputado estadual do estado da Guanabara, com direitos políticos cassados, Paulo Alberto, que, ao regressar do exílio, adotou o codinome de Artur da Távola e chegou a se eleger senador pelo PSDB do Rio de Janeiro.

Inúmeras vezes Paulo Freire dialogou com Anísio Teixeira sobre o enorme arsenal de ideias de sua *Pedagogia do oprimido* e ficou profundamente abalado quando, anos mais tarde, recebeu a infausta notícia de que foi suspeitosamente encontrado morto, no poço do elevador do edifício onde morava no Rio Janeiro, quando já contava com votos suficientes para ocupar uma cadeira da Academia de Brasileira de Letras, por indicação do jornalista Barbosa Lima Sobrinho.

A revista *Problemas brasileiros* (edição de setembro e outubro do ano 2000) publica as seguintes opiniões de vários intelectuais brasileiros sobre Anísio Teixeira:

- Alberto Venâncio Filho, membro da Academia Brasileira de Letras: "Anísio Teixeira foi um grande pensador e político da Educação".
- Antônio Houaiss: "Anísio Teixeira foi um profeta do saber, da cultura e da transformação social. Foi um dos homens mais cultos deste país, mas ao mesmo tempo, o menos exibicionista dos homens cultos deste país".
- Darcy Ribeiro: "O pensador mais discutido, mais apoiado e mais combatido do Brasil. Ninguém como ele provoca a admiração de tantos. Ninguém também é tão negado e tem tantas vezes o seu pensamento deformado".
- Jorge Amado: " [...] um brasileiro raro [...], alvo durante toda a vida de restrições, misérias de todo tipo com que os imundos o perseguiram – sobram imundos no Brasil".

- Josué Montello: "[...] quem conheceu o escritor pelos livros, admirou-o como uma das figuras mais altas da cultura brasileira; mas só o conheceu verdadeiramente, na força impetuosa da sua inteligência incomparável, quem teve a sorte de o ouvir nos instantâneos de suas intervenções improvisadas [...]".

O crítico da "lógica dialética", Álvaro de Faria

Outro interlocutor de Paulo Freire em Santiago do Chile foi o cientista, dr. Álvaro de Faria, médico especialista em fisiologia, logo atraído pela teoria dos reflexos condicionados de Ivan Pavlov, Prêmio Nobel de Medicina (1904), fundador da reflexologia, "que investiga as condições biológicas indispensáveis para a observação de fenômenos psíquicos".

Porém, não ficaram tão somente ali seus estudos e observações. Como bom marxista, se aprofundou na reflexologia desenvolvida por Lenin no seu polêmico livro *Materialismo e empirocriticismo*, resultando convertido em um dos maiores ideólogos de esquerda da América Latina.

Vários livros publicou Álvaro de Faria sobre experimentos de Pavlov antes de escrever a sua mais importante obra científica, *Introdução ao estudo do formalismo das contradições*, publicada pela editora Brasiliense, da qual era sócio do abastado e também pensador marxista, Caio Prado Júnior.

Este Caio Prado e outros jovens revolucionários dos anos 1940, o arquiteto Oscar Niemeyer e a talentosa e belíssima artista de teatro Maria de La Costa, foram figuras centrais do romance épico-político *Subterrâneos da liberdade*, escrito por Jorge Amado no final daquela década, época em que o escritor baiano ainda militava no clandestino Partido Comunista.

Ficou famoso aquele episódio surpreendente de dois comunistas que, madrugada adentro, estavam pichando a parede de um túnel no Rio de Janeiro com a palavra de ordem do partido e, de repente, ao verem a luz dos faróis de um automóvel, supondo ser o da "ronda policial", saem em carreira desabalada, abandonando a lata de piche, a brocha e a incompleta consigna do Partido: *Lutemos contra a guerra*... A luz no túnel não era da viatura policial e sim do jovem arquiteto Oscar Niemeyer, que ao ver a frase incompleta, baixou do seu auto, pegou a brocha de piche e a completou com as palavras: *Viva a paz!*

O dr. Álvaro de Faria foi durante vários anos o secretário de finanças da célula comunista de médicos ricos de esquerda estabelecidos na chique Rua Barão de Itapetinga (e as transversais ruas Xavier de Toledo, Marconi e outras), frequentadores sistemáticos da luxuosa confeitaria Seleta daquela rua.

Uma vez por mês, ele recebia discretamente na sua residência visitas de Carlos Marighella, Agildo Barata e Diógenes Arruda e outros membros do Partido Comunista. As visitas desses hierarcas do Partido eram não somente para orientação política, mas principalmente para recolher as contribuições financeiras dos camaradas médicos burgueses.

O dr. Álvaro de Faria já tinha editado várias obras sobre Pavlov com seus reflexos condicionados, quando deu o grande salto adiante tratando da área da reflexologia. Isso ocorreu bem depois do aparecimento dos polêmicos dois volumes de Caio Prado Júnior sobre *Lógica dialética* e o volume de *Teoria do conhecimento*.

O grande salto estava consubstanciado no seu referido ensaio, calhamaço de 400 páginas, *Introdução ao estudo do formalismo das contradições*, editado em 1960. Porém, poucos meses depois, o dr. Faria começou a suspeitar que havia entrado em rota de colisão com o Partido Comunista, pois os seis diários e revistas especializadas nem ao menos registraram o seu mais importante escrito filosófico, publicado e distribuído pela Brasiliense, uma das maiores e mais importantes editoras do país.

Os referidos hierarcas do partido que o visitaram evitavam entrar no tema provavelmente por incapacidade de entendê-lo. Naturalmente se tratava de dedicados e respeitáveis militantes com grandes virtudes revolucionárias, porém não tão letrados em filosofia marxista. Em duas palavras: o partido ignorou totalmente o mais importante livro do seu militante mais culto. Foram meses de silêncio. Nem ao menos uma crítica em reunião da célula em que militava com assistência do Comitê Central do partido.

Para agradável surpresa de Álvaro de Faria, seis meses depois, chegou-lhe uma carta de Moscou. Era nada menos que uma carta de P. F. Iudin, presidente da Academia de Ciências da União Soviética, coautor e co-orientador com M. M. Rosental, do grupo de 150 cientistas da elaboração *Dicionário de filosofia marxista*, convidando-o para uma reunião com doutores e candidatos a doutores daquela academia, interessados em discutir algumas ideias expressas no seu livro *Introdução ao estudo do formalismo das contradições.*

Álvaro de Faria, sem comunicar ao partido o honroso convite e bilhetes aéreos recebidos, tocou para Moscou. Lá esteve quase um mês, usado em visitas aos centros de pesquisa da gigantesca Universidade Lomonosov, mais conhecida por Universidade de Moscou, dedicada exclusivamente para atender às necessidades de formação de quadros da Academia de Ciências da URSS, com seus 100 mil pesquisadores.

Nas várias reuniões de que participou na Academia, apresentou o seu questionamento referente à tautologia que costumavam cometer alguns cientistas, institutos e editoras soviéticas ao referir-se à tão em moda *lógica dialética* e esclarecia que a dialética é a lógica do materialismo e, portanto não tem sentido chamá-la de lógica sem correr-se o risco de equívocos que toda tautologia soe gerar.

No seu entender, Álvaro de Faria não encontrava sentido na conversão da dialética a um quantitativo da lógica e afirmava existir lógica formal, lógica matemática, lógica quântica, lógica relativista e outras lógicas, porém insistia que a dialética já é uma lógica – a lógica geral do materialismo.

Coincidentemente ou não, a Academia de Ciências da URSS e o Editorial Progresso nunca mais deram títulos de lógica dialética a ensaios ou livros. Também coincidentemente ou não, a editora Brasiliense nunca mais editou os posteriores trabalhos científicos de Faria.

Apesar de já não militar no Partido Comunista, o golpe de 1964 o empurrou ao exílio no México, onde se encontrou com outros famosos exilados: o cientista argentino Rodolfo Puiggrós e o filósofo marxista espanhol Adolfo Sánchez Vázquez, autor de *Filosofia da práxis*. Este é um dos cabeças das tendências esteticistas de György Lukács, famosíssimo filósofo e político marxista húngaro que assessorou, em 1919, o líder Bela Kun da Revolução Soviética da Hungria, de curtíssima duração.

Era época da Conferência Tricontinental convocada por Havana. Nessa ocasião, estes três cientistas fizeram uma carta a Che Guevara e a Fidel Castro, na qual se manifestavam em desacordo com o aspecto exclusivista da "teoria (guevarista-debreista) do foco", que categoricamente admita a probabilidade de se tomar o poder tão somente a partir do foco guerrilheiro. E ainda que isso tenha êxito, não se tem assegurado o processo das transformações estruturais que, em última análise constitui o objetivo estratégico de toda revolução. Na carta, recordavam o pensamento de Marx de que a história não se repete, a não ser "a primeira vez como tragédia, a segunda como farsa".

Asseveraram, ademais, que o assalto ao poder na Rússia foi feito por operários, camponeses, soldados e marinheiros. Já na China, foi o proletariado da cidade e do campo que chegara ao poder. Por esta razão, ninguém deve se surpreender com o assalto ao poder levado a efeito por soldados, estudantes e pelo clero. Até parece que aqueles estavam profetizando o assalto ao poder na República Dominicana, dirigida pelo coronel Camanho e seus comandados; no Panamá, pelo general Omar Torrijos e sua Guarda Nacional e, na Nicarágua, pelo clero católico romano progressista e estudantes revolucionários.

Nas viagens ao México para atender aos convites do padre Ivan Ilich, criador do Centro Intercultural de Documentação (Cidoc), Paulo Freire esteve duas vezes com Sánchez Vázquez e com outros pensadores latino-americanos, que o consideravam com uma nítida tendência ao existencialismo cristão de Gabriel Marcel, pese a que Paulo Freire, por sua vez, simpatizava com a *Filosofia da práxis* de Sánchez Vázquez.

Exodus

Veio o final de Democracia Cristã, com a subida de Allende. A nomenclatura da Democracia Cristã se viu, pois, reduzida a meros espectadores e, em função disso, preferiu migrar. É o caso, por exemplo, de Plínio de Arruda Sampaio, que conseguiu que a FAO o transferisse para Washington, onde viveu muitos anos, e Paulo Freire, a essa altura, recebeu, da Universidade de Harvard, em Boston, o convite para ir ali trabalhar; porém lá não ficou muito tempo. Serviu de messias, foi surpreendido com a denúncia que um "cancão-de-fogo" dos mais célebres, o economista John Kenneth Galbraith, saiu por aí dizendo que Paulo Freire era comunista. Com este dedo-duro, a vida se tornou impossível para Paulo, o que o levou à Suíça, onde o Conselho Mundial das Igrejas o recebeu e lhe deu emprego. A partir daí, ele foi lá morar e, aí, várias vezes nos encontramos, porque não raro eu me hospedava com ele em Genebra.

Duas epístolas de Paulo

Sobre os 44 santos cassados

Caríssimo Clodomir:

Genève, 11/9/70

Acabo de ler sua deliciosa carta e a *Entrevista de um repórter do Juazeiro do Norte com os 44 santos cassados*.

Seria excelente que o nosso Abraão Batista, do Juazeiro do Norte, desse um pulinho agora ao Chile, para entrevistar a D. C. [Democracia Cristã].

Na *Pedagogia do oprimido*, há um trecho em que digo, mais ou menos: 'O próprio da direita é pensar *sobre* o povo para, conhecendo-o melhor, melhor dominá-lo. No momento em que a direita pensar *com* o povo, ou já não é direita ou terá se equivocado e, nesta hipótese, pagará caro por seu equívoco. A esquerda, pelo contrário, ou pensa *com* o povo, ou desaparece. Por isto é que, mesmo tendo de também pensar *sobre* o povo se distingue este de pensar daquele. A esquerda pensa *sobre* o povo para, melhor conhecendo-o, melhor *ficar com ele*'.

A D. C., que é um equívoco em si mesmo, *brincou de pensar com* o povo, quando, na verdade por sua própria natureza, não poderia ir mais além de um programa reformista-burguês e, ainda assim, comedido. Ao brincar de pensar com o povo, de falar a ele uma linguagem às vezes progressista – julgando que, a qualquer momento, poderia parar de brincar facilmente, sem mais consequências – teve de permitir a abertura de portas ao diálogo verdadeiro. Desta forma, ajudou, sem querer, o desvelamento da realidade, de que resultou aparecer como contradição de com quem quis brincar de pensar. Como o Indap levou a sério, juntamente com outros setores governamentais, o tal brinquedo, teve que pular.

O desenvolvimento de todo este processo, que vi de perto, me leva agora a algumas reflexões em torno da vitória eleitoral de Allende, a propósito de que gostaria de trocar ideias com você.

Em primeiro lugar, esta vitória não significa, ainda, o povo no poder, e pode transformar-se noutro tipo de brinquedo, este sim, quanto à revolução.

Nestas considerações, passarei por cima de toda a problemática atual, em que as forças da reação (da casa matriz e da filial) se encontram empenhadas na manutenção do poder. Não porque subestime esta dimensão do processo. Interessa-me, contudo, começar estas considerações a partir de Allende no poder. Neste caso,

a) Como governar, num estilo socialista, dentro, porém, da democracia burguesa?

b) Como fazer não mais a mera reforma, mas a revolução agrária sob a égide de direito de posse do Direito burguês?

c) Como criar o novo Direito, o Direito do povo, com um Congresso burguês?

d) Como fazer a revolução na educação, de que resulte pôr-se em prática a advertência corretíssima de Marx, de que 'o educador precisa ser educado'?

e) Como operacionalizar a convicção do povo, de que estará no poder mantida, porém, a contradição entre o novo estilo reivindicativo popular e a velha e burguesa estrutura de contestação?

f) Como transformar um poder eleito burguesamente num poder realmente revolucionário?

Dizendo ao povo, depois de alguns meses de governo, que se encontra obstaculizado pelo Congresso? Convidando o povo a votar, nas próximas eleições, nos candidatos de esquerda ao Parlamento? Programando organizar milícias populares? Mas a questão está em que estas não poderiam ser organizadas nas regiões onde o nosso Abraão Batista andou entrevistando os 44 santos cassados, senão no Chile mesmo. E o problema está em que a organização revolucionária do povo não pode ser feita como quem faz piquenique.

Tenho a impressão de que é mais seguro apostar no Peru, caso o grupo militar que empolgou o poder, através da práxis, se converta à revolução.

Não sei o que lhe parece tudo isto e se eu estarei errado nas minhas análises.

Considero, contudo, que o Chile dá outra jogada importante na América Latina, de que a anterior foi, indiscutivelmente, a possibilidade de desnudamento da D. C., que aparecia, à ingenuidade de muita gente, não como um momento de um processo, mas como um terceiro caminho.

Um abraço para vocês, do velho amigo Paulo.

P. S. Achei entre uns papéis um número telefônico 5-29-50-53, com seu nome. Ainda é este?

Sobre o Que Fazer? de Lenin

Meu Caro amigo Clodomir,

Acabo de receber, com a emoção com que você pode imaginar, o pacote com a carne e seu carinhoso cartão – cabra da peste. Até em Honduras você encontra carne de sol! E a emoção não foi apenas 'gastronômica', a emoção do guloso que você bem sabe que sou. A emoção foi a de ver no seu gesto de lembrar-se do amigo distante e, superando as dificuldades aduaneiras, fazer chegar a Santiago, ao pau-de-arara, companheiro de 'férias' em Olinda. A amizade verdadeira nos prende. Não tenho nada dessas coisas para lhe mandar e a Célia, mas estou enviando-lhes um exemplar do meu ensaio, edição brasileira: *Educação como prática da liberdade*.

Você já deve ter recebido – se já chegou dessas andanças, de que você com um humor formidável, manda tarjetas para todo o mundo (o que também fiz de Nova York) – a minha carta em resposta a uma sua, dirigida ao Inap. Carta por sinal de que reproduzi trechos ao Álvaro Faria, cujo 'endereço' lhe mandei também.

Na tal carta lhe falava do fracasso das gestões para minha ida para a FAO que, depois de mais de seis meses, resolveu que eu deveria ser encaminhado à Unesco...

Dizia-lhe também de um certo desencanto, não com o meu trabalho mesmo, com que sei ter ainda de fazer; um desencanto geral, uma sensação de injustiça objetiva o que dizia que, tendo possibilidade – o que sei ser difícil para você – de me engajar por aí, que iria. Não sei se cheguei a lhe falar no novo ensaio que acabei de escrever e cujo 'borrador' estou trabalhando: *Pedagogia do oprimido*. Nele (tento) ensaiar, ainda insistentemente, ligar esta pedagogia a uma possível 'Teoria da ação'. Esta coisa me preocupa hoje intensamente. Li, reli, estudei *O que fazer?*; bem sabe de quem. Estou estudando uma série de trabalhos clássicos deste time todo. Cada vez mais me convenço que devemos de encontrar uma 'teoria da ação' que brote de nós mesmos. Temos de criá-la na práxis. Como lembre, antes de pôr no papel, costumo, em aulas, ir 'gotejando' as minhas ideias. Nas aulas e nas conversas.

Recentemente, comecei a dar algumas aulas sobre as possíveis 'teorias da ação' que estão implícitas nas contraditórias posturas – a do antidialógico e a do dialógico. Gostaria, inclusive, de conversar um pouco com você, ainda que por carta, sobre isto.

Um outro ponto que me vem desafiando dentro destas mesmas reflexões é a das contradições que se instauram ao instaurar-se uma liderança revolucionária. Contradições como sempre percebidas por elas. É claro que uma 'liderança' revolucionária se estabelece como resultado de um ato total de ação e de reflexão crítica de uma liderança histórica concreta a ser transformada. Ela surge como resultado de uma outra contradição – a dos opressores-oprimidos. É a contradição opressor-oprimido, metidos ambos em uma situação concreta – a de opressor que gera o surgimento das lideranças revolucionárias. Estas não são, é óbvio, propriamente a superação da contradição que as gera. Elas buscam esta superação. Acontece, porém, que ao aparecerem no cenário da situação concreta em que jogam os polos contraditórios opressor-oprimido, elas se vão fazer também contradição.

I) Contradizem o polo opressor. A elite dominante.
II) Contradizem as próprias massas oprimidas. E isto é o que não veem e percebem, em regra.

Ao constituir-se como lideranças revolucionárias no momento em que, em um gesto de autêntica solidariedade, se reconhecem nos oprimidos, pensam que só isto lhes constituem como lideranças revolucionárias. Parece-lhes um absurdo que também contradigam as próprias massas oprimidas. Não percebem que estas, porque oprimidas, 'hospedam' o opressor 'dentro' delas. Na dualidade de seu ser, são e não são. Mantendo ao opressor em si, introjetado nelas – temendo a liberdade, estas massas oprimidas, em um destes paradoxos horríveis, têm nas elites revolucionárias uma contradição também.

Porque não percebem esta contradição é que muitos dos grupos revolucionários terminam por descrer das próprias massas que não entende, assumindo as seguintes alternativas: a) trabalho de cúpula; b) manipulação das massas tão reacionária quanto a manipulação dos grupos dominadores. Por esta razão, terminam sem ser lideranças. No meu entender, somente poderiam tornar-se lideranças se conseguissem não a conquista das massas, mas a sua conscientização, com a qual estas se inserirão na história também. O seu trabalho não seria o de quem, descrendo das massas, pretenda resgatá-las, mas o de quem, humildemente se convencesse de que, se ninguém se liberta sozinho, também ninguém liberta ninguém – os homens se libertam em comunhão. Parece-me que o grande trabalho dessas lideranças não está em instituir-se a si mesma no autodecreto, em vanguarda, no sentido antidialógico, mas em transformar-se, no processo, em vanguardas no sentido dialógico. A 'superação', e esta quase aberrante existente contradição entre as lideranças e as massas, somente se logra na medida em que as massas, extrojetando o opressor de 'dentro' de si, se reconhecem destemerosamente nas lideranças. A pedagogia dos oprimidos, como a vejo, tem um papel enorme nisto tudo.

Fala-se, às vezes, de que até hoje não houve nenhuma experiência dialógica nas revoluções a não ser depois da tomada do poder. Isto não é argumento: as revoluções são históricas como o homem que as faz. O que nunca foi feito, porque inclusive o clima histórico não permitisse antes, não está proibido de ser feito; ademais, dizer que o que nunca foi feito não pode ser feito não é dialético... não há novo nenhum que seja superposto ao velho de fora. Todo novo sai é do velho mesmo, na medida em que as novas condições o exigem.

Ando mesmo preocupado é com tudo isto, a cujos pontos direta ou indiretamente me refiro na *Pedagogia do oprimido*; teremos que repensar muitas coisas; fala-se, quase sempre, de uma célebre afirmação do *Que fazer* – 'não há revolução sem teoria', cuja tradução exata seria: 'não há revolução: a) com palavreado, *blá-blá-blá*; b) não há revolução com puro ativismo mas com a ação e reflexão que são práxis'. Esquece-se de que a teoria a ser feita e refeita na ação e na reflexão não é tarefa de uns quantos privilegiados, que absolutizando a ignorância das massas, descrendo delas, doassem a elas o que fazer; esquece-se de que esta indispensável teoria tem de nascer, gerar-se, brotar do encontro dialógico dessas massas com as lideranças. E porque se esquece tudo isto se faz ativismo e manipulação em nome da revolução ...

Se estivéssemos pessoalmente conversando me alongaria com exemplos.

Voltemos à carne de sol. No dia em que chegou comi-a com farofa. Um pouquinho de farinha que nos sobrara nos levou a Candeias ou ao velho Rio Doce.

Todos graças a deus bem. Abraços a você, a Célia e ao pimpolho, neste abraço fraterno, o do seu velho amigo Paulo.

23/10/73.

Em Boston

Com sua influência, ele conseguiu trabalho para o Vieira Pinto no Centro Latino-Americano e Caribenho de Demografia (Celade), organismo das Nações Unidas responsável por estatística e demografia. Fez um trabalho sobre democracia e estatística para a ONU. Quando veio a campanha eleitoral, esta resultou na vitória de Allende, ou seja, na vitória dos socialistas, comunistas e aliados, e na derrota da Democracia Cristã. O Plínio de Arruda Sampaio, o homem da FAO, conseguiu transferir-se para o escritório da FAO em Washington. Paulo de Tarso regressou ao Brasil. Dado ser a liderança da esquerda da Democracia Cristã que apoiou a candidatura de Allende, Jacques Chonchol ganhou prestígio suficiente para exigir que Paulo Freire ocupasse um posto internacional do Icira.

Os dias nos Estados Unidos, ao que me parece, não foram os melhores, ou, pelo menos, não atenderam às expectativas dele. De resto, o desgosto – isso ele me comunicou – de ser apontado, dedo-durado, como homem perigoso de esquerda pelo próprio Galbraith, economista liberal da Universidade de Harvard.

E Paulo, em virtude disso, tratou de buscar apoio, procurando alguns amigos que conseguiram que ele fosse participar do Conselho Mundial de Igrejas, em Genebra. E daí a sua mudança, então, para lá, onde ele ficaria até o final do exílio.

Em Genebra

Uma vez passou pela minha casa – em Lisboa, eu tive a satisfação de hospedá-lo – e foi realmente muito agradável, agradável mesmo. Batemos um papo, ele me falou da sua situação em Genebra, e de como andavam as coisas por lá. Ele estava satisfeito com o seu posto; era o único cristão católico romano no Conselho Mundial de Igrejas, que era formado mais por evangélicos e, logo depois, mais cedo ou mais tarde, lá fui eu a Genebra. Estive lá várias vezes em missões, porque a minha agência era a OIT, com sede em Genebra.

E me hospedava com Paulo Freire. Ele fazia questão de que me hospedasse consigo, e num clima muito agradável. O apartamento dele era, de certo modo, amplo e tinha comida brasileira, e era uma forma de a gente relembrar dos velhos tempos difíceis na cadeia e, ao mesmo tempo, ele me orientava dentro de Genebra, que eu conhecia muito pouco.

O que é certo é que Paulo Freire, no Conselho Mundial de Igrejas, exercia uma enorme influência nos seus pares, e como estava perto de Roma, aqui e acolá era chamado ao Vaticano para pronunciar conferências, sobre seu método de alfabetização e sobre a *Pedagogia do oprimido*.

Visitas ao Vaticano

Nessas visitas, sempre eu notava que Paulo tratava de reafirmar as suas novas concepções, já que eu tinha notícias de como avançavam as suas teorias. Em Genebra, eu sabia que ele, "vai não vai", era convidado por secretarias do Vaticano, a fim de entrevistar-se com cardeais, e pronunciar conferências para bispos, no que tratava de difundir a sua *Pedagogia do oprimido*. O pontífice (Paulo VI) apreciava muito o método de alfabetização de Paulo Freire, razão pela qual, discretamente, encarregava um dos seus funcionários de confiança para reunir com Paulo alguns membros de secretários interessados nas suas ideias. A partir desses sistemáticos contatos, Paulo Freire, ao que tudo indica, deu uma grande contribuição na transformação da Igreja Católica Romana. Não é à toa que, de forma pessoal, ele dispunha de muito prestígio junto ao Conselho Mundial de Igrejas, instituição composta de pessoas de diferentes religiões evangélicas. Paulo Freire visitava o Vaticano para proferir palestras sobre a *Pedagogia do oprimido*, sobre seu método de alfabetização e, uma vez indagado sobre "Teologia da Libertação", ele se referia, com muita habilidade, sobre o avanço dessa inclinação escatológica no Brasil, na América Latina e na Europa.

Viagens à África e à Ásia

Certo é que, pela indisposição da Unesco contratar Paulo Freire, e também pelo fato dele ter muito compromisso ainda em Guiné-Bissau, em Cabo Verde e em São Tomé e Príncipe, lhe escapou a oportunidade de vivenciar a gigantesca experiência organizativa dos sandinistas na eliminação do analfabetismo, mediante a prévia da massiva criação de necessidades reais e históricas motivadoras do aprender a ler e escrever.

Em Angola não lhe foi possível atuar porque havia uma certa resistência por parte de angolanos, marxistas ortodoxos encabeçados pelo poderoso secretário geral da União Nacional dos Trabalhadores de Angola (Unta) e membro do Bureau Político do Movimento para a Libertação de Angola (MPLA), Pascoal Luvualu, além das dificuldades de um país com muitos idiomas, muitos dialetos, e as contradições antagônicas das duas grandes culturas, ou grupos étnicos dos quimbundos.

Em Nicarágua, além do espanhol, também há vários dialetos: dos "zumos", "ramas", "misquitos" etc., se falam idiomas autóctones. Na Costa Atlântica, em Bluefields, se fala inglês. No entanto, 90% dos nicaraguenses falam castelhano.

Paulo, de todo modo, exerceu alguma influência na etapa de abolir o residual de analfabetismo que existia na Nicarágua, mediante os Núcleos de Educação Popular (NEP). A partir de 1980, eu estive em Nicarágua quatro anos dirigindo o Projeto Pnud-OIT-NIC/79/010, mais conhecido por Capacitação para a Organização de Produtores e o Emprego na Reforma Agrária (Copera) como assessor principal em reforma agrária.

A reforma agrária nicaraguense foi problemática porque os sandinistas não a decretaram no primeiro momento da tomada do poder. Fizeram-na depois de dois anos, por vacilações das diferentes tendências que existiam no governo, apesar de que tivessem, aí ao lado, uns mil assentamentos de Honduras, um exemplo extraordinário de reforma agrária, com grandes empresas, que competiam até com algumas transnacionais. Os nicaraguenses manifestavam medo, por falta de uma classe operária urbana e rural com bastante experiência em organização empresarial. Enquanto isso, os antissandinistas, apelidados de "contras", fizeram fracassar alguns assentamentos e cooperativas.

Na ocasião, eu me recordo que, no apartamento do Paulo – bastante amplo, tinha quatro ou cinco quartos – às vezes tinham hóspedes de outros países onde ele estava trabalhando. Era o caso, por exemplo, de Maria Amorim e sua irmã que, frequentemente, encontrei hospedadas com Paulo Freire. Maria Amorim era a embaixadora da nova República Popular de São Tomé e Príncipe junto à ONU.

Logo depois, quando a minha agência, a OIT, me transferiu para Portugal, outras vezes Paulo me deu a honra das suas visitas. Eu hospedei ele e Elza numa dessas viagens que eles faziam de Guiné-Bissau para Genebra, ou vice-versa. Eu até cheguei a imaginar que seriam mais frequentes essas visitas e, como o meu apartamento não era tão cômodo, resolvi alugar um apartamento em frente, que serviria não somente a Paulo Freire e sua família, mas também a alguns outros, como o escritor comunista Paulo Cavalcante e família, além de amigos que estiveram passando por Lisboa, ou seja, brasileiros que estavam vindo para o coração da Europa, ou europeus amigos que estavam buscando o clima ameno de Portugal.

De outra feita, encontrei-me com ele no aeroporto de Lisboa. Ele acabava de chegar de Guiné-Bissau, ele e Elza. Estavam cansados e por isso preferiram tomar um avião que iria sair uma hora depois. Nessa oportunidade, lhe contei que acabava de chegar da Nicarágua e lá havia uma verdadeira efervescência em torno do seu nome e seu método de alfabetização, que o governo considerava muito importante, nesse momento da Revolução Sandinista.

CENÁRIO 4: APRENDENDO SOBRE O MÉXICO

Viagens ao México – o Cidoc do padre Ivan Illich

Anos antes, eu morando no México, o Paulo morando em Genebra, ele passou pela minha casa com o seu grande amigo, o famoso padre Ivan Illich, que era um austríaco exilado nos EUA, muito ligado ao cardeal Spelman, que conseguiu-lhe dinheiro para montar o Centro Intercultural de Documentação (Cidoc). Esse centro reunia documentação da América Latina, desenvolvia estudos sobre isso e, como é normal numa instituição como essa, aqui e acolá havia certas suspeitas, porque eles colecionavam dados sobre todas as guerrilhas da América Latina, editavam volumes de fotocópias para uma quantidade de instituições que lhes pagavam para isso.

Eu me recordo que, uma vez, levei Paulo de Tarso e o próprio Chonchol, e eles ficaram meio confusos e se indagavam: "Enfim, e esse Centro, para que serve? Ou a quem serve?"

Illich era um homem muito curioso, um homem que sabia explorar bem o seu próprio Centro. Paulo Freire era um homem que não tinha se acostumado com aquele frio de Genebra, pois, já havia sofrido bastante com o frio em Boston. E Illich, o que fazia? Comunicava: "Paulo, você vem aqui na época do inverno, porque o nosso inverno é menos rigoroso, e aqui em Cuernavaca nós estamos apenas a 700 metros de altura, tem sol, não há a poluição do México. Você dará um curso de uma semana ou mais".

O padre Ivan Illich exerceu alguma influência nas ideias de Paulo Freire. Ele estudou Teologia e Filosofia na Universidade Gregoriana de Roma e na de Salzburgo. Depois de ser vice-reitor da Universidade Católica de Ponce, em São José de Porto Rico, em 1961, fundou, em Cuernavaca, México, o Cidoc. Sempre foi crítico da educação confessional da Igreja Católica, e dizia: "Porque carece de ética e forma seus alunos com uma concepção utilitarista, competitiva e agressiva". Illich propõe "os canais do saber abertos a todo mundo como alternativa para a educação e a derrubada da escola como estrutura do saber". Escreveu, entre outras, as seguintes obras: *A escola, essa velha e gorda vaca sagrada* (1968); *Uma sociedade sem escola* (1971); *Ferramentas para a convivencialidade* (1973) e *Energia e equidade* (1975).

O Cidoc funcionava como um centro de idiomas: as pessoas iam lá aprender a falar espanhol e conhecer a América Latina. Havia internato e externato, cujos alunos consultavam a sua biblioteca. Pela primeira vez, eu vi uma biblioteca em que se pagava para entrar. Illich calculava os custos das passagens de Paulo Freire, de ida e de volta a Genebra e ainda lhe dava mais mil dólares por semana, o que era uma remuneração bastante elevada, insinuante. E, enquanto isso, vendia todos os lugares do curso a seus alunos do internato e do externato. Bastava apenas comunicar nos EUA que Paulo iria a Cuernavaca e que ademais o Cidoc expediria um diploma que sempre ia melhorar, acrescentar ou dar qualidade ao currículo dos indivíduos.

Nas primeiras oportunidades Paulo se hospedou em meu apartamento na Cidade do México; depois, então, se hospedava diretamente lá no Cidoc, com Ivan Illich. Eu estive muitas vezes em Genebra e, em todas elas, eu tinha que me hospedar na casa de Paulo Freire, porque ele era um homem que andava buscando sempre um bom papo sobre a cultura nordestina.

Como eu morei 13 anos no Recife, onde ele trabalhou o tempo todo, tínhamos assuntos comuns. De modo que, toda vez que eu ia a Genebra, invariavelmente tinha que me hospedar lá, na casa dele, número 19, Chemin de Palletes, Grand-Lancy, e, às vezes, meus papos não ficavam somente lá, no lar, durante a noite, ou nos feriados, mas também se estendiam ao Conselho Mundial de Igrejas, onde Paulo tinha a sua própria sala e era muito conceituado.

Na primeira visita de Paulo Freire ao México, eu morava no Edifício Xicotencatl na cidade de Tlatelolco, ou seja, já havia me mudado temporariamente da Torre Revolución 1910, onde meu apartamento, o número 706, sofreu 52 impactos de bala dos soldados do Exército no governo Dias Ordaz, quando suas tropas assaltaram a Praça das Três Culturas (Bairro de Tlatelolco) e mataram mais de 500 pessoas, na maioria estudantes grevistas totalmente desarmados, que acabavam de se dispersar por desistir de realizar o comício anunciado.

Paulo chegou aparentemente cansado pela diferença dos fusos horários, pois, por essa razão, em verdade ele, em Genebra, já deveria estar no terceiro ou quarto sono. No entanto, com um dedo de prosa, do aeroporto à minha residência, ele se sentia refeito e sem aquela obsessiva preocupação pela acentuada altitude superior a 2 mil metros da capital mexicana, que tanto apavorou Josué de Castro quando me visitou.

Paulo Freire não manifestava o trauma da grande altitude que o castigou em La Paz, Bolívia. Suponho pelo fato de carregar um escapulário especial, um "bentinho" especial que, mal entrou no meu apartamento, foi logo me apresentando. Que era? Uma fita gravada com a música executada no violão pelo seu filho Joaquim, a linda canção do compositor português Rovira, e que constitui um diploma dos aprendizes de violão.

Kinkas, como carinhosamente era tratado o seu primeiro filho, Joaquim – que hoje é catedrático do Conservatório de Nauchatel, Suíça – naquela época deveria estar com apenas uns 15 anos e com um pai orgulhoso da sua precoce vocação musical.

Só foi entrar na sala do apartamento, antes mesmo que eu lhe mostrasse o quarto onde dormiria, Paulo encostou a mala de viagem na parede e sofregamente ligou o gravador que trazia a "tiracolo" para que eu ouvisse o dedilhar daquele menino, o mais branco dos filhos de Paulo Freire, na execução daquele compositor português. Emocionou-se que as lágrimas foram incontidas. Como se fosse pouco, eu caí na besteira de acudi-lo tentando desviar sua saudade para as folclóricas preces religiosas de chamar chuva que na prisão ele tanto gostou de ouvir. Foi pior, para não dizer um desastre, pois os dois choramos por mais que tentássemos reprimir as lágrimas. Porém, Paulo, com mais idade e mais experiência do que eu em tais circunstâncias, imediatamente tratou de explicar-me o nosso estado de nervos, próprio dos exilados longe da pátria e da família. Já não houve, pois, naquele fim de dia condições para recordar.

Desde os primeiros momentos da sua chegada, Paulo manifestou grande interesse de encontrar-se com o padre Lages, mineiro muito odiado pelos militares, o que o levou a pedir asilo na embaixada mexicana e exilar-se no México.

Tranquilizei-o com a informação de que o padre Lages facilmente seria encontrado em uma igreja situada na Avenida dos Constituintes, perto do Parque Chapultepec. Aproveitei a oportunidade para apresentar Paulo Freire a outro famoso exilado, o escritor nicaraguense Etelberto Torres – contemporâneo de Sandino e de Rubén Darío, o poeta introdutor da poesia moderna latino-americana –, em cuja casa estava hospedado Carlos Fonseca Amador.

Etelberto Torres juntamente com Nemesio Porras Mendieta, ambos militantes do Partido Comunista Nicaraguense, muito contribuíram para a formação político-ideológica do fundador da Frente Sandinista de Libertação Nacional (FSLN), Carlos Fonseca Amador.

Este, eu tive o privilégio de conhecer, ocasionalmente, durante o grandioso VI Festival Mundial da Juventude e Estudantes Democráticos, levado a efeito em Moscou no verão de 1951, onde se encontraram 60 mil jovens de mais de 100 países dos cinco continentes.

Com efeito, no último dia daquele festival, Carlos Fonseca Amador dava pinotes, ou seja, pulava feliz no baile, organizado nos jardins do Kremlin – baile este com 105 orquestras e bandas de músicas. De repente, ele acercou-se dos deputados jovens de Pernambuco para expressar sua alegria com a notícia de que, na véspera, tinha sido justiçado Castillo Armas, o lacaio dos Estados Unidos que, em 1954, com tropas nicaraguenses do general Somoza, depôs o presidente constitucional guatemalteco, Dr. Jacobo Arbens.

Chegamos finalmente à Igreja do padre Lages. A essa altura do século, a missa católica romana já havia mudado parte de sua liturgia: o vigário tinha que ministrá-la de costas para o altar-mor despido de imagens e de frente para os paroquianos; já não era mais ditada em latim, língua morta adotada mundialmente durante mais de um milênio pelo Estado Teocrático do Vaticano, a qual foi substituída pelo idioma ou pelo dialeto local. Essas mudanças eram frutos da modernização – *aggiornamento* – da Igreja, introduzida pelo papa João XXIII no Concílio Ecumênico Vaticano II, que cuida da independência da Igreja Romana dos poderes estabelecidos, o que significou o fim da "Época Constantina".

No momento em que entramos na igreja, o padre Lages estava no púlpito pronunciando um sermão, contra os ricos, baseando-se nos versículos do capítulo cinco da epístola do apóstolo Paulo a Tiago. Ao divisar-nos, tornou mais radical o seu sermão abominando a intervenção estadunidense no Vietnã, onde antes os japoneses e, fazia pouco, os franceses tinham sido derrotados fragorosamente pelo exército popular comandado pelo general Giap (Vo Nguyen) e pelo líder comunista Ho Chi Minh, no famoso "cerco de Dien Bien Phu". Guardadas as proporções, uma repetição do desmoralizante cerco de Stalingrado, com que os soviéticos quebraram a invencibilidade das tropas de Hitler. Esta fragorosa derrota dos franceses na Indochina levou a França de De Gaulle a abandonar sua antiga colônia. No entanto, os Estados Unidos tomaram para si as dores, ou seja, assumiram a continuação da guerra contra o "vietcongue" durante 12 anos, mediante bombardeios da população civil, com milhões de mortos e de grande parte dos recursos florestais afetados pelos bombardeios e desfoliantes químicos; enfim, a ignominiosa guerra química da aviação estadunidense.

O governo estadunidense, depois de assistir a debandada de seus soldados numa retirada desmoralizante na disputa de espaços nos aviões militares, em Saigon, enviou o funesto ex-presidente Richard Nixon e o não menos funesto secretário de Estado Kissinger e o secretário da Defesa – leia-se de Agressão – McNamara para pedir perdão ao general Giap pelos genocídios cometidos, uma espécie de *mea culpa, mea máxima culpa* como descarrego de consciência dos horrendos e hediondos crimes cometidos, em nome da civilização cristã.

Arthur Schlesinger, historiador e assessor do presidente Kennedy, anos depois, segundo um artigo especial para *The Inde-*

pendent, republicado na página 13 da edição da *Folha de S.Paulo* no dia 13 de novembro de 2001, fez a seguinte autocrítica: "Talvez devêssemos ter pensado mais no Vietnã. Lançamos mais explosivos sobre aquele triste país do que a soma total de bombas empregadas em todas as frentes de batalha na Segunda Guerra Mundial, e ainda assim não fomos capazes de deter o Vietcong".

Tudo isso com o propósito de explorar os 60 milhões de vietnamitas e roubar as grandes reservas de petróleo do país. Igual à atual aventura de invasões e de guerras contra o Afeganistão e contra o Iraque, seu novo Vietnã.

O famoso Padre Antônio Vieira, no "Sermão do bom ladrão",[17] apresenta a ética dos imperialistas nos seguintes termos:

> Os ladrões que mais própria e dignamente merecem este título são aqueles a quem os reis encomendam os exércitos e legiões, ou o governo das províncias, ou a administração das cidades, os quais seja com manha, seja com força, roubam e despojam os povos. Os outros ladrões roubam um homem, estes roubam cidades e reinos; os outros furtam debaixo do seu risco, estes sem temor, nem perigo; os outros, se furtam, são enforcados, estes furtam e enforcam.

Mas enfim, terminado o seu revolucionário sermão e a sua missa, o padre Lages veio nos abraçar efusivamente e logo nos convidou a tomar um café reforçado com tamal (pamonha), enquanto introduzia Paulo Freire na cultura do Estado laico mexicano.

Introdução ao México moderno

Os dados que o padre Lages apresentava eram quase todos desconhecidos pelos brasileiros que, ao ouvi-lo, ficavam "desmandibulados", ou seja, boquiabertos.

---

[17] Abdala Júnior, B. *Padre Antônio Vieira: sermões escolhidos*. São Paulo: FTD, 2017, p. 153. (N. E.)

Começou informando que, no México, do presidente da República aos funcionários federais e estaduais com postos de mando, são todos proibidos de participar de atos religiosos, como missas católicas, cultos evangélicos etc., durante todo o período para que forem nomeados. E por aí saiu desfiando o resto do perfil da democracia mexicana.

Aqui as freiras e os padres são proibidos de usar hábitos religiosos (batinas, por exemplo) fora do templo. Os paramentos que o padre usar para oficiar a missa – missa rezada em castelhano e em idiomas indígenas locais – não levarão símbolos cristãos da cruz, da hóstia, do cálice, da coroa de espinhos, entre outros, senão, ao contrário, terão obrigatoriamente que levar símbolos das religiões asteca e maia, como a serpente, a águia e deuses dos seus antepassados, como Tlaloc e outros.

– Paulo, – prosseguia o padre Lages – o México não reconhece o Estado Teocrático do Vaticano e com ele não mantém relações. Ao pároco, para manter-se, lhe proíbem receber esmolas dos seus "feligreses" (paroquianos), pois o Estado mexicano paga ao sacerdote um salário digno pelo seu trabalho de assistência espiritual à comunidade.

Essas rixas, ou seja, divergências do Estado mexicano com a Igreja Católica Romana vêm de muito longe, desde a Reforma Liberal (meados do século passado) encabeçada por Benito Juárez, o "pai da pátria", que desapropriou todas as terras da Igreja para distribuir aos milhões de camponeses indígenas famintos, sem-terra, criando assim o mercado interno para o imediato desenvolvimento industrial. Ademais, as vendeu juntamente com as terras fiscais (devolutas) aos agricultores médios e pequenos produtores do café principalmente, já que esta mercadoria, o café, vinha substituir o anil que, antes do surgimento da química orgânica, constituía a fonte de divisas dos mexicanos.

As ideias de Juárez, como rastilho de pólvora, logo se estenderam à Guatemala, mediante o militar exilado no México, general Justo Rufino Barrios, que liderou a revolução liberal no seu país e desapropriou as terras da Igreja para vender aos novos agricultores de café. Marco Aurelio Soto, também do Partido Liberal, não tardou muito, tomou as terras da Igreja de Honduras para vender aos plantadores de café. A República Federal da América Central, fundada pelo hondurenho general Francisco Morazán, levou o liberalismo a El Salvador e lá se foram arrebatar não somente as terras do clero católico, mas também as terras dos *ejidos* (terras devolutas dos municípios) e as dos indígenas.

Esta "fome" de terra, por parte dos governos liberais ou do liberalismo, se explica pela expansão do capitalismo em cada país, posto que este sistema econômico não avança enquanto não transforma em mercadoria os meios de produção, a terra e a mão de obra.

Esse fenômeno apresenta duas vantagens concomitantes: a concentração de terras em forma de capital na mãos dos que têm dinheiro vivo e crédito e, ademais, com a exclusão dos camponeses, libera a força de trabalho do meio rural para a agroindústria, ou seja, cria "braços livres", sem o que não se consegue ter ao alcance da mão despossuídos, como os assalariados, para o surgimento da indústria e serviços. O resultado dessa lógica materialista – a dialética – foi o de transformações dos sistemas socioeconômicos que se manifestaram na primeira revolução burguesa, a dos Países Baixos, nos séculos XV e XVI (Holanda e Bélgica), bem como na Revolução Inglesa (século XVII) e na Revolução Francesa, final do século XVIII.

Ora, como a produção açucareira havia, em meados do século XIX, saturado o mercado internacional principalmente pela agricultura dos países caribenhos, o café apareceu como a mercadoria ideal para o intercâmbio com os países produtores de maquinarias industriais, navios, locomotivas de estradas de ferro etc., ou seja, produtores de bens de capital.

Porém, o café fino aceitável no mercado internacional só poderia ser produzido em terras altas, acima de 600 metros, por coincidência aquelas mais próximas aos povoados que foram concentrados, pouco a pouco, em mãos do clero católico, na medida em que os seus proprietários, ao sentirem a aproximação da morte, tratavam de trocá-las por indulgências que lhes garantissem a paz eterna da glória celestial.

Como se sabe, os mesoamericanos (mexicanos e centro-americanos) são povos muito católicos e nem por isso conseguem rechaçar as leis econômicas, políticas, senão ao contrário montar-se nelas – a como dê lugar – a fim de não se deixar superar pela história.

O liberalismo

A reforma liberal de Benito Juárez não pôde impedir o novo processo de açambarcamento de terras dos pequenos camponeses em ruína por parte dos grandes fazendeiros, em pleno século XX. A crise econômica, política e social do campo, medrada nos 30 anos da ditadura do general Porfirio Díaz, já no século XX, desembocou na revolução burguesa agrária mexicana encabeçada por Venustiano Carranza, apoiado pelos líderes camponeses Emiliano Zapata e Pancho Villa.

Ela só foi vitoriosa depois da derrota da contrarrevolução dos *cristeros*, ou seja, camponeses manipulados, na metade da década de 1920, pelo clero católico no governo do general Plutarco Elías Calles. Dita revolta camponesa na revolução burguesa era uma reedição da "jacquerie" que a Revolução Francesa, 120 anos antes, teve que enfrentar na província da Vandeia, a contrarrevolução camponesa organizada pela Igreja Católica.

A Guerra da Vandeia teve o elevado custo de mais de meio milhão de mortos. Para se proteger da violência do clero e de seus aliados, a nobreza e os feudais, a trágica experiência da Vandeia levou a burguesia francesa a transformar o seu antigo grêmio dos pedreiros (em francês, *maçons*) em uma poderosa organização clandestina, a Maçonaria, com ares de culto esotérico mutualista, predicador dos libertários princípios ideológicos do *laissez-faire* (deixai fazer) e do *usus et abusus* da propriedade – princípios garantidores da liberdade absoluta de explorar povos e açambarcar terras, tudo no afã de acumular capital.

Foi nesta base que se fortaleceu o novo regime político econômico, o capitalismo, criado pelas revoluções burguesas, inicialmente na Holanda, na Inglaterra e nos Estados Unidos. E como o capitalismo só avança à medida que os meios de produção perdem o caráter de inalienáveis (que não podem ser vendidos, nem comprados e nem embargados), a burguesia francesa revolucionou também o direito sucessorial, mediante o Código Civil napoleônico.

E foi nele que ela fez "implodir" o caduco direito sucessorial bíblico, que impunha a figura do "filho primogênito" como único herdeiro da família, susceptível de permuta por algum prato de lentilha. Logo, o novo Código Civil estabeleceu que metade da terra (e de outros bens) herda a esposa do falecido e a outra metade deverá ser dividida com os seus filhos.

Ora, com apenas três gerações, as propriedades rurais estarão pulverizadas e antieconômicas, pelas suas minúsculas dimensões de "parvifúndios" miseráveis facilmente adquiríveis e açambarcados pelos grandes proprietários, donos de capital e de latifúndios.

Tal como o cristianismo, que desde seus inícios, para propagar seus princípios em vários países, se organizou em células denominadas igrejas (*eclesia*), o capitalismo, para pregar os seus ideais revolucionários, também criou suas células, denominadas lojas (maçônicas) em toda a Europa e no continente americano, para impulsionar inicialmente a independência dos países cuja maioria, por essa razão, traz nas suas bandeiras ou nos seus escudos alguns símbolos maçônicos. Além disso, adotou a canção revolucionária "Marselhesa" como a Internacional dos movimentos revolucionários da burguesia nascente em cada país.

A expansão e fortalecimento da economia mercantil capitalista se encarregaram, nas primeiras décadas do século XIX, de envolver nos desígnios da maçonaria até famosas figuras do clero latino-americano, tais como os padres Miguel Hidalgo e José Maria Morelos, pais da independência mexicana e padre Roma, frei Caneca e padre Carapuceiro, próceres da tentativa de criação da Confederação do Equador, com vistas à libertação do Nordeste brasileiro da coroa portuguesa. Como o regime caduco nunca se entrega sem violência e sem luta, todos esses cinco padres tiveram o mesmo destino: foram fuzilados. A concretização dos seus ideais adveio somente nas décadas subsequentes.

Aprendendo sobre o México com o padre Lages

Somente depois do desjejum é que o padre Lages foi a Paulo Freire mostrar seu templo, em cujas paredes laterais foram mantidos vários altares com suas grandes imagens, que o pedagogo brasileiro olhava sem o menor entusiasmo, para espanto do seu anfitrião, que, logo, se mostrou apoquentado, indagando-lhe timidamente:

– Parece que você não gostou desta minha Igreja!

No que respondeu Paulo Freire:

– Eu a acho bonita, porém mais parecida com um museu, tem coisas velhas de quase dois milênios atrás. Esta sua e outras igrejas estão ainda muito atrasadas, superadas pela história. Senão vejamos, por exemplo – prosseguiu Paulo, apontando um dos altares laterais – quem é este infeliz crivado de flechas?

– É o mártir São Sebastião, você bem o conhece.

– Sim. Sei que ele foi um soldado revoltado do exército do imperador Deocleciano, que perseguia os cristãos no segundo século da Nossa Era. Por aqui você pode se dar conta do nosso atraso supermilenar. Ele foi condenado a flechadas, depois morreu a cacetadas, e é hoje conhecido como o mártir São Sebastião. É o cúmulo do anacronismo a que nos submetemos inconscientemente à alienação ideológica de dois milênios de opressão dos sistemas político-econômicos de tantas eras passadas. Não lhe dá pena, meu querido padre Lage?

– Não consigo entendê-lo.

– Claro! Não lhe caiu a ficha da análise histórica de Marx, ou da psicanálise de Freud. Você e seus paroquianos vivem ainda na época dos mártires e não na nossa época atual, do heroísmo, apesar da cultura mexicana ser tão rica em heróis, a começar pelos padres Miguel Hidalgo e José Maria Morelos, até chegar ao nosso século, em que a história forjou outros mais, como Pancho Villa e Emiliano Zapata, os quais a Santa Sé jamais cogitou de canonizar. Estes não foram mortos a flechadas e sim a disparos de meros rifles. Quero dizer-lhe que, dessas duas dezenas de altares laterais com gente ajoelhada rezando, se deveria transferir para os museus religiosos e antropológicos todas estas imagens de mártires e em seus respectivos lugares colocar, devidamente abençoadas, as estátuas daqueles mencionados heróis da independência e da revolução e reforma agrária mexicanas. Ao sobrar altares laterais, então há que preenchê-los com estátuas do padre Camilo Torres, Che Guevara, Sandino, Mao Zedong, Carlos Marighella, capitão Lamarca e de outros heróis contemporâneos.

Coincidência ou não, em 1981, eu encontrei na periferia da Manágua sandinista uma grande igreja católica de arquitetura octogonal, cujos altares circulares traziam grandes retratos do Che, de Mao, de Camilo Torres, Carlos Fonseca, Sandino e outros heróis.

CENÁRIO 5: A REVOLUÇÃO SANDINISTA

Pré-requisitos da revolução na Nicarágua

Os sandinistas tinham recém-chegado ao poder. Eles tomaram o poder em 19 de julho de 1979, e o meu encontro com Paulo, no aeroporto de Lisboa, foi no mês de outubro. Eu chegava de Manágua, onde fui dar assessoria e formular o Projeto de Capacitação para Organização dos Produtores na Reforma Agrária (Copera), para a OIT. Ele acabava de chegar de Guiné--Bissau e nos cruzamos no aeroporto de Lisboa, ocasionalmente.

Aí, eu lhe dei essa notícia da efervescência do seu nome: "Porque os vitoriosos revolucionários querem não só fazer uma reforma agrária, mas também querem fazer uma reforma da educação, reformas de tudo, e essas reformas eles imaginam que é impossível realizá-las sem reduzir o alto nível de analfabetos que existe no campo. De modo que, a qualquer hora, você vai ser chamado a Manágua".

Os irmãos Cardenal eram dois padres famosos: um poeta, Ernesto, que era ministro da Cultura, e o outro, Fernando, ministro da Educação. Ambos estavam ansiosos de que Paulo Freire fosse dar-lhes uma ajuda no Programa Nacional de Alfabetização.

No entanto, o processo de alfabetização na Nicarágua sofreu diferentes tropeços. De um lado, o governo da Nicarágua era formado de três tipos de organismos de alto nível: os ministérios, os "monastérios" e os quartéis. Os ministérios eram dirigidos pelos civis; os "monastérios" eram ministérios dirigidos por padres; e os ministros comandantes guerrilheiros eram dos quartéis. Havia sempre três tendências por toda Nicarágua: a tendência da Guerra Popular Prolongada (GPP), encabeçada por Tomás Borge e Henry Ruiz; a tendência Proletária Trotskista, encabeçada por Jaime Weelock; e a tendência Terceirista, encabeçada pelos irmãos Ortega, porque aparece por ordem cronológica, em terceiro lugar, quando a luta armada estava envolvendo toda Manágua. Então, a terceira tendência foi a dos burgueses progressistas de viés social-democrata e padres, quando a Igreja Católica se incorporou ao processo revolucionário.

Linhas gerais do processo de aproximação da revolução centro-americana[18]

As contradições entre os centro-americanos, o imperialismo e as contradições entre as burguesias de cada país da área sempre concorrem para a debilidade do esquema de dominação imperialista consubstanciado na tese da integração econômica dos Estados da América Central.

---

[18] Este Cenário está baseado na tese de doutorado em Sociologia, "Condiciones objetivas y factores subjetivos de la incorporación de las masas rurales en el proceso de desarrollo progresista de la agricultura en Centroamerica" defendida por Clodomir Morais, na Universidade de Rostock, na Alemanha Democrática, em 1987.

A expansão da penetração das transnacionais estadunidenses nos países centro-americanos conduziria, cada vez mais, à homogeneização da burguesia da área e, em consequência, à redução paulatina das contradições entre os Estados.

Este papel das transnacionais era complementado por mecanismos de integração econômica, social, política e militar dos países. A Organização dos Estados da América Central (Odeca), a Secretaria de Integração Econômica Centro-americana (Sieca) etc., foram os instrumentos criados para alcançar aquele fim, ou seja, uma integração submetida aos interesses estrangeiros, destinada a consolidar a dependência ao imperialismo. Esta dependência nos centros de decisões alienígenas não permitia que o desenvolvimento das forças produtivas (resultante do desenvolvimento capitalista) se traduzisse em benefícios para os povos, especialmente para os núcleos sociais do meio rural que correspondem à maioria das populações. Mais ainda porque a reprodução do capital realizava-se fora da área.

Para manter esse esquema, o imperialismo, por meio de golpes militares, fomentava toda forma de governos autoritários, já que isso constituía o caminho mais adequado para seguir mantendo uma distribuição da riqueza produzida pelos povos da América Central.

A crise geral do capitalismo, para cujo agravamento no âmbito centro-americano veio coadjuvar a Revolução Cubana e sua reforma agrária, conduziu os Estados Unidos a ditar medidas de política agrária tendentes a reduzir as contradições entre exploradores e explorados do meio rural e assim possibilitar a modernização tíbia do capitalismo caboclo.

Acontece que o setor da agricultura de subsistência, formada pelo camponês pobre e pelo semiproletário rural, corresponde ao elemento imprescindível ao desenvolvimento capitalista baseado no latifúndio e em uma economia industrial subordinada aos monopólios internacionais. É que, nesse esquema, o conjunto daqueles produtores, além de garantir alimentos baratos a assalariados rurais e urbanos (funcionando como "exército de reserva"), viabiliza ao capital altas cotas de lucros, na proporção inversa à baixa constante do salário real.

A nova consciência social nascida da repercussão da Revolução Cubana e sua reforma agrária, associada à natural profundeza das contradições entre exploradores e explorados do campo, contribuíram para o desenvolvimento das forças motoras do processo de transformação sociopolítico, expressado por distintos tipos de grupos de pressão do meio rural, principalmente os movimentos de caráter político ou crítico e os movimentos insurrecionais (*manu militari*).

A aplicação, em 1967, da primeira lei de reforma agrária hondurenha (decretada em 1963) com base na aprovação heterodoxa de grandes empresas coletivas (em áreas predominantemente de operários agrícolas), gerou conflitos entre o Estado e os camponeses cadastrados, ocupantes de terras nacionais, e em grande parte de nacionalidade salvadorenha.

O retorno a seu país das primeiras levas de milhares de camponeses expulsos de Honduras pôs em pânico a oligarquia salvadorenha, a qual tratou por outros meios (guerra contra Honduras) de conjurar a crise irreversível que o êxodo de centenas de milhares de camponeses sem-terra viria agravar. Este fato e a ruína dos terremotos de Nicarágua e Guatemala (e do furacão Fifi de Honduras) causada às populações pobres fizeram crescer em dimensões incomensuráveis as massas de despossuídos; camponeses despossuídos de terras, semiproletários urbanos despossuídos de teto; desclassificados despossuídos de meios de subsistência, e uma pequena burguesia urbana despossuída de perspectivas históricas e de emprego.

As grandes massas de despossuídos de Nicarágua, El Salvador, Guatemala não só cresceram numericamente, senão também, e por estas razões, desenvolveram sua consciência social. Pelo fato de dita consciência "se achar determinada pela base econômica e ser um reflexo dela",[19] ao despossuído daqueles países não lhe ofereceram mais que três opções: "morrer de fome, morrer lutando, no pior dos casos, ou a esperança de viver em uma sociedade distinta, boa para ele e seus filhos. Depois de 1970, escolheram a terceira alternativa, com o risco de cair na segunda".[20]

Quanto aos movimentos sindicais (incorporados maioritariamente nos sistemas de tendências revolucionária, evolucionista e reformista) destinados a mobilizar os assalariados agrícolas e industriais, até 1970, poucas vezes (na greve de 1954 em Honduras) chegaram a ameaçar as estruturas e modelos capitalistas.

Tão somente a "partir da acentuação da crise (1973) e a diminuição do salário real, pela aceleração do processo inflacionário, é que as tensões sociais acentuaram-se e suas manifestações fizeram-se mais evidentes".[21] É aí quando os movimentos sindicais daqueles sistemas de tendências "deixaram de ser gestores da luta por melhores salários e condições de trabalho" em suas empresas e somaram-se a outras forças sociais que mais claramente expressavam o descontentamento popular.

Metidos nessa nova práxis, os movimentos sindicais (principalmente os de Nicarágua, El Salvador e Guatemala) foram-se transmudando, "lentamente, mas de maneira cada vez mais evi-

---

[19] Rozhin, V. I. *Introducción a la sociologia marxista*. México: Fondo de Cultura Popular, 1967, p. 247.

[20] Cobrarrus, C. R. *Gênesis de una revolución* – análisis del surgimento y desarrollo de la Organización Campesina en El Salvador. México: Ediciones de La Casa Chata, Ciesas, 1983, p. 157.

[21] Jimenez Veja, D. *El sindicalismo en Centroamerica y la intervención del Estado en la década de 1980*. México: Inet, 1981, p. 46.

dente, em impugnadores do mesmo sistema". À maior pressão sindical correspondia uma maior repressão, acentuando-se mais ainda as controvérsias entre as forças sindicais e as patronais, a ponto de desequilibrar o sistema político em alguns países da região, e em outros pôr em perigo os sistemas de controle, o ordenamento jurídico e ainda a estabilidade geral.

Com disparidade, assincronia e com intensidade variável nos distintos países, conforme o nível de desenvolvimento social e político prevalecente, a partir de 1975 a repressão antissindical se acentua, enquanto os conflitos trabalhistas aumentam em número e em frequência: as greves produzem-se à margem do ordenamento legal e adquirem um caráter mais violento. Organizavam-se greves de caráter de solidariedade e, em alguns casos, vinham acompanhadas pela ocupação do centro de trabalho.

Os operários adquirem cada vez maior consciência de classe e buscam (e obtêm) alianças com outros setores populares. Em alguns casos, em que a repressão é maior e a aliança entre o governo e o setor empresarial, particularmente o agroprodutor tradicional, é mais estreita e evidente, adquire contornos mais violentos até desembocar, como nos casos de Nicarágua e de El Salvador, em uma guerra civil. "Na Guatemala, o endurecimento dos setores privilegiados no poder ante as pressões populares crescentes produz o mesmo fenômeno, cujo processo prediz maiores enfrentamentos".[22]

Fatores subjetivos de mobilização das massas

As massas correspondem à maioria da população explorada e trabalhadora da América Central. "O conceito das massas" – dizia Lenin – "se entende uma maioria e além do mais não só uma simples maioria de operários, senão a maioria de todos os explo-

---

[22] *Id.*, p. 47.

rados".[23] A massa, no entanto, não se define apenas pela soma de milhares e milhares de indivíduos que não hajam adquirido o que Hiebisch e Vorwerg denominam "uma estrutura grupal cujas características determinam seu potencial coletivo".[24] "Pese a que trata-se de indivíduos que levam uma vida apolítica e arrastam uma existência lamentável e que nunca ouviram falar de política, a partir do momento em que começam atuar revolucionariamente, aí surge a massa".[25] Quer dizer que "a luta revolucionária da própria massa desenvolve sua consciência e organização".[26] Seus motins primitivos expressam "um certo despertar da consciência e, no fundo, o elemento espontâneo não é senão a forma embrionária do consciente".[27]

Neste contexto de espontaneísmo das massas, os movimentos precedem ao trabalho organizativo e prescindem transitoriamente de uma reconhecida estrutura de organização de luta. É que "em todo movimento espontâneo existe um elemento primário de direção consciente"[28] e para que "se converta em sujeito da ação, basta que a unidade de seus integrantes seja resultado da comunidade de interesses e da comunidade de objetivos".[29]

A integração ou a incorporação das massas rurais exige, em qualquer situação, sua mobilização em forma de movimentos, cuja consecução de objetivos somente logra-se mediante os mecanismos de organização dos indivíduos que os conformam. A

---

[23] Lenin, V. *Obras completas,* v. XXXV. México: Fondo de Cultura Popular, 1967, p. 379.

[24] Hiebisch, H. y Vorwerg, M. *Psicología Social,* Leipzig, 1970, p. 273.

[25] Lenin, V. *Op. cit.,* p. 273.

[26] Levikin, I. T. *El papel de las condiciones subjetivas y los fatores objetivos en la educación de los trabajadores.* La Habana: Editora Política, 1964, p. 13.

[27] Lenin, V. *Que hacer?* Moscou: Editorial Progreso, 1985, p. 35.

[28] Gramsci, A. *Contra el pessimismo* – previsión y perspectivas. México: Martins Roca, 1973, p. 13.

[29] Predvechni, K. *Psicología social.* México: Editorial Cartago, 1983, p. 59.

organização das massas, como atividade mobilizadora com a finalidade de incorporá-las ao processo de transformação está condicionada, por um lado, ao caráter dos objetivos determinados pelas orientações sociais e, por outro lado, pelas estruturas organizativas correspondentes aos marcos psicossociais das coletividades mobilizadas. Quer dizer, seja a organização de luta, seja a organização de estabilização social, uma e outra, para que sejam efetivas, terão que estar "construídas" sobre uma estrutura que corresponda ao nível de consciência organizativa de seus associados.

"Sistemas de tendências" de integração das massas

Os pilares das tendências integracionistas das massas expressam claramente os fatores superestruturais e estruturais que incidem nas lutas de classes que propagam na sociedade de cada país e no conjunto das sociedades do Istmo Centro-Americano. Ditos fatores estruturais e superestruturais são tão múltiplos como a diversidade dos elementos históricos que compõem a formação econômico-social em que se situam as sociedades centro-americanas.

A tendência tradicional

A tendência tradicional, que se encontra em lento processo de desaparecimento, manifesta-se entre as capas mais atrasadas do agro e dos pequenos centros urbanos, seja pelo fato de estarem situadas na economia natural, seja por estarem vinculadas majoritariamente à produção de valores de uso. Tal tendência parece refletir tão somente "a consciência da necessidade de estabelecer relações com os indivíduos circundantes dado perceber que vivem dentro de uma sociedade".[30] É uma espécie de consciência

---

[30] Marx, K. y Engels, F. *La ideologia alemana*. La Habana: Edición Revolucionaria, 1966, p. 31.

gregária que leva os produtores mais atrasados a mobilizar-se transitoriamente nas diferentes modalidades de "mutirão", para enfrentar situações problemáticas (e também simples problemas pessoais) que o indivíduo por si só não pode superar. Ademais, se mobilizam de forma sistemática, ainda que esporadicamente, nas confrarias religiosas que mantêm e que buscam robustecer relações sectário-espirituais, as quais lhes ajudam a identificar--se cultural e materialmente. As confrarias ou irmandades mantêm os templos e os cemitérios, além de acreditar seus membros como sujeitos de ajuda, de auxílios materiais de tipo mutualista.

Ao redor de todo templo (desde a simples capela ou ermita até as catedrais) reúnem-se as confrarias e irmandades religiosas. Em geral elas vivem para dentro de si mesmas (quase insensíveis aos estímulos externos), como se quisessem criar seu próprio vácuo, seu isolamento, como mecanismo de proteção de interesses particulares do grupo social.

Nesta tendência tradicional enquadram-se também o abigeato organizado como expressão de um incipiente bandoleirismo social. Do mesmo modo que as confrarias e irmandades, o abigeato organizado de atuação sistemática busca criar um isolamento quase esotérico, com o qual protege e garante sua continuidade. Animam-no esporádicos núcleos de pequenos produtores de gado transumante e predatório, destituído de pastos artificiais.

A tendência revolucionária

À tendência revolucionária animam-lhe os postulados já maduros da classe operária centro-americana que, pois, identifica não só as contradições entre os explorados e exploradores, entre o capital e o trabalho, entre a nação e o imperialismo, mas também já discerne com certa precisão os meios táticos e objetivos estratégicos para superar ditas contradições.

Essa tendência surge na classe operária mesma e em cujo seio se desenvolve e se afiança para mobilizar não só aos assalariados senão também a todos os explorados integrantes de outras classes e capas sociais, com o objetivo estratégico de uma transformação radical da sociedade. Os partidos comunistas foram sempre os motores que empurravam a tendência revolucionária de mobilização das massas rurais centro-americanas, e estes baseiam-se na teoria marxista-leninista do processo histórico, e na política que desenvolve como forma de uma radical intelecção crítica da realidade social e política e, ao mesmo tempo, como instrumento teórico ideológico de transformação revolucionária da sociedade segundo os princípios socialistas.

O movimento sindical constitui a base fundamental da tendência revolucionária, e seus esforços de mobilização das massas rurais recaem sobre as coletividades agrícolas, numericamente mais expressivas, que operam nas grandes plantações. Sua influência entre os pequenos produtores da economia camponesa de América Central quase sempre é muito fraca; e mais fraca ainda entre os camponeses médios e artesãos rurais integrados nos movimentos cooperativistas do campo.

Não obstante isso, a tendência revolucionária consegue influir bastante nos movimentos agrário-reformistas que catalisam os camponeses sem terras ou de pouca terra. Estimula, aliás, o aparecimento de um movimento coletivista agrícola montado sobre bases que superam o cooperativismo vulgar.

Por haver-se dado conjunturas e condições históricas muito especiais, a tendência revolucionária se estendeu também, tal como acorreu na Guatemala, El Salvador, Honduras e Nicarágua, aos movimentos guerrilheiros (*manu militari*) que, a partir da década de 1960, surgiram em todo o Istmo Centro-Americano, com exceção de Costa Rica.

Para os esforços de incorporação das massas rurais aos movimentos orientados pela tendência revolucionária, os quadros que atuam massiva e diretamente com o campesinato pobre, sem-terra ou com pouca terra, soem ser, em boa parte, voluntários da juventude urbana e principalmente de estudantes e intelectuais enquadrados na pequena burguesia e identificados com o projeto histórico da classe operária.

Dada a extrema escassez de recursos materiais de que adoecem as organizações que empurram a tendência revolucionária, seus trabalhos, sua politização e mobilização dependem da distância que separa os centros universitários dos núcleos de produtores da economia natural, ou seja, dos pobres do campo.

Como consequência dessa limitação, se busca satisfazer a necessidade histórica da aliança operário-camponês mediante a organização eventual de ex-assalariados agrícolas das empresas capitalistas, os quais resistem ao inverso processo de "campesinização", e por isso seguem gravitando ao redor das demandas temporais de força de trabalho nas colheitas.

A tendência evolucionista

A tendência evolucionista constitui a sustentação mais cristalina da exploração capitalista e imperialista na área centro-americana. Ela busca minimizar os conflitos que surgem das contradições antagônicas do sistema e a conjurar os conflitos e discrepâncias resultantes das contradições não antagônicas. Prega a evolução das condições de vida do campesinato a partir da própria evolução do capitalismo agrícola montado sobre os "lotes de família" ao estilo do *homestead* das reformas agrárias reproduzidas pelo imperialismo na Itália, Taiwan, Japão e Porto Rico.

Trata-se de uma tendência criada e desenvolvida sobretudo ao redor dos interesses das transnacionais encravadas no Istmo

Centro-Americano, e seu perfil aparece mais nítido depois que o imperialismo instituiu a Aliança para o Progresso (Alpro), para opor-se à influência da revolução e da reforma agrária cubana (nas massas rurais) no âmbito dos movimentos sindicais do istmo, mediante apoio a um tardio "tradeunionismo". Também alcança dita tendência influenciar na mobilização daquelas massas em movimentos cooperativistas (de crédito e de comercialização) por meio dos quais incursiona também nos fracos movimentos mutualistas.

Dado que entre seus objetivos está também o de brindar outra indumentária ao capitalismo da área, a tendência evolucionista busca mobilizar os camponeses pobres e médios sob a égide dos programas de distribuição de terras, seja de colonização de terras nacionais ou parcelas em áreas de conflito de terras privadas.

Quer dizer: ela está sempre presente nas reformas agrárias tuteladas pela burguesia rural, destinadas a multiplicar as quantidades de proprietários privados. Os movimentos agrário-reformistas são, pois, outro conduto em que dita tendência inverte seus esforços para mobilizar as massas rurais.

Dois "fetiches" foram criados pela Aliança para o Progresso, os quais serviram de bandeira e mística da tendência evolucionista: "a divisão da terra para a restituição da dignidade do camponês" e "o desenvolvimento da comunidade" como meta de programas concretos para a incorporação das massas rurais.

Para coadjuvar a implementação dos programas, a Alpro utiliza recursos do Banco Interamericano de Desenvolvimento (BID) (que maneja fundos em fideicomisso dos Estados Unidos e dos governos social-democratas da Europa) para as indenizações de terras expropriadas e destinadas à divisão das áreas de conflitos agrários. Para vulgarizar a panaceia do desenvolvimento da comunidade, a Alpro injetou recursos financeiros em profusão no Centro Regional da Educação Funcional da América Latina (Crefal), situado em Patzcuaro, México, para a preparação de milhares de técnicos em "economia doméstica", "melhoramento do lar", "desenvolvimento comunal", "latinização", "organização de patronatos", "organização de clubes 4-S",[31] e "clubes de donas de casa" etc.

Desse modo, como já se podia prever a inviabilidade de mudanças estruturais nas tíbias reformas agrárias, a Alpro rapidamente estabeleceu as bases de outra panaceia para a década de 1970, "o desenvolvimento rural integrado", que serviria de objetivo estratégico das tendências evolucionista e reformista.

Nos níveis mais agravados e irreversíveis das lutas de classes no campo, quando os confrontos dos camponeses com seus exploradores transformavam-se em um novo confronto aberto e direto contra o Estado que a estes representa, a tendência evolucionista mobiliza camadas rurais mediante movimentos de bandoleirismo político: a "Mancha Brava", em Honduras; "Ordem", em El Salvador; "Mão Branca" e "Comissionados Militares", em Guatemala; e *Juizes de Miestas*, em Nicarágua. Ademais, ativa os movimentos de conflitos étnicos (dos Misquitos na Nicarágua, dos Guaymiles e Chiriquis no Panamá). Essa tendência ativa também movimentos de conflitos messiânicos de tipo milenarista, desenvolvidos por centenas de modernas seitas evangélicas. A fim de cobrir esse amplo espectro de possibilidade de incorporação das massas rurais que a tendência evolucionista abarca, o imperialismo, por meio da Alpro (e de instituições correlatas, dos governos social-democratas da Europa e Canadá) estruturam macomunadamente com as burguesias da região centro-americana numerosos mecanismos políticos, sociais, econômicos e financeiros. Seu primeiro passo foi reeditar, ou

---

[31] Os quatro *s*: saber, sentir, servir, saúde.

seja, criar o desdobramento da Alpro no âmbito de cada Estado, a fim de usá-lo como "corrente de transmissão" e como articulador local dos postulados e da política do imperialismo imposto aos países na conferência de Punta del Este. Trata-se de uma forma inteligente e ao mesmo tempo grosseira de vincular e comprometer as burguesias que dominam em cada Estado a programática reformista do imperialismo, implantada pela Alpro.

É quando aparece uma pletora de novas instituições governamentais e não governamentais locais alimentadas pelos fundos da Alpro e de suas similares europeias. Aparecem na América Central numerosas organizações desenvolvidas e modernizadoras. Os programas idealizados para salvar as pessoas do meio rural do comunismo cubano apontavam a assistência técnica e financeira. Em cada país do istmo, criaram-se "conselhos de empresas privadas", os famosos Coeps, destinados a afiliar as associações de profissionais e empresários urbanos e rurais, além de associações bancárias, câmaras de comércio etc.

A *Authority* foi o dispositivo diretor e administrativo que o departamento de Estado estadunidense escolheu para mencionar a Alpro e que a um de seus diretores, Peter Nehemikis, "parecia ter-lhe sido feito de encomenda para reforçar a reforma agrária e o incremento de terras na América Latina; um dispositivo como solução democrática para a reforma agrária por métodos que não representam uma revolução".[32]

É quando invadem o campo centro-americano os "corpos de paz" e os exércitos de técnicos e extensionistas, práticos agrícolas e melhoradores do lar, que se transformaram nos elementos

---

[32] Nehemikis, P. *América Latina, mito o realidade*. Rio de Janeiro: Livraria José Olympio, 1996, p. 126.

modernos de manipulação do campesinato".[33] A grande maioria estava formada por profissionais jovens, de origem estadunidense ou europeia, integrantes dos programas de cooperação técnica bilateral.

O Instituto de Estudos Sindicais de Centroamerica (Iesca) e o Instituto Americano de Sindicalismo Livre (IADLS), com sede em San Pedro Sula, Honduras, protagonizaram na área centro--americana a tendência evolucionista da Alpro (e a Confederação Internacional das Organizações Sindicais Livres – Organização Regional Interamericana de Trabalhadores, Ciosl-Orit) coadjuvados pelo Centro de Estudos Democráticos da América Latina, mantido pela República Federal Alemã.

O imperialismo havia tomado consciência da crise política desatada no campo pela revolução e reforma agrária cubanas e, por esse motivo, "as teorias antigas de nada valem" [declara-se em Punta del Este], "a reforma (agrária) constitui a base fundamental das demandas de justiça social". Reconhecia, assim mesmo, que há um desequilíbrio manifestado entre os ricos e as massas desvalidas, entre a cidade e o campo, entre latifundiários e o camponês sem-terra" e finalmente proclama que "o desequilíbrio deve desaparecer. A solução cubana é a revolução. A de outros países, a evolução; [O presidente Kennedy, ao anunciar o estabelecimento da Alpro, disse que] aqueles que fazem impossível a revolução pacífica, fazem inevitável a revolução violenta".[34]

Constatou-se que as "reformas agrárias no marco da Alpro tratavam de quebrar, em certa medida, as velhas relações semifeudais e até certo ponto contribuíam ao desenvolvimento das

---

[33] Sanda, J. V. "Campesinos pobres y semiproletários". *Estudos Marxistas*, espaço Bogotá, n. 12, 1976, p. 86.

[34] Melville, T. y Marjorie. *Tierra y poder en Guatemala*. San José, Costa Rica, 1982, p. 276.

relações capitalistas no campo, dando condições para o desenvolvimento econômico burguês. Tendiam a conservar o poderio econômico e político das burguesias e latifundiários no campo mediante algumas mudanças e renovações do regime agrário".[35]

A tendência reformista

A tendência reformista aparece, no istmo, empurrada pela "democracia cristã" anterior ao Celam e intimamente ligada à hierarquia da Igreja Católica. Resulta em um largo processo de desenvolvimento, que vai das Encíclicas *Rerum Novarum*, do Papa Leão XIII e *Populorum Progressio*, de Paulo VI, sem apontar soluções definitivas aos graves problemas do campo. Segundo Burlatski,[36] esta tendência enquadra-se no reformismo e no oportunismo moderno de direita. Ela manifesta claramente a decisão da Igreja de incursionar direta e abertamente no âmbito político-partidário, mediante bases sociais próprias insertas nas massas.

Se bem que seria reformista o novo discurso do pensamento social cristão, sua viabilização estaria montada em uma hierarquia tradicionalmente comprometida com as oligarquias e o imperialismo. Era a mesma hierarquia que mobilizava milhares de fiéis em procissões do "cristo de Esquipulas" para combater o comunismo[37] – os mesmos párocos ou sacerdotes guatemaltecos que impediam os camponeses de ingressar na Confederação Nacional Camponesa de Guatemala, acusando-a de "comunista".[38]

---

[35] Sivolobov, A. *Introducción oroblemas del mundo contemporáneo*, n. 3/20. Moscou: Academia de Ciencias de la URSS, 1973, p. 549.

[36] Burlatski, F. *Materialismo dialético*. Moscou: Editorial Progreso, 1981, p. 192.

[37] Melville, T. *Op. cit.*, p. 77.

[38] Huizer, G. *On Peasant unrest in Latin America*. Washington: Cida, 1967, p. 204.

Na América Central, a tendência reformista tem sua estrutura de incorporação das massas rurais fundamentalmente nas sedes de dioceses e de paróquias. O difusor da tendência é desde o princípio o próprio pároco. As profundas mudanças na liturgia católica lhes permitem, por um lado, uma maior capacidade de diálogo com os fiéis e, de outro lado, uma maior possibilidade de erradicação dos novos postulados social-cristãos, mediante a incorporação de seculares com funções intermediárias e periféricas, que são os "celebradores da palavra", formados na prática para o exercício religioso e político.

Financiada basicamente pelos fundos dos orçamentos reguladores das dioceses e paróquias, além de subsidiariamente por fundações e instituições caritativas e políticas do exterior, a tendência reformista rapidamente – em menos de uma década – estendeu-se por todo o istmo. Pelo fato de coincidir, em muitos aspectos táticos e estratégicos, com a tendência evolucionista da Alpro, a tendência reformista da Democracia Cristã tinha fácil acesso aos recursos financeiros dos programas empurrados em cada país pela Alpro e suas instituições homólogas.

Sem dúvida, estas duas tendências, em todos os países do istmo, viveram em *"simbiose"*. De fato, entretanto, em âmbito oficial, a Alpro contava com o comportamento dócil e subserviente de muitos organismos do Estado para legitimar a tendência evolucionista. No âmbito não governamental, tinha na tendência reformista da democracia cristã seu melhor parceiro, pela vantagem desta tendência estar montada sobre ampla infraestrutura de serviços da Igreja Católica Romana e poder incorporar grandes massas rurais e de trabalhadores urbanos.

Em sua condição de parceiro de Alpro, a tendência reformista estava plenamente apetrechada em cada país do istmo com um Conselho de Coordenação para o Desenvolvimento, reunindo uma série de instituições especializadas que abarcavam todo o espectro de interesses materiais das massas rurais. Em Honduras, por exemplo, o Conselho de Coordenação para o Desenvolvimento (Concorde) reunia a Federação de Associações Cooperativas de Poupança e Crédito de Honduras (Facach), Associação de Promoção Humana (APH); uma cadeia de cinco estações de rádio *broadcasting*; oito centros de capacitação espalhados pelas regiões camponesas mais importantes do país; o Centro de Investigações Socioeconômicas (Cise) e outras.

A tendência reformista envolvia, fundamentalmente, os movimentos de caráter político e crítico, tais como: sindicalista, cooperativista, agrário reformista, sem deixar de exercer influência nos movimentos messiânicos, movimentos mutualistas catalogados entre os movimentos de caráter ingênuo.

Tão somente no Panamá é que a tendência reformista incursionou no movimento insurrecional (*manu militari*). Trata-se de um foco guerrilheiro democrata-cristão do padre Gallego (integrado por correligionários do deposto presidente Arnulfo Arias) para derrotar o governo nacionalista do general Omar Torrijos.

No entanto, dos vários tipos de movimentos alimentados pela tendência democrática cristã, a que mais se destacou, desde a década de 1960, foi o movimento dos "cursilhos de cristandade": uma espécie de metamorfose do movimento de caráter ideológico ingênuo de tipo messiânico para um movimento de caráter político ou crítico de tipo partidista.

Os cursilhos da cristandade, considerados por Pereira dos Reis como a maior iniciativa do Opus Dei (quanto à penetração internacional), chegaram à América Central em 1962.[39] Parece ser "uma réplica moderna dos exercícios espirituais de santo Iná-

---

[39] Prien, Hans Jürgen. *La historia del cristianismo en América Latina*. Salamanca, Espâna: Ediciones Sígueme, 1985, p. 1.063.

cio de Loyola, a que não lhe escapa inclusive o caráter secreto"[40] ou esotérico.

Pelos cursilhos da cristandade passaram industriais, homens de negócios, operários fabris etc. O resultado é uma passageira maior afabilidade do empresário com seus operários, em especial quando estes são cursilhistas.[41] A este respeito, o filósofo católico brasileiro Alceu de Amoroso Lima, mais conhecido como Tristão de Athayde, adverte que "os cursilhos da cristandade" podem fomentar o impulso a uma "revolução pacífica" como único caminho racional para evitar a revolução violenta, mas podem levar também a "um conformismo social" que se confunda com o espírito burguês de aceitação pacífica das iniquidades sociais, como um imperativo de origem divina".[42]

A Democracia Cristã, impulsora da tendência reformista a partir dos cursilhos da cristandade, deu os primeiros passos do movimento de educação popular com base nos métodos de conscientização, no suposto subjetivismo de que a atividade consciente das massas podia empurrar o desenvolvimento social.[43]

O resultado desse enfoque equivocado, evidentemente, lhe saiu ao contrário pois, operando no marco do desenvolvimento social das massas rurais e urbanas mais empobrecidas e, daí, mais inconformadas com a exploração capitalista, os ativistas da tendência reformista, em vez de alcançar a conscientização desejada, foram conscientizados pelo próprio estado de desespero das massas.

Todos esses fenômenos que marcam o início, desenvolvimento e decomposição da Democracia Cristã como manifestação da

---

[40] *Ibid.*, p. 1063.
[41] *Id.*, p. 1.070.
[42] *Id.*, p. 1.070.
[43] Burlatski, *op. cit.*, p. 138.

própria crise do capitalismo refletida no interior do clero romano insere-se na "inclinação escatológica" dessa religião – inclinação esta que exige uma análise mais exaustiva.

A escatologia parece ser um fenômeno histórico de reciclagem mística e idealista que emerge da fase final de desintegração de uma determinada formação econômico-social. Isso ocorre quando faz falta à superestrutura religiosa (que defende e nutre-se de uma formação econômico-social dada), a base material ou objetiva de sustentação ideológica a nível das massas exploradas.

Os movimentos messiânicos ocorridos na Judeia e Palestina e no próprio coração do Império Romano (Roma, século I) constituíam um novo mosaico para ganhar as massas dos exploradores no período final da desintegração do regime escravista no Mediterrâneo greco-romano. De modo semelhante se repete a tendência escatológica do cristianismo na revolução ou reforma religiosa do período final de desintegração do regime feudal, na Europa, seja nas Guerras Camponesas na Alemanha, séculos XV e XVI ou na Inglaterra, no século seguinte.

Portanto, como o clero (seja católico, muçulmano ou outro) não vive e nem se desenvolve no vácuo e sempre está exposto a influências externas (as mesmas que se manifestam na entropia do sistema econômico vigente) no começo da crise definitiva da formação econômico-social moribunda, trata de adaptar-se à nova realidade e de sobreviver mediante um novo discurso gnosiológico da sociologia. Na crise atual do sistema capitalista, as inclinações escatológicas mostram-se mais agravadas entre os povos árabes de religião muçulmana e latino-americanos de religião católico-romana. Não obstante as dissimilitudes geográficas e culturais dos mencionados povos, o fator determinante das inclinações escatológicas de seus respectivos cleros, os identificam mediante a "defasagem" entre o nível de desenvolvimento econômico alcançado e a incompleta marca de reformas superestruturais de suas burguesias. Isso vem provar que "o protesto político com roupagem religiosa não é um fenômeno europeu, senão que ocorre em todos os povos, em determinada fase de desenvolvimento".[44]

No caso particular dos países latino-americanos e de outros continentes, em que a crise do capitalismo não aponta outra saída que a revolução proletária, as teorias escatológicas (como a Teologia da Libertação dos católicos romanos) buscam obter do marxismo-leninismo os resultados do papel heurístico que com relação às ciências sociais ele desempenha.

A tendência liberacionista

A tendência liberacionista dimana do resultado de um conjunto de dissidências da tendência revolucionária (marxista-leninista), da tendência evolucionista (imperialista-oligarca) e da tendência reformista (democrata-cristã) e que foi plasmada na medida em que os esforços de incorporação das massas (realizados pelas tendências referidas) orientavam-se com mais intensidade até os camponeses pobres (sem-terra e com pouca terra), os semiproletários, os desclassificados (lúmpens das cidades e do campo), ou seja, na medida em que aquelas três tendências passaram a operar sistematicamente não só em meios sociais de assalariados permanentes (operários, empregados públicos etc.), mas também, e de forma exaustiva, no meio social dos despossuídos (despossuídos de propriedade, de salários, de emprego), dos semiproletários, dos camponeses pobres, dos pequenos artesãos e no meio social dos deslocados.

Os destacamentos de ativistas das quatro tendências (revolucionária, evolucionista, reformista, liberacionista), de incorporação das massas rurais, afloravam localmente de três jazidas:

---

[44] Lenin, V. *Obras completas*. V. IV. México: Fondo de Cultura Popular, 1967, p. 257.

a classe operária organizada, os *campi* universitários e as casas paroquiais do clero católico, em cujo respectivo âmbito se volve mais intensa a luta de classes. Em sua grande maioria, os contingentes de ativistas estavam formados por jovens de 18 a 25 anos de idade, à exceção dos destacamentos de ativistas saídos da classe operária organizada, que superavam essa idade.

Trata-se, em grande parte, de operários, estudantes e de pequenos burgueses preparados por intelectuais (das universidades), por dirigentes sindicais e por clérigos das cúrias metropolitanas e das casas paroquiais.[45] As contradições existentes entre as burguesias dos países do istmo e as disparidades ou assimetrias da superestrutura de cada país, determinadas por seus respectivos fundos históricos, constituem fatores importantes em qualquer projeto de integração regional. Daí que, se para o imperialismo sempre resultou problemática a integração econômica da América Central, não menos difícil foram os esforços a uma coordenação regional dos movimentos de incorporação das massas rurais em áreas de interesse comum das nações e dos explorados do istmo.

---

[45] Stieler, H. G. *Las posiciones actuales de la Democracia Cristiana frente a la lucha por la democracia, los derechos humanos el proceso social.* Buhl, T. H. "Aspectos básicos de posiciones democrata revolucionaria dentro de la Teología de la Liberación". Bachmanns, S. "Las comunidades de base y los sacerdotes ligados al pueblo en el actual proceso revolucionário de los países latino-americanos, considerando especialmente los países de Centroamerica", Coloquio Multilateral sobre "Concepciones burguesas y pequeno burgueses acerca del desarrollo social y de processo revolucionário em América Latina em actualidad" (realizado por el Instituto Latinoamericano de la Universidade Wilhelm Pieck de Rostock en el marco del Grupo Multilateral de Trabajo "Estratégia y prática del movimiento antiimperialista y la lucha ideológica en los países de América Latina". De 15 a 17 de mayo de 1984, em Rostock. Redacción y versión española de Alberto Gonzalez, Wilhelm Pieck, Universität Rostock Sekton Lateinamerikawissenschaften, 1985.

As tentativas fracassadas de criação da Confederação Sindical da América Central e da Confederação Centro-americana de Cooperativas de Reforma Agrária são exemplos das dificuldades encontradas pela classe operária organizada na viabilização de esquemas de cooperação regional. No entanto, no âmbito das federações que reúnem, em cada país, os sindicatos pequenos do movimento sindical impulsionado pela tendência reformista (Democrata Cristã) alcançaram estruturar um Conselho de Unidade Sindical de América Central (Cusca), e uma Confederação Centro-americana de Trabalhadores.[46]

Não foi igual com as outras jazidas de ativistas: *campus* universitário e a casa paroquial. Com efeito, o Conselho Superior Universitário da América Central (CSUCA), em menos de duas décadas de existência, já configurava um forte movimento de intelectuais universitários empurrando a fundação e o funcionamento de institutos de pesquisas econômico-sociais em cada universidade estatal da área.

A fundação do CSUCA permitiu o estabelecimento de uma estratégia para o estudo permanente e sistemático da realidade de cada país e do conjunto da América Central: para elevar o nível teórico das pesquisas e dos conhecimentos do corpo docente e profissionais (mediante cursos de pós-graduação em Sociologia e de Economia) produzidos nas universidades do istmo; e para difundir e intercambiar (por meio de editoriais de cada universidade e da editora regional, Educa) as novas ideias agitadas pela intelectualidade centro-americana.

O movimento regional dos intelectuais universitários fez possível a maior difusão do projeto histórico e da ideologia da classe operária. Os ideais da revolução e reforma agrária cubanas encontraram no movimento universitário da América Central

---

[46] *Boletim Concorde*, n. 82, p. 4.

uma eficiente margem de difusão e proselitismo revolucionário ajudando,[47] dessa maneira, a expansão da tendência revolucionária em seu acometimento de integração das massas rurais.

O elemento mediatizador foi, evidentemente, os movimentos estudantis de cada país. Dessarte – como bem o enfoca Torres Rivas:

> [...] a partir de certa etapa da repercussão da crise do imperialismo no Istmo Centro-Americano, os estudantes universitários e secundaristas deixaram de ser paulatinamente os sujeitos fundamentais do protesto político. Seu papel nas lutas democráticas foi fundamental, mas sua condição de atores substitutos de outras classes perdeu importância relativa se com isso se alude à sua condição estamental. Das escolas e universidades saíram numerosos militantes e quadros políticos de primeira importância, justamente porque perderam sua condição estudantil.[48]

O CSUCA serviu muito de refúgio político, mecanismo de emprego e de "reciclagem" para intelectuais de ideias avançadas, perseguidos e cassados toda vez que as oligarquias e militares de cada país intervinham nas universidades.

Sob a égide das tendências evolucionistas e reformistas foi criada a Federação de Universidades Privadas de América Central, de modesta atuação política, exatamente para contrarrestrar a influência do CSUCA nas hostes universitárias.

Dado, como já foi dito antes, que a tendência liberacionista resulta de cisões das três tendências que a antecedem, ela já nasce montada em estruturas regionais preestabelecidas, seja as do movimento sindical (democrata-cristão); seja do movimento universitário encarnado no CSUCA ou no movimento comuni-

---

[47] Löwy, M. *El marxismo en América Latina*. México: Ediciones ERA, 1982, p. 52-54.

[48] Torres Rivas, E. *Crisis del poder en Centroamerica*. San José: Educa, 1983, p. 92-93.

tário (comunidades eclesiásticas de base) das casas paroquiais, que era articulado nacionalmente pelas arquidioceses e, regionalmente, pelo cardinalato da América Central.

Apresenta-se aqui o mesmo "ecumenismo" que Marx admitia no processo de transformações sociais. De fato, o fundador do comunismo científico dava as boas-vindas na organização proletária a todo operário que chegasse a ela com o propósito de participar na luta: que fosse ateu ou cristão, discípulo de Proudhon ou de Blanqui, de Weitling ou de Lassalle; que aceitasse a lei do valor ou a julgasse errônea... Não lhe eram indiferentes os operários com ideias confusas. Considerava importante aclará-las, e estimava improcedente excluir da organização os operários com tais ideias. "Tinha plena confiança na lógica das lutas de classe e nela via o guia capaz de encaminhar todo proletariado à organização que na verdade estava a serviço da luta da classe proletária".[49]

Nos começos da década de 1970, quando em El Salvador, Guatemala, Nicarágua e Honduras patenteou-se a impossibilidade de a Democracia Cristã chegar ao poder por via eleitoral, cavalgando em seu próprio movimento sindical encravado no proletariado industrial e agrícola, a força de mobilização da Igreja transladou a outras classes e camadas sociais das áreas rurais e urbanas.

Os camponeses, os semioperários e os desclassificados passaram a ser o objeto do novo proselitismo social cristão. Esse trânsito impõe a formação e incorporação das novas equipes paroquiais de um sem-número de quadros médios e ativistas de base (coordenadores de comunidade e celebradores da palavra); e, em consequência, se opera uma maior transladação da esfera sacerdotal aos seculares (pessoal extraído da massa, majoritariamente

---

[49] Kautsky, K. *El marxismo*. México: Martinez Roca, 1973, p. 135.

os de origem pequeno-burguesa e operária) no que diz respeito à ação político-ideológica democrática-cristã.

Este passo marcou realmente uma mudança significativa. Ao abordar uma análise estrutural e conjuntural de acordo com a situação objetiva dos trabalhadores, os intelectuais (pequeno--burgueses) começaram a ter uma nova atuação contra o poder opressor. Tal forma ideológica, a última que até o momento deu-se, surge ao iniciar a organização autônoma dos proletários agrícolas sendo assumidas por líderes (que em grande parte eram os mesmos "coordenadores da comunidade") e vão-se incorporando a ela setores das bases conforme os cursilhos da cristandade o permitiam.[50]

É que, ademais, já na mesma ocasião da realização da Conferência Eclesiástica Latino-americana de Medellín, era evidente a caducidade do pensamento social cristão saído do Vaticano II. Muitos dos sindicatos cristãos já se haviam libertado da tutela clerical, o que Enrique Dussel, em sua *História de la Iglesia*, denomina "desconfessionalização" e "radicalização":

> A Conferência Autônoma de Sindicatos Cristãos de Santo Domingo, por exemplo, criticou o Vaticano porque apoiava os países subdesenvolvidos através do Banco Interamericano de Desenvolvimento (BID), e da Organização dos Estados Americanos (OEA), que os sindicatos consideravam instrumentos do domínio estadunidense.[51]

A mesma fonte registra que a Confederação Latino-americana de Trabalhadores (Clat) e a Federação Camponesa Latino-americana (as quais reuniam 5 milhões de afiliados) manifestaram por carta (1968) sua decepção porque, na Conferência de Medellín, não

---

[50] Alvarado, N. "La organización del proletariado agrícola y el problema de las formas de consciencia religiosa". *In: Fé cristiana y revolución sandinista*, n. 3 extraordinário. Manágua, 1974, p. 254.

[51] Dussel, E. *História de la Iglesia en América Latina*. Madrid: Coloniaje y Liberación, 1983, p. 265.

participara nenhum secular, dado que os "príncipes da Igreja não quiseram aceitar a presença de grupos que pudessem provocar conflitos".[52]

Se bem é certo que o velho clero, cuja hierarquia da Igreja contudo defende e prega a resignação ante as penas do mundo, a harmonia das classes e a primazia "ontológica e teológica" atribuída à propriedade privada, o novo clero (que iça a bandeira da Teologia da Libertação mediante a transformação das estruturas socioeconômicas) é um forte pregoeiro e é de um ativismo de protesto contra o atraso e contra a exploração capitalista.

O padre J. C. Hanley, mais conhecido por padre J. Guadalupe Carney (de origem estadunidense), antes de ser assassinado em Honduras pela CIA, manifestou que a linha ideológica dos documentos de Medellín era a dos democratas cristãos, "a terceira via" (reformista), nem capitalismo, nem comunismo, mas ainda assim "ajudaram muitos cristãos a tornarem-se revolucionários".[53]

A virada ao mais fundo das massas despossuídas (despossuídos de propriedade e de salário) conduziu a inclinação escatológica dos cristãos latino-americanos a uma nova instância. Abriram-se "iniciativas na linha da libertação com a luta dos camponeses por suas terras, dos indígenas defendendo sua vida, dos favelados, dos pobres, dos leprosos, das prostitutas, de todos os marginalizados que começam a reunir-se à luz da fé, a repensar sua situação de opressão, indício da libertação".[54]

> O padre Camilo Torres foi mais além de todo cálculo de rebeldia clerical e deu um exemplo de consequência política demonstrando que sim é possível, para um católico praticante, combater ao lado

---

[52] Gheerbrant, A. *La Iglesia de América Latina*. México-Buenos Aires, 1970, p. 129.

[53] Hanley, J. C. *Así es la Iglesia*. Manágua: Cenih, 1983, p. 129.

[54] Boff, L. "El Vaticano y la opción liberadora". *Noticiero Latinoamericano*, n. 130, Genebra, 1986, p. 4.

dos operários e dos camponeses revolucionários. Antes de Camilo, nenhum clérigo latino-americano havia dito com tanta clareza que a revolução não é propriedade privada de ninguém e que os católicos podem e devem ser aliados dos comunistas.[55]

A tendência liberacionista é, das cinco tendências de incorporação das massas rurais, a única que reúne os três tipos de movimentos: os de caráter ingênuo, os de caráter político ou crítico e os de caráter insurrecional (*manu militari*). O agravamento das contradições internas e externas dos países centro-americanos nesta etapa da crise do capitalismo na área, e a maior aproximação do pensamento social cristão às classes e camadas mais pobres do campo e das cidades, possibilitaram uma identidade própria da tendência liberacionista; desmascararam a tendência reformista (democrática-cristã) atualmente reduzida a setores da hierarquia eclesiástica que representa os interesses do imperialismo e das oligarquias locais.

Além do mais, o fato de haver conseguido dita tendência – a tendência liberacionista – traduzir à "linguagem" religiosa as consignas da luta nacional libertadora, facilitou a incorporação de amplos setores do campesinato à luta de libertação nacional.[56]

Os que empurram a tendência liberacionista, ainda que reconheçam o papel reitor da classe operária nos processos de transformação e libertação nacional, parecem partir do princípio de que "os camponeses são a base social do movimento. Se o campesinato se alça à luta, esta se converte na luta de todo o povo".[57] Daí creem "na necessidade – enfatizada por Lenin – de apoiar, especialmente nos países atrasados, o movimento camponês contra os latifundiários, contra a grande propriedade agrária, contra toda mani-

---

[55] Burlatski, F. *Op. cit.*, p. 189.

[56] Alexandrov, S. V. y Zagladin, V. V. *Las fuerzas motrices del proceso revolucionario mundial.* Moscou: Editorial Progreso, 1981, p. 254.

[57] *Ibid.*, p. 254.

festação ou reminiscência do feudalismo, e esforçar-se por dar ao movimento camponês o caráter mais revolucionário".[58]

Isso se tem constatado tanto no movimento insurrecional enquadrado na FSLN, como também nos movimentos insurrecionais da Guatemala, de El Salvador e de Honduras. A tendência liberacionista, pois, ao tornar-se determinante na composição política das frentes de tendências nos países centro-americanos, indica o último degrau da aproximação dos movimentos de integração das massas rurais à revolução.

Do capítulo anterior conclui-se que a predominância dos pequenos produtores camponeses e semiproletariados rurais, em países de fraco desenvolvimento capitalista, as camadas não operárias determinam um papel importante nos processos de luta de classes mais agudas que buscam a tomada do poder.

Em dito processo não se excluem nem sequer o lúmpen, ou seja a "escória integrada pelos elementos desclassificados de todas as classes sociais",[59] pese o difícil (na atual experiência nicaraguense) que é "canalizar suas energias para o trabalho construtivo, para a ação política deliberada, para desenvolver nelas uma consciência socialista".[60]

O processo de integração das massas na etapa posterior à tomada do poder, em países de enormes contingentes de produtores alheios aos destacamentos da classe operária, exige um grande esforço de capacitação massiva de quadros com vista ao reajuste do comportamento ideológico de tipo artesanal (imperante entre as massas camponesas e pequeno-burgueses em geral) às formas da grande produção em escala, marcada pela divisão social do

---

[58] Lenin, V. *Obras completas*. v. 38. México: Fondo de Cultura Popular, 1967, p. 233.

[59] Engels, F. *Las Guerras Campesinas en Alemania*. (Prefacio de la 2ª edición alemana) México: Grijalbo Editores, 1971, p. 19.

[60] Torres Rivas, *Op. cit.*, p. 96.

processo produtivo, que caracteriza a grande empresa capitalista e imprescindível à etapa socialista da Revolução.

Dito reajuste de comportamento ideológico pode-se alcançar também por meio de cursos com metodologia especial que erradique os vícios das formas artesanais de trabalho e inculque a consciência organizativa nas coletividades de pequenos produtores.

> Na América Central se estabeleceram novas formas e tipos de organizações e de movimentos de massas em função de novos contextos e circunstâncias (comitês, comunidades eclesiais de base, blocos, frentes etc.) e a presença ativa de novos participantes (camponeses, capas marginais), novos sujeitos da práxis política, cuja presença, por si só desestabiliza o sistema.[61]

Originadas nos marcos de necessidades políticas dos sujeitos que conformam os sistemas de tendências e na aferição dos meios objetais é que aparecem as novas estruturas organizativas. "A organização camponesa independente, mesmo sem reivindicar o mais tradicional de suas demandas, a parcela de terra, constitui um imenso ato de desobediência civil".[62]

Enquanto isso,

> as capas de desclassificados cuja erupção na história dos conflitos sociais não é novidade, porém sempre marginal, quando aparecem, já são anti *status quo*. Ademais constituem uma força elementar, poderosa, que se desata sozinha. Organizá-los para a resposta violenta resulta uma atividade quase natural à sua própria existência social.[63]

De Sandino a Carlos Fonseca Amador

É importante fazer um périplo sobre a Revolução Nicaraguense. Sua origem girou ao redor, inicialmente, de uma figura notável, que foi Carlos Fonseca Amador. Quem era Carlos Fonseca Amador?

---

[61] *Id., Crisis del poder en Centroamerica.* San José: Euca, p. 96.
[62] *Ibid.*, p. 97.
[63] *Ibid.*, p. 97.

Era um militante do Partido Comunista nicaraguense, que esteve, em 1957, em Moscou, no VI Festival Mundial da Juventude, organizado pela Federação Internacional de Estudantes Democráticos, com sede em Praga. Outros festivais desse tipo já haviam sido realizados em Varsóvia, Berlim, Viena, Helsinque e Bucareste.

Por lá estiveram Carlos Fonseca Amador e outro famoso revolucionário, Roque Dalton, o poeta salvadorenho, também comunista. A presença deles em Moscou não nos fazia supor, mais tarde, que tivessem tanta importância essas duas figuras no processo revolucionário da América Central.

Outros centro-americanos também estiveram lá. Porém somente os representantes de dois países de Centro-américa, Roque Dalton e Carlos Fonseca Amador, foram os que, mais tarde, se projetaram como líderes revolucionários. Carlos Fonseca Amador criou a Frente Sandinista de Libertação Nacional na Nicarágua, e Roque Dalton influiu na criação da Frente Farabundo Martí para a Libertação Nacional, que foram dois grandes movimentos revolucionários da América Central. Somente o primeiro deles chegou ao poder.

Há que recordar, nesse aspecto, que tanto Farabundo como Sandino estiveram no México, conheceram de perto a revolução e a reforma agrária mexicanas, nas primeiras décadas do século XX. Eles sofreram grande influência de Pancho Villa, Emiliano Zapata e de Venustiano Carranza. Sandino se acercou de Farabundo Martí e do famoso poeta hondurenho Froylán Turcios, ambos fundadores do Partido Comunista da América Central.

Sandino investiu-se contra a ocupação estadunidense na Nicarágua. A Nicarágua tinha sido invadida pelos estadunidenses várias vezes, no tempo dos flibusteiros. Sandino investiu-se contra os gringos, em lutas de guerrilha, e findou botando para fora os ianques.

Os estadunidenses armaram um ardil, pondo como seu preposto o general Somoza Garcia, chefe da Guarda Nacional, o chefe de Estado indicado para concertar a paz. E resultou, mais tarde, que Sofonías Salvatierra, ministro do Trabalho, com muito boa fé organizou o encontro entre Sandino e Somoza. É verdade que Sofonías, porém, não previa, jamais, a traição de Somoza, que, antes mesmo da hora do encontro, mandou a polícia metralhar a casa de seu ministro.

Em 1976, eu conheci a viúva de Sofonías Salvatierra, e sua casa. Ela me mostrou os móveis ainda perfurados a balas, que guardava como recordação, triste, porém os guardava.

Enfim, Sandino foi morto; os ianques pensavam sempre que, matando a figura, mata a imagem, mata a ideia. Resultou que não matou a ideia. Carlos Fonseca Amador, na década de 1960, tratou de resgatar a figura de Sandino.

Evidentemente, já havia ocorrido antes o resgate, pois o velho Somoza havia sido assassinado, em 1956, por Rigoberto López Pérez, um [poeta sandinista] disfarçado como garçom em um banquete, e que levava debaixo da bandeja uma pistola. O ditador, ferido, morreu no avião militar enviado pelo general Dwight Eisenhower, presidente dos Estados Unidos, para socorrê-lo.

Carlos Fonseca Amador fundou, na década dos 1960, a Frente Sandinista de Libertação Nacional (FSLN) juntamente com Mayorga, Tomás Borge e outros, e deu início à luta armada, por meio da guerra de guerrilha urbana e rural – luta que começou a crescer rapidamente. O general Anastácio Somoza Debayle, apelidado "Tachito", filho do velho Somoza, encontrou o país em polvorosa.

Em 1967, quando fui contratado pela OIT para ir à Nicarágua, cheguei a El Salvador, onde estava a sede regional do Fundo Especial das Nações Unidas, ou seja, do organismo que financiava os projetos da ONU. Lá, o representante residente das Nações Unidas, o equatoriano dr. Gonzalo Serrano, me chamou ao seu escritório e disse: "Olha, eu quero informá-lo que você vai trabalhar um mês num país problemático. Basta eu te dizer que o último *expert* da OIT, um sociólogo uruguaio, não tem três meses, foi posto no aeroporto pela polícia de Somoza pelo fato de que ele andava realizando uma pesquisa. É que ele cometeu o erro de, durante o dia, estar contatando o presidente da Confederação Geral de Trabalhadores (CGT), independente, ou seja, 'independente de Somoza'. A polícia botou esse técnico da OIT no aeroporto e o senhor que vai assumir agora o posto dele deve ter o maior cuidado, a maior vigilância".

Aí fui enviado pelas Nações Unidas para uma missão de 30 dias na Nicarágua. Eu, nesse tempo, formava parte de um Grupo Interagencial Centro-Americano de Estudos, Tenência da Terra e Desenvolvimento Rural. Éramos técnicos da FAO, da Cepal, da OIT, do Comitê Interamericano de Desenvolvimento Agrícola (Cida). Da FAO, era Antonio Tapia; da Cepal, era Edgard Campos Cabeza; Rudji Venegas era do Cida, e eu, por parte da OIT.

Nós fazíamos estudos de como andava distribuída a terra e sobre as condições de vida e de trabalho no campo. Era o chamado Estudo Cida. O Cida tinha sede em Washington, e foi dirigido por um brasileiro de Campina Grande, Irineu Cabral. Ficaram famosos os estudos do Cida referentes à Argentina, Peru, Colômbia, Chile, Equador, Brasil e Bolívia. Logo viria o da América Central e estava em preparação o do México, com renomados especialistas: Sérgio Maturana, Ballestero, Iván Restrepo, Salomão Epstein e Reis Osório.

Aquele grupo estudava as condições de vida rurais e eu fui, então, integrado ao grupo. Como eu cheguei atrasado, aquela minha equipe da América Central já havia passado pela Nicarágua, e por essa razão eu, nesse país, deveria atuar sozinho.

Sequestro do Hotel Central: 200 turistas gringos

Nos primeiros dias de fevereiro de 1967, ocorreram batalhas nas ruas. É que os guerrilheiros da FSLN haviam sequestrado o Hotel Central, o hotel mais importante e cheio de turistas estadunidenses.

O presidente dos EUA tratou de intervir para salvar os seus concidadãos lá em Manágua. Era o pessoal de Carlos Fonseca Amador que estava atuando. Naquela ocasião, morreram algumas dezenas de pessoas e os jovens guerrilheiros demonstraram que tinham capacidade de lutar contra Somoza. Esse constituiu o primeiro golpe duro assestado pelos sandinistas contra o regime de Somoza, apenas quatro ou cinco anos depois de fundada a FSLN.

Era esse o panorama que existia na Nicarágua, panorama mais tarde (1974) reeditado quando houve um assalto à mansão do homem mais rico de Nicarágua, Chilo Zelaya, que promovera uma festa com a presença de vários embaixadores e do próprio Somoza, que saiu um pouco antes do assalto, realizado por 12 guerrilheiros vestidos de fardamento do Exército, em um falso ônibus militar, e comandados por uma linda jovem de 25 anos.

O assalto teve o objetivo de exigir a libertação de presos políticos, entre eles os irmãos Ortega. Este foi o segundo duro golpe assestado contra o governo do general Anastácio ("Tachito") Somoza Debayle. Com o propósito de evitar o derramamento de sangue com a chacina dos sequestrados e sequestradores da FSLN, o arcebispo dom Ovando Bravo se dispôs a acompanhá-los, em um avião, até o Panamá, deixando lá os guerrilheiros sandinistas e regressando a Manágua com os embaixadores e outras importantes personalidades.

Assalto ao "chiqueiro": 300 parlamentares e 2 mil funcionários

O golpe seguinte dos sandinistas contra o governo de Somoza foi quase demolidor. Com efeito, outro famoso sandinista, "Comandante Zero", com menos de 100 guerrilheiros fortemente armados e travestidos de soldados do Exército, Aeronáutica e da Marinha, em ônibus militar, atravessaram Manágua até o centro da cidade, onde se erguia o odiado Palácio Legislativo – odiado porque a maioria de parlamentares era imposta pelo presidente Somoza Debayle, mediante grandes falcatruas e corrupção. Pelo fato de as várias legislaturas não apresentarem grandes mudanças, os sandinistas apelidaram o parlamento de *"chanchera"* (pocilga ou chiqueiro de porcos), com leitões gordos que o chefe de Estado cevava com salários altos e toda sorte de mordomias.

Foram fulminantes o cerco e a invasão do neoclássico edifício do parlamento. Todos os parlamentares, seus auxiliares e inúmeros parentes ali empregados, policiais e cabos eleitorais (em um total de mais de 2 mil pessoas) foram sequestrados, desarmados e confinados nos auditórios do prédio.

Novamente, os guerrilheiros exigiram a libertação dos presos políticos (entre eles, o comandante Borge) e a transferência em aviões, juntamente com os parlamentares sequestrados em reféns, para o Panamá. A garantia da evacuação pacífica de todos eles estava, de novo, no acompanhamento do arcebispo dom Ovando Bravo e nas granadas de mão dos guerrilheiros.

A Teologia da Libertação "toma o poder" na Nicarágua

Os choques armados das guerrilhas com o Exército, Aeronáutica e Polícia Militar passaram a fazer parte do dia a dia, pelo fato de terem se espalhado pelos principais centros urbanos, capitais de estados: Esteli, Leon, Chinandega, Granada, Matagalpa, Rivas, Jinotega etc.

Foi uma tensão muito grande de um povo oprimido, cansado de tanta miséria, e em cujo processo revolucionário ativo pôde catalisar combatentes dos mais distintos estratos sociais, em três tendências político-ideológicas: a tendência comunista (Guerra Popular Prolongada), inspirada por Carlos Fonseca Amador, Borge e Henry Ruiz; a tendência proletária (trotskista), inspirada por Jaime Wheelock; e a tendência terceirista, formada por vários padres católicos, os irmãos Cardenal, padre Miguel D'Escoto, e segmentos da burguesia, da classe média, da pequena burguesia, do campesinato, assalariados rurais e urbanos além de intelectuais e estudantes.

Neste cenário de luta armada, o regime caduco, retrógrado, causou mais de 30 mil mortes de uma revolução popular protagonizada por combatentes urbanos em barricadas, trabalhadores rurais, estudantes, lúmpens, desclassificados, artesãos e indígenas, operários, camponeses, burgueses, pequeno-burgueses, sacerdotes e católicos romanos influenciados pela Teologia da Libertação. Os sandinistas chegaram ao poder e, logo, partiram para fazer uma grande campanha nacional de alfabetização. As três tendências se tornaram cada dia mais ativas no exercer influência nessa dita campanha de penetração do sandinismo nas áreas rurais, e em boa parte das massas urbanas.

CENÁRIO 6: O EXÉRCITO POPULAR DE ALFABETIZAÇÃO

A Campanha Sandinista de Alfabetização

Na Nicarágua, os jovens e adolescentes alfabetizadores foram estruturados no que se denominaria "Exército Popular de Alfabetização", o EPA, e tiveram uma estrutura interna de apoio, a dos operários, as Milícias Operárias de Alfabetização Sandinista (Moas) que sim, eram compostas de operários rurais e urbanos sindicalizados que se faziam responsáveis pela chegada de alimentos e remédios aos diferentes rincões do país, onde eventualmente os alfabetizadores estivessem carentes de algum tipo de alimento que os camponeses não lhes podiam fornecer.

A estrutura militar do EPA era, pois, realmente, a garantia da disciplina, da unidade, da fiscalização, da avaliação e da orientação daqueles 119 mil adolescentes e jovens que foram espalhados durante quatro meses pelos mais diferentes rincões do país nicaraguense. Regiões inóspitas, regiões de difícil acesso, algumas das quais onde o Exército de Somoza nunca pôde entrar dadas as dificuldades de uma geografia tumultuada e as condições de clima muito rude, precipitações pluviométricas superiores a seis mil mililitros ao ano.

De fato, foi imprescindível e muito apropriada a adoção da estrutura militar do EPA e da metodologia adotada de capacitação massiva em ateliês (*talleres*, ao estilo dos Laboratórios Organizacionais de Capacitação Massiva) de 15 dias de internato para responsáveis de esquadras, pelotões e companhias, rigorosamente treinados em cursos intensivos, coletivistas e autogestionários. Jogaram-se, pois, no campo, os 119 mil jovens e adolescentes que, em quatro meses, reduziram a 20% os 80% de analfabetismo do meio rural. Logo depois seriam eliminados esses 20% nos Núcleos de Educação Popular (NEP), nos quais, enfim, havia uma grande influência de gente formada por Paulo Freire ou que já conhecia o seu método de alfabetização.

A metodologia de Raúl Ferrer

Essa aguçada luta dentro do poder rapidamente fez com que, de repente, não fosse chamado Paulo Freire para dirigir a operação, e sim o vice-ministro da Educação de Cuba, o poeta Raúl Ferrer, um homem extremamente capaz, com uma enorme experiência da Campanha de Alfabetização de Cuba, encabeçada pela Brigada "Conrado Benítez". Esta brigada foi a que fez a Campanha de Alfabetização em Cuba, país com três vezes a população da Nicarágua.

Ao chegar, Raúl Ferrer, esse especialista contratado pela Unesco, sentou-se com os irmãos padres Cardenal, (um ministro da Educação e o outro ministro da Cultura) e explicou de entrada que ele não tinha a menor simpatia por aquele nome de Cruzada de Alfabetização, que foi posto por influência dos padres que participavam do governo. Raúl Ferrer alegava que não houve uma só Cruzada vitoriosa, todas elas foram derrotadas:

Não é que eu seja contra a cruz, menos ainda contra a Cruzada, mas se trata de um símbolo que não é de vitória, e sim de derrota. Contudo, mantenhamos o nome Cruzada. Porém, quanto à estrutura organizativa, nós vamos ter que adotar a de tipo militar, centralizada, unificada, à base da unidade e absoluta disciplina, porque nós vamos ter que jogar mais de 100 mil jovens e adolescentes no país todo e não se pode jogar assim como se atira papéis de uma janela para saudar um desfile em uma avenida, não! Tem que ser tudo organizado, e eles não têm experiência de organização. Via de regra, eles têm mais tendência à anarquia, porque nunca estiveram metidos em um domínio de organização, em um processo de produção, pois, nunca trabalharam. Por isso eles têm sempre dificuldades de entender a vida organizada.

Condições históricas para vencer o analfabetismo

Paulo não teve a chance de liquidar com o analfabetismo na cidade de São Paulo, onde ele foi secretário de Educação do município mais populoso e de maior orçamento do Brasil (maior do que o do próprio estado de São Paulo) na gestão da Prefeita Luiza Erundina, do Partido dos Trabalhadores, o PT. Tampouco ele tinha tido chance, no governo de Eduardo Frei, do Chile, famoso pelo *slogan* da Democracia Cristã, "Revolução em Liberdade", apesar do grande prestígio, dos esforços e do perfil progressista de um dos seus mais eminentes líderes, Jacques Chonchol.

E por que não lhe tocou esta chance ao nosso mais célebre pedagogo e ademais criador de um método de alfabetização de comprovada e indiscutível eficácia?

Primeiro, pelo fato de seu método abrir os olhos dos analfabetos e esbugalhar os da burguesia no poder e os dos seus braços armados (Exército, Marinha e Aeronáutica) que o jogaram atrás das grades, na prisão e, depois, nos 15 anos no desterro, com todos os seus direitos políticos cassados.

Segundo, porque o seu exílio não foi em países com governos revolucionários que removeram os alicerces do feudalismo e da burguesia rural, ambos parasitas que se nutrem do analfabetismo, da ignorância e dos "votos de cabresto". Pois, tão somente nestas circunstâncias históricas é que o povo se liberta do analfabetismo, do desemprego e da miséria. Em duas palavras: sem revolução popular é impossível erradicar o analfabetismo, o desemprego e a miséria.

Em Cuba e na Nicarágua sandinista, cujos governos emergiram de revoluções populares, com uma penada se decretou o fim do analfabetismo, para a raiva hidrofóbica dos inimigos de Paulo Freire e do seu método de alfabetização.

Eis o mais cabal e peremptório exemplo dessa assertiva: uma vez sepultados, pelos soviéticos, o nazismo e Hitler, no seu próprio *bunker*, só na Europa surgiram dez repúblicas populares (Polônia, Letônia, Estônia, Lituânia, Hungria, Iugoslávia, Albânia, Romênia, Alemanha Democrática e Checoslováquia), que erradicaram massivamente o analfabetismo, a exemplo da União Soviética.[64]

E o fizeram sem maiores transtornos, já que naqueles países os trabalhadores assumiram o poder e imediatamente eliminaram (como classes) a burguesia, latifundiários, nobreza e proprietários feudais, únicos usufrutuários do analfabetismo, do desemprego e da miséria.

Igual exemplo se constatou na Ásia, com as revoluções que geraram as repúblicas populares da China, da Coreia do Norte e do Vietnã: foi banido o analfabetismo. A conclusão eloquente a que se chega, repitamo-la, é a de que somente em um processo revolucionário popular se consegue a eliminação do analfabetismo. Fora disso, é uma enxurrada de dinheiro inutilmente gasto, anos e décadas e mais décadas a fio, com os diletantes

---

[64] Veja no livro de M. Zinóviev e A. Plechkova. *Como foi liquidado o analfabetismo do país dos sovietes*. Moscou: Edições Progresso, 1982.

alfabetizadores dos "Mobrais" da vida, enquanto o crescimento vegetativo das cifras dos analfabetos comuns e dos analfabetos funcionais (identificados por Paulo Freire) seguirá crescendo em termos absolutos e em termos relativos.

CENÁRIO 7: O TRIUNFO DA ALFABETIZAÇÃO

Estado-maior da Cruzada Nacional de Alfabetização (CNA)

Do: Estado-maior Nacional da CNA

À: Direção Nacional da FSLN, Junta de Governo de Reconstrução Nacional, nosso heroico povo e ao mundo.

O Estado-maior Nacional da Cruzada Nacional de Alfabetização "Heróis e Mártires pela Liberação da Nicarágua" informa:

1. Que cumprindo instruções, no dia 23 de março de 1980, se deu a ordem de abrir o fogo contra dois séculos de ignorância e humilhação, herança nefasta da ditadura somozista.

2. Que as tropas nesta nova guerra de liberação estavam integradas por nosso glorioso Exército Popular de Alfabetização (EPA), os abnegados Guerrilheiros Urbanos da Alfabetização (GUA), as Milícias Obreras de Alfabetização (MOA) e as Brigadas Vermelha e Negra de Anden, além das Brigadas de Saúde, de Cultura e Resgate Histórico, que somam um total de 95.582 combatentes.

3. Que em todo momento contamos com um respaldo ativo e abnegado do povo nicaraguense, através de suas organizações de massas, ATC, CST, CDS, AMNLAE e muito em

especial Anden e a Juventude Sandinista "19 de Julho". Sem todas elas, não teria sido possível a vitória.

4. Que como toda causa justa e revolucionária, despertou o entusiasmo e a solidariedade internacional, desde a Unesco até estudantes e mestres de várias dezenas de países de América, Europa e Ásia, que vieram dar seu inestimável apoio à Revolução Nicaraguense.

5. Que a organização e sustentação da logística de um exército no campo de 59.123 pessoas, na difícil geografia de nossa pátria, não tem precedentes na região; e a menos de um ano da vitória é um exemplo do potencial de nosso heroico povo. O custo deste esforço é de 120 milhões de córdobas e muitos milhões mais que não se podem contabilizar e que se concretizaram no aporte direto e material de inumeráveis organismos sociais e religiosos, empresas, instituições do Estado, pais de família etc.

6. Que enquanto as cifras oficiais que dava o somozismo eram de 42% de analfabetismo, no censo realizado em outubro, podemos comprovar que o analfabetismo em nosso país era de 50,35%.

7. Que nestes cinco meses de Guerra Popular contra o Analfabetismo, nossas heroicas tropas alfabetizadoras sofreram 56 baixas; 41 por acidente, oito por morte natural e sete assassinados por ferozes inimigos do povo nicaraguense. Essas vidas valiosas, entregues na mais famosa das batalhas, é a mostra mais destacada do heroísmo de que são capazes nosso povo e sua juventude. Seja este ato a maior homenagem que podemos fazer aos Heróis e Mártires da Cruzada Nacional de Alfabetização.

8. Que, ao mesmo tempo em que se combatia sem descanso para aniquilar a ignorância, se desenvolviam outras tarefas em benefício da comunidade, tais como: construção de parques, escolas, poços, latrinas, caminhos, pontes etc. Além de participação em trabalhos agropecuários, especialmente na semeadura e colheita de grãos básicos.

9. Que depois de cinco meses de árdua luta em campos, montanhas e cidades, conseguimos ensinar a ler e escrever a 406.056 nicaraguenses, reduzindo a taxa de analfabetismo de 50,35% a 12,96% da população maior de dez anos. Além

disto, estão próximos a concluir seu processo de alfabetização, 42.639 companheiros.

10. Que no dia 30 de setembro começa a alfabetização, em Unguas, de 60 mil nicaraguenses na Costa Atlântica.

11. Que hoje, 23 de agosto de 1980, podemos afirmar, com segurança e orgulho, que a tarefa que nos foi confiada desde os primeiros dias da vitória foi concluída e, em nome de todos os combatentes da alfabetização, dizemos à Direção Nacional, à Junta de Governo, ao povo de Nicarágua e ao mundo:

12. Cumprimos! Quais são as próximas tarefas?

Apresentam este informe e pedem permissão para içar a bandeira vitoriosa,

Carlos Carrion Cruz,
Delegado da Direção Nacional da FSLN ante a CNA.
Fernando Cardenal, S.J.,
Coordenador nacional da CNA.
Douglas Guerrero Castellón,
Assistente do coordenador nacional da CNA.
Carlos Tunnermann Bernheim,
Ministro de Educação.
Manágua, Nicarágua Livre, 23 de agosto de 1980.

O Prêmio Nadezhda K. Krupskaya da Unesco

Reunido aos dias 27, 28 e 29 de agosto de 1980, na Sede da Unesco em Paris, o júri designado pelo Diretor Geral da Unesco para outorgar os Prêmios Nadezhda K. Krupskaya, Associação Internacional de Leitura e Prêmio Noma, destinados a recompensar os serviços de instituições, organizações ou pessoas que se tenham distinguido pela contribuição especialmente meritória e eficaz em favor da alfabetização;

Recordando que os prêmios Nadezhda K. Krupskaya e Associação Internacional de Leitura foram dotados em 1969 e 1979, respectivamente, graças à generosa iniciativa do Governo da União das Repúblicas Soviéticas e a Associação Internacional de Leitura;

Agradecendo ao Senhor Shoichi Noma sua generosa iniciativa de dotar o Prêmio Noma, que será concedido por primeira vez este ano, e recordando a este respeito o desejo expressado pelo doador de que, na medida do possível, este prêmio recompense um trabalho meritório na esfera da pós-alfabetização;

Tomando nota com satisfação de que diversas candidaturas examinadas este ano mobilizaram eficazmente os recursos humanos e materiais dos países que as tem apresentado, para iniciar ações de alfabetização em grande escala como parte de um esforço geral para criar sociedades novas e mais justas;

Observando que várias candidaturas constituem exemplos iminentes de propostas de programas globais que combinam o ensino da leitura e da escrita com as atividades imaginárias da pós-alfabetização, encaminhadas para manter, fazer progredir e aplicar a capacidade de ler e escrever dos participantes;

Considerando como uma importante medida de progresso a certeza de que os enfoques do trabalho de alfabetização depende, tanto hoje como sempre, dos esforços abnegados de homens e mulheres desinteressados;

Havendo examinado as 20 candidaturas apresentadas pelos governos e organizadores internacionais não governamentais e, de conformidade com as estipulações e os critérios do Regulamento Geral,

Decidiu por unanimidade

Outorgar, em primeiro lugar, o Prêmio Nadezda K. Krupskaya de 1980 à Cruzada Nacional de Alfabetização da Nicarágua, por haver:

1) proclamado como medida fundamental para a reconstrução da nação nicaraguense a consecução da alfabetização geral;

2) iniciado uma campanha massiva destinada aos heróis e mártires da libertação que, como informa o governo, recrutaram e formaram a 120 mil mestres voluntários que, em menos de cinco meses, ensinaram a ler e a escrever a mais de 400 mil pessoas, reduzindo assim a taxa de analfabetismo de 50% a 13%;

3) planejado e iniciado um programa sistemático de pós-alfabetização com o objetivo de consolidar e fortalecer os logros notáveis da campanha de alfabetização;

4) oferecido um testemunho perdurável da nobreza do espírito humano graças à dedicação exemplar de seus mestres voluntários, dos quais mais de 50 deram suas vidas ao serviços de seus compatriotas.

Por último, consciente da ofensa que representa o analfabetismo para a dignidade humana e dos inconvenientes que apresenta para o progresso das pessoas e das nações, o júri faz um chamamento urgente à comunidade internacional para que reforce a cooperação entre os Estados e entre os povos e para que se tomem todas as medidas necessárias com o fim de mobilizar recursos e energias para que os dois últimos decênios do século XX constituam um giro decisivo na histórica luta para liberar a humanidade da praga do analfabetismo.

Formaram parte do júri:

Sr. Malcom Adiseshiah, presidente
Exmo. Sr. Rodolfo Baron Castro
Exmo. Sr. Bem Mahdy Cissé
Sr. G. N. Filonov
Sr. James Robbins Kidd
Sr. Thomas G. Sticht.

CENÁRIO 8: AS ESCATOLOGIAS

Na República Democrática Alemã

Uma vez concluídos os quatro anos do projeto nicaraguense de Capacitação para a Organização de Produtores e Emprego na Reforma Agrária (Copera), fui morar igual período na Alemanha Democrática, onde exerci, na Universidade de Rostock, o cargo de professor de conversação em Espanhol e Português sobre temas sociológicos e políticos da América Latina e África. Por pura coincidência, esses meus alunos e alunas dos cursos de graduação estavam destinados a ocupar postos consulares da República Democrática Alemã (RDA) em países daqueles dois continentes.

De fato, tinha sua razão de ser, pois esse país do mundo socialista carecia de numerosos quadros que falassem português e espanhol, porque, apesar da chantagem intimidante dos Estados Unidos, com certa frequência surgiam novos governos interessados em estabelecer relações diplomáticas com os países do Leste Europeu, entre eles Angola, Argélia, Cabo Verde, Cuba, Etiópia, Guiné-Bissau, Guiné Equatorial, Moçambique, Nicarágua,

Panamá, São Tomé e Príncipe, Somália e Zimbábue. Por outro lado, a própria RDA, logo de sua fundação, também buscava sofregamente contar com o maior número de países que reconhecessem o Estado Alemão Oriental.

Dessarte, em uma paradoxal "a-recíproca-é-verdadeira", ocorreu o traumatizante reconhecimento do primeiro governo africano (que por sua vez também reconheceu a RDA) de Francisco Macías Nguema eleito presidente da Guiné Equatorial (antiga possessão espanhola de nome Fernando Pó) em outubro de 1968. Houve um "corre-corre" em Berlim na busca de um camarada bastante culto e da "nomenclatura" do Partido Socialista Unificado da Alemanha (PSUA).

Finalmente, o governo socialista optou por indicar um professor e doutor em Economia, da Universidade de Humboldt (a mais famosa universidade de Berlim, que produziu 29 Prêmios Nobel, entre eles Einstein, Plank e outros). Foi o professor e doutor Siegfried Münch, o único ao alcance da mão e que, aliás, acabara de estar quatro meses em Cuba e daí falar algo do idioma de Cervantes.

O avião da Iberia o deixou às dez horas no aeroporto de Santa Isabel, capital da Guiné Equatorial. O chefe do protocolo o instalou no único hotel da cidadezinha e ficou de ir buscá-lo às 16 horas para a devida apresentação de credenciais diplomáticas ao presidente da República, Francisco Macías Nguema. O professor Münch tomou um grande susto quando, ao atravessar o portão da casa presidencial, o soldado da guarda nervosamente se perfilou, levantou o braço e gritou: "Heil Hitler!!!"

O professor Münch relevou aquele equívoco do soldado e sem interromper o passo, acompanhado do chefe de protocolo, subiu a escadaria que levava à porta do gabinete do Chefe de Estado. Qual não foi sua surpresa quando, apresentado ao presidente Macías, este em galharda posição de sentido, com a mão levantada, fez soar no seu gabinete presidencial outro "Heil, Hitler!!!".

A experiência com a Guiné Equatorial levou a Alemanha Socialista a preocupar-se com a formação de quadros técnicos a nível de graduação para atender à esperada demanda de relações diplomáticas e consulares dos países que fossem saindo da órbita estadunidense.

O Instituto Românico da Universidade Wilhelm Pieck (a Universidade de Rostock), fundado pelo renomado ideólogo Adalberto Dessau, ficou encarregado de ensinar idiomas latinos aos candidatos a postos consulares e diplomáticos. No mencionado instituto (*Sekion Lateinamerikawissenschaften*), de 1983 a 1987, tive a satisfação de dar aulas a dois interessantes grupos de alunos.

Talvez por falta de assunto e má sorte, segundos antes de ser apresentado à classe pelo professor acompanhante, cometi um grave erro perguntando-lhe se os alunos nessa universidade tinham o hábito de "colar". O colega alemão me olhou sério, ficou vermelho como um tomate, e detonou a resposta seca, como se diz na gíria, curta e grossa: "Desculpe-me, professor, mas nós, os alemães orientais, não somos burros!".

Fim de papo! Ao entrar na sala de aula, os alunos se levantaram e nessa postura responderam ao *Guten tag!* (Bom dia!) do meu apresentador. De fato, a cultura daqueles meus alunos não dava margem a esse tipo de fraude tão comum no ensino do mundo ocidental. Antes de começar cada aula, o representante de turno dos alunos me entregava a lista dos presentes e telegramas dos ausentes explicando as razões de não poder assistir àquela aula.

Nos quatro anos em que ali fui professor, nem eu nem nenhum aluno chegamos atrasados à aula, mesmo quando no inverno a temperatura, às vezes, baixava a 26 graus negativos. Durante aquele quadriênio, os alunos que, por razões justificadas, não puderam submeter-se aos exames mensais, quando reapareciam, me pediam para conceder-lhes outra chance de serem avaliados, o que, evidentemente se lhes aquiescia.

Dado que, às vezes, naquele momento eu iria ministrar alguma aula, permitia que o aluno usasse a minha própria sala para responder às cinco ou dez questões do exame, e que deixasse a prova sobre minha mesa.

Não foi uma nem duas, e sim muitas vezes, durante os quatro anos, em que encontrei sobre minha mesa a folha da prova em branco com o seguinte bilhete: "Estimado professor, não estou em condições de responder às questões e lhe peço encarecidamente me conceder outra chance".

Sobre minha mesa estavam textos, apostilas e outras fontes de informação; além do mais ali também estava o pacote das provas corrigidas um ou dois dias antes, com as mesmas questões ou perguntas. Incrível, mas o aluno da Alemanha Socialista não tocava em nenhum papel que estava em minha mesa, menos ainda nas provas já avaliadas dos colegas! Era de uma moral, de um orgulho de si mesmo e de sua cultura germano-prussiana!

Ali eu introduzi o seguinte método em cada um dos meus grupos de alunos: eu expunha algum tema sociológico daqueles dois mencionados continentes durante meia hora; na outra meia hora os alunos intervinham fazendo perguntas para dirimir dúvidas. A fim de ganhar tempo, a intervenção dos alunos era organizada em grupos de cinco que discutiam o que ouviram na classe e logo os seus subcoordenadores se reuniam para eliminar as repetições de perguntas e as entregar ao professor. Isso eu praticava na metade de um trimestre. Na outra metade a exposição era feita por algum aluno e os demais colegas faziam perguntas de esclarecimento, porém, de forma organizada pelo "aluno-guia" de turno. Nesse debate, o professor apenas anotava os erros do idioma utilizado e os equívocos de enfoque no tratamento do tema ali exposto.

Dessa maneira, ao mesmo tempo em que cada "aluno expositor", na sua condição de sujeito, tratava de transferir seu conhecimento ao *objeto*, ou seja, aos colegas, o debate suscitado entre eles resultava guiando o sujeito no aperfeiçoamento de sua exposição.

Como já se sabe, nesse processo da prática, não somente o objeto se transforma, mas também o próprio sujeito vai se transformando. Dessa maneira, cada "aluno expositor" se esmera no seu afã de transmitir conhecimentos e, concomitantemente, ele mesmo recebe, do conjunto dos colegas, mediante esse diálogo organizado, um aferimento do que expôs.

É quando, para minha surpresa, uma aluna fez uma exposição de 30 minutos sobre Paulo Freire, seu método de alfabetização e sua visão ontológica do mundo e das coisas e mais, de suas ideias na transformação do clero católico brasileiro e do clero católico hispano-americano.

Mais surpreendente para mim, no entanto, foi o debate detonado por essa exposição e sobretudo pela sua repetição com outros "alunos expositores" nas duas semanas subsequentes, abrangendo as mais importantes figuras latino-americanas da Teologia da Libertação: Hélder Câmara, Arns, Leonardo Boff, o cardeal chileno Silva Henriquez, monsenhor Gusmán e Camilo Torres da Colômbia, o arcebispo Mendez Macco de Cuernavaca, México, os irmãos Cardenal da Nicarágua, o arcebispo Oscar Romero de El Salvador e seu discípulo, Jon Sobrino, além de enfocar os resultados dos Concílios de Medellín, na Colômbia, e Puebla, no México.

Os alunos de graduação da *Sekion Lateinamerikawissenschaften*, que funcionava na Friedrich Engels Strasse ao lado do Instituto de Marxismo-Leninismo, eram os encarregados de cobrir a etapa de coleta e análise de dados empíricos da pesquisa referente ao processo escatológico da Igreja Católica Romana na Europa e América Latina. Eles reuniam, pois, subsídios para pesquisas científicas dos candidatos a mestre (Magister Scientiae). Por sua vez, estes produziam a interpretação científica do avanço do fenômeno escatológico no nosso continente para suprir as teses dos candidatos a doutores PhD, os quais alimentavam a Academia de Ciências da República Democrática Alemã, Alemanha Socialista, e esta, dessa forma, dispunha de subsídios para a análise política dos povos.

Escatologia do cristianismo romano

Observe-se que enquanto a Universidade de Rostock era a instituição encarregada das pesquisas sobre o fenômeno escatológico do cristianismo romano na Europa e no nosso continente, outras universidades estavam encarregadas de pesquisar os processos escatológicos do budismo na Ásia e do islamismo da África, do Oriente Próximo e no Extremo Oriente da Ásia.

Parte-se da concepção de que as religiões universais, na medida em que entram em crise, manifestada nos fracionamentos e grandes cismas, denunciam por sua vez, *ipso facto*, um sistema econômico universal de regime político caduco, de crise terminal, imerso em espantosas contradições antagônicas de princípios éticos irreconciliáveis ou incompatíveis.

Tal aconteceu na desintegração do escravagismo no Império Romano, que botou abaixo as religiões pagãs. Todos os deuses dos romanos e as outras deidades dos povos submetidos a Roma, reunidas no Panteão, foram substituídos pelos novos ícones do cristianismo, em sua grande maioria formada de ex-perseguidos que viveram na clandestinidade e nas catacumbas, e também composta de mártires esquartejados pelas feras famintas, leões e tigres dos coliseus, ou crucificados às dezenas de milhares dos inúmeros calvários espalhados por todo o Império.

Estava em marcha, pois, a escatologia coletiva referente ao que acontecera à humanidade toda no fim dos tempos (imperiais) mesclada com escatologia prospectiva brotada de conjecturas científicas e com viés de uma escatologia dialética alicerçada em concepções sobre a filosofia ou a teologia da história.

Cismas católico romano e ortodoxo

Os cismas têm acompanhado a história das grandes religiões.[65] No cristianismo, o primeiro cisma advém da divisão do Império Romano (século IV) e se agravou quando o bispo de Constantinopla passou a considerar-se igual ao bispo de Roma. A ruptura veio com a deposição de Inácio, Patriarca de Constantinopla (858 D. C.), e sua substituição por Fócio. Este desafiou o papa Nicolau I, proibindo o rito latino no Oriente. No Concílio realizado em Constantinopla (ano 887), a Igreja Ocidental foi considerada herética e o papa excomungado.

A cisão definitiva foi mostrada pelo conflito entre o papa Leão IX e o patriarca de Constantinopla, Miguel Cerulário. Com efeito, o imperador, em 1024, pedira ao papa João XIX o reconhecimento da Igreja de Constantinopla, o que foi recusado. Em 1054, o patriarca Cerulário e Leão IX excomungaram-se mutuamente, resultando no "Cisma Total". O segundo cisma do cristianismo, "o Grande Cisma do Ocidente", ocorreu em 1378 e perdurou até 1417, o que enfraqueceu a posição reli-

---

[65] No budismo, no início da era cristã, um cisma provocou o surgimento do "mahāyāna" em oposição ao budismo tradicional, "tueravāda". No islamismo, considerado mundialmente o mais numeroso em fiéis, alguns partidos disputam sua ortodoxia ao Corão ou a Maomé: o kharidjismo, dos puritanos do Islã, e o xiismo, que é o partido da família do profeta, não admitindo nenhuma outra autoridade.

giosa e política do papado, e foi o prelúdio da Reforma. O cisma só terminou em 1417, com a deposição do papa João XXIII, a abdicação de Gregório XII e a fuga do papa Bento XIII para a Espanha, razão pela qual foi eleito o papa Martinho V.

As cruzadas e o mercantilismo salvacionista

Na Europa, os primórdios da economia mercantil capitalista rumaram à disputa de mercados, dado o esgotamento das suas minas de ouro e de prata e da "demolição" das muralhas alfandegárias dos feudos. O aparecimento das Ligas Hanseáticas garantia, *manu militari*, a entrega de mercadorias em quase toda a Europa, por meio de suas naturais hidrovias de rios caudalosos, como o Garona, o Loire e o Sena (na França), o Reno, o Elba e o Oder (na Alemanha), o Vístula (na Polônia), todos esses acessíveis pelos mares do Norte europeu (Catábrica, Norte e Báltico); os rios Ródano (França), Pó (Itália), Danúbio (Romênia) e Dniester, Dnieper, Don e Volga (Rússia), acessíveis pelos mares Mediterrâneo, Negro e Cáspio do sul da Europa.

Naquela época, o intercâmbio entre a Europa e o rico Extremo Oriente pagava altos impostos aos Estados árabes que dominavam os istmos de Suez e da Arábia. Com o propósito de superar esse problema do tributável trânsito de mercadorias entre o Mediterrâneo e o Oceano Índico, a Europa cristã, sem maiores resultados, empreendeu, entre os séculos VIII e IX, ou seja, em apenas 200 anos, oito grandes expedições militares, denominadas "cruzadas", destinadas a reconquistar a "terra santa", à guisa de resgatar a tumba de Jesus Cristo, que permanecia em mãos dos infiéis, os maometanos.

Enquanto os Estados europeus não conseguiram vencer pelas armas aquele obstáculo "geográfico tributário", a Santa Sé romana e a Igreja Ortodoxa, com sede em Kiev (Rússia), ressuscitaram o milenarismo, pois como não se chegou ao fim do mundo no primeiro milênio, seguramente o retorno de cristo, no dia de juízo, ficou procrastinado para a metade do segundo milênio. A preocupação, ilusoriamente criada naquele então, residia no dever de salvar todas as almas em todos os rincões do planeta. É quando se define, historicamente, o que Darcy Ribeiro denominou "mercantilismo salvacionista".[66]

Com a chegada da bússola dos navegantes chineses ao Golfo Pérsico e às costas orientais da África, na mesma época os comerciantes árabes consolidariam a compra e venda de escravos africanos, na Índia, Malásia e Indonésia. Aqueles comerciantes difundiram um aparelho de orientação no alto mar e nos desertos extensos: a bússola.

De posse da bússola, dois reinos católicos romanos da Europa, no decênio subsequente, se abalançaram a chegar à Índia fora da tributação árabe, mediante o contorno da África, conseguido pelo português Vasco da Gama, enquanto Cristóvão Colombo chegou à América e Fernão de Magalhães circunvagou o planeta com vistas à ampliação máxima das transações comerciais – dir-se-ia – "globalizada".

Por sua vez, o mercantilismo salvacionista envolveu também os cristãos ortodoxos com sede em Kiev, e com bases no tráfego de peles finas, ouro, prata e dentes de foca, estendeu sua rota pelo interior da Eurásia, transpôs os Montes Urais, as geladas montanhas de Verkoyansk no norte da Sibéria, atravessou o Estreito de Bering, colonizou o Alasca e se expandiu ao litoral da Califórnia, onde figuram até hoje ruínas das feitorias russas.

---

[66] Ribeiro, Darcy. *Os índios e a civilização*. A integração das populações indígenas no Brasil moderno. Rio de Janeiro: Civilização Brasileira, 1970. (N. E.)

Enfim, esses são os vestígios mais impressionantes e significativos que surgiram, no primeiro milênio, com a separação entre a Igreja Romana e a Igreja Católica Ortodoxa de Constantinopla.

No bojo do mercantilismo salvacionista, embrião da economia mercantil capitalista, procriava evidentemente o seu contrário que, mais cedo ou mais tarde, estabeleceria contradições antagônicas que determinavam inevitavelmente a implosão do cristianismo europeu como revelações escatológicas dos últimos estertores do feudalismo, fazendo perder sentido o falso pretexto do resgate da tumba de cristo que acarretou centenas de milhares de mortos nas Cruzadas.

Com efeito, as denúncias da degenerescência prevalecente no Vaticano, resultantes das arquimilionárias vendas de indulgências, levaram o teólogo e ex-advogado alemão Martinho Lutero a ser excomungado em 1520 pelo papa Leão X. Ademais de destruir em público a Bula de sua excomunhão, Lutero rompeu o princípio do celibato casando-se em seguida com a freira Catarina von Bora. Como declaração de guerra total à Igreja Católica Romana, traduziu para o alemão a *Bíblia*, cujo texto só era editado em latim e, por conseguinte, até aquele então, acessível somente aos nobres, aos feudais e à nascente burguesia europeia.

A *Bíblia*, traduzida ao alemão, passou a ser a bandeira revolucionária dos oprimidos, dos injustiçados e famintos dos povos germânicos, nos 100 anos de guerras camponesas nos séculos XV e XVI.[67] Era o prelúdio da síndrome escatológica europeia que fez implodir a Santa Sé Romana, estraçalhando-se os seus ideais

---

[67] Para alcançar o significado revolucionário que constitui a tradução da *Bíblia* do latim para o idioma alemão, basta ler o livro de Friedrich Engels *Guerras Camponesas na Alemanha*, editado em centenas de idiomas e em espanhol pela Coleção 70, da Editorial Grijalba, do México, em 1971.

(tidos como divinos) na enorme lista de seitas protestantes evangélicas. Era a desestruturação e fim do regime feudal e o advento do absolutismo que desembocaria, mais adiante, nas primeiras revoluções burguesas da Holanda, Inglaterra e França, da nova ordem mundial, imposta pelo avanço das forças produtivas e pela participação maciça do campesinato, dos proletários e dos desclassificados urbanos e rurais (os marginais) na tomada do poder, esperançosos da igualitária distribuição das terras que a burguesia prometeu desapropriar do clero, dos feudos e da família real.[68]

Cisma católico apostólico brasileiro

A Igreja Católica Apostólica brasileira se estruturou na década de 1940 e teve sua origem no famoso livro *O poder soviético*, do não menos famoso deão de Canterbury, reverendo Hewlett Johnson – obra que foi prefaciada pelo brasileiro dom Carlos Duarte Costa,[69] "o bispo de Maura", depois de ser excomungado pelo papa Pio XII.[70]

Conforme afirma seu editor,[71] Hewlett Johnson era um sacerdote íntegro e inatacável. Apesar dos seus 70 anos de idade e das vicissitudes que tem passado a humanidade nestes últimos

---

[68] Para melhor entender o desempenho desses estratos sociais na Revolução Francesa é imprescindível ler o famoso e volumoso ensaio científico de Pedro Kropotkin, *La gran revolución* (1789-1793). México: Editora Nacional, 1967.

[69] Ver: Johnson, Hewlett (Dean de Canterbury). *El poder sovietico*. Buenos Aires: Claridad, 1941. (N. E.)

[70] Não obstante isso, "ainda agora, no dia 21 de fevereiro (1942), o cardeal Hinsley, arcebispo de Westminster, declarou que 'por orientação do papa, faremos preces públicas, diárias, pela Rússia'. E o papa, certamente, não recomendaria aos seus fiéis pedirem a deus pela vitória do demônio sanguinário [...]". Rio de Janeiro: Editorial Calvino Limitada, p. VII, 1942.

[71] *Ibid.*, p. VII.

tempos, não perdeu a esperança ainda de ver os ensinamentos de cristo – humildade e fraternidade – executados sobre a Terra. Nesse sentido, empreendeu viagens de estudos e pesquisas sociais a vários países, inclusive à Rússia, que percorreu em todos os sentidos com zelo e o rigor de um cientista. Dessas viagens, trouxe ele *O poder soviético*, livro já traduzido para todas as línguas do mundo, com a circulação de milhões de exemplares. Além de sacerdote, Hewlett Johnson é engenheiro e senhor de uma cultura invejável, qualidades estas que lhe facilitaram grandemente a compreensão da evolução política do povo russo, o êxito da industrialização soviética, bem como as bases reais da sua economia. *O poder soviético*, pela sua elevação, profundeza e insuspeição, é o maior livro até hoje escrito sobre a URSS.

Ele faz parte de um naipe de brilhantes intelectuais britânicos comunistas, denominados fabianistas, entre os quais figuravam Charlie Chaplin (Carlitos), o Prêmio Nobel de Literatura, Bernard Shaw e o renomado casal de economistas, Sidney e Beatrice Webb, ambos autores dos dois volumes do livro *URSS, uma nova civilização*, da "dinastia" de pensadores de Economia Política iniciada por Adam Smith, considerada uma das fontes do marxismo juntamente com o evolucionismo de Darwin e a dialética de Hegel.

Quanto a Canterbury, localizada no condado de Kent, no Reino Unido (Grã-Bretanha), é a sede da arquidiocese da Igreja Anglicana e, por conseguinte, sede do arcebispo primaz da Inglaterra.

Já a Igreja Católica Apostólica brasileira, fundada por dom Carlos Duarte Costa, "bispo de Maura", hoje funciona com 40 bispos, 300 padres que atendem a quase três milhões de fiéis em todos os estados brasileiros. Pelo fato dos seus sacerdotes poderem se casar e constituir famílias, a Igreja Católica brasileira consegue conjurar erros como o pecado do abuso sexual e a pedofilia, cujas indenizações cobradas à Igreja Católica romana, pelas vítimas de sacerdotes nos Estados Unidos, superam um bilhão de dólares, quantia que, ao fim e ao cabo, afeta o orçamento do Vaticano.

Prelúdio do Magno Cisma Católico romano em marcha

Este Magno Cisma Católico Apostólico romano tem seu prelúdio na tomada do poder da Teologia da Libertação na Nicarágua, em julho de 1977, com a chegada do exército de guerrilheiros sandinistas a Manágua. Foi tão significativo este fato histórico que levou o papa João Paulo II a se abalar de Roma para Manágua, no mesmo ano da vitória sandinista, a fim de condenar publicamente a presença de padres católicos romanos no governo revolucionário dos partidários do herói e guia nacional, Augusto Sandino.

Foi uma viagem imprudente e desastrosa. O beatíssimo desceu do avião com todas as honrarias de chefe do Estado do Vaticano, beijou o chão do aeroporto, saudou o presidente da República e logo passou em revista seu "exército de súditos" que se postavam, ajoelhados um a um, para beijar o anel do pontífice em sinal de respeito apostólico.

De repente, ao chegar em frente do padre Cardenal, ministro da Cultura, o papa, inusitadamente, recolheu sua mão, não permitindo que ele lhe beijasse o anel pontifical e, o pior: com o dedo em riste no nariz do súdito, condenou-o pelo fato de estar metido no poder do Estado nicaraguense, agora nas mãos da Teologia da Libertação.

A televisão em Nicarágua é mais antiga do que a de vários países da América Latina, porque sua economia era uma extensão periférica do império estadunidense, com seu representante, general Anastasio Somoza Debayle. Ora, era uma televisão com bastante experiência, e não perdeu nenhum segundo da descida do papa no aeroporto general Augusto Sandino. Focou, sem *zoom*, o papa repreendendo o ministro, dedo em riste.

Em pouco tempo, a população que assistia pela televisão veio para o centro da cidade, a Praça da Revolução. E aí ocorreu o mais famoso vexame da história da Igreja, em que 500 mil bocas vaiavam o pontífice.

Em vão, este se deslocava de um microfone a outro, exigindo silêncio. Quando o ruído das vozes diminuía, podia-se ouvir claramente gritos de militantes: "Comando Revolucionário, ordene!" A cada "silêncio!", o volume das vaias aumentava. Afinal, a missa não aconteceu, o papa alegou que tinha que tomar o avião para ir à Guatemala. Foi uma imprudência da Igreja velha querer cercear a Igreja nova.

* * *

Para melhor entendimento das contradições antagônicas entre duas tendências que preludiam o cisma da Igreja em marcha, remetemos o leitor aos anexos, nos quais:

1. Paulo Rodrigues apresenta os pressupostos teóricos da Igreja, assumindo uma posição abertamente contrária à Teologia da Libertação, numa abordagem intelectual de autêntica metralhadora giratória. Aí acusa de marxismo-leninismo uma quantidade enorme de partidários latino-americanos e europeus da Teologia da Libertação;[72]
2. Thomas Buhl analisa as posições democrático-revolucionárias dentro da Teologia da Libertação, explicando a evolução da consciência social para a consciência política

---

[72] Ver anexo 1: Rodrigues, Paulo. *Pressupostos teóricos fundamentalistas da Igreja e Anti-Igreja – Teologia da Libertação.* São Paulo : T. A. Queiroz, 1981. (N. E.)

rumo à consciência revolucionária da Igreja do Povo na América Central;[73]

3. Sybille Bachman, por sua vez, explica as idealizações da nova Igreja no Istmo Centro-Americano, analisando a evolução da consciência política das massas guiadas pelos sacerdotes ligados ao povo.[74]

---

[73] Ver anexo 2: Buhl, Thomas. *Posições democrático-revolucionárias dentro da Teologia da Libertação.* Colóquio Multilateral, de 15 a 17 de maio de 1984. República Democrática Alemã: Universidade Wilhelm-Pieck, de Rostock, 1984. Tradução: Alberto González. (N. E.)

[74] Bachmann, Sybille. *Sacerdotes ligados ao povo.* Colóquio Multilateral, de 15 a 17 de maio de 1984. República Democrática Alemã: Universidade de Rostock, 1985. Tradução: Alberto González. (N. E.)

CENÁRIO 9: LUZ ALTA DO IMPÉRIO: "DESMANCHA TUDO!!!"

A missão da esposa do presidente Carter

Os movimentos revolucionários da década de 1960 continuavam ativos em El Salvador, Guatemala, Nicarágua, Honduras, México, Chile, Peru, Bolívia, Colômbia, Brasil, Uruguai e Argentina, para não falar de países da África e da Ásia.

As contradições entre os governos brasileiros e estadunidense surgiram quando o governo Geisel realizou com a Alemanha o assim denominado "negócio do século", com a compra de reatores nucleares por mais de 2 bilhões de dólares, depois de recusar a aquisição dos reatores da Westinghouse dos Estados Unidos. Foi uma longa "novela" diplomática com a intolerância do governo ianque.

O tema "fajuto" dos "direitos humanos", que os Estados Unidos soem combinar com um tema não menos "fajuto" – a democracia –, foi totalmente ignorado pelos seus embaixadores no Brasil. Aqui, os governantes de turno criaram até a aberração jurídica (mais uma "maior do mundo") do "Decreto Secreto", com que as forças armadas prendiam os suspeitos nas suas masmorras à prova de *habeas corpus*.

Eles eram bem mais anacrônicos do que o próprio Anastácio Somoza Debayle. Recordo-me que, na mesma época, em uma greve de estudantes, o presidente da UNE nicaraguense foi preso e buscado pelos parentes e advogados por todas as delegacias e casas de detenção do país. Dois ou mais *habeas corpus* impetrados a várias instâncias, inclusive ao Supremo Tribunal de Justiça, resultaram em rotundo silêncio do ministro de Segurança Pública.

Uma vez esgotado o prazo para o *habeas corpus* (exibição de corpo), o Tribunal processou e condenou aquele ministro no que foi *in limine* e preso, destituído por Somoza, coisa que deixou "desmandibulados" e desmoralizados os corifeus da justiça dos tribunais brasileiros, pois o único ministro do governo militar destituído foi Cirne Lima, o da reforma agrária, pelo fato de decidir transformar a inadimplente Usina Açucareira Caxangá, do município de Ribeirão (Pernambuco), em uma Cooperativa de Autogestão dos assalariados e fornecedores de cana.

O presidente Carter, dos Estados Unidos, que posava de liberal e de cidadão incomodado com a Guerra Fria, tratou de ajudar os sandinistas a derrotar o general Somoza Debayle, a maior patente e, como tal, o "comandante supremo" do Conselho de Defesa da América Central (Condeca, uma grosseira versão da Otan), que a guerra de El Salvador e Honduras tornou inativo e obsoleto.

Anteriormente, Carter havia apoiado a posição patriótica do general Omar Torrijos do Panamá que, com o "Parlamento Popular" dos 503 deputados dos Corregimentos, exigiu do Conselho de Segurança das Nações Unidas a anulação da infame cláusula de perpetuidade da ocupação gringa da faixa do Canal do Panamá.

O mais surpreendente deste presidente dos Estados Unidos, Jimmy Carter, famoso por ser um grande cultivador de amendoim, foi enviar urgente a Brasília sua própria esposa, a fim de transmitir um importante e vital recado ao presidente, general Ernesto Geisel, ao ex-presidente general Médici, ao futuro presidente, general Figueiredo e a seus oráculos, encabeçados pelo general Golbery do Couto e Silva.

A usina nuclear de Angra dos Reis

A essa altura do Acordo Nuclear Brasil-Alemanha, assinado em 27 de junho de 1975, a CIA já tinha claro que os reatores atômicos comprados na Alemanha para uma Usina de Angra dos Reis eram apenas fachada de algo mais importante: a refinação do urânio para a confecção de uma bomba atômica.

O mencionado acordo exigia um volumoso financiamento. Consoante isso, Renato de Biasi, no seu livro *A energia nuclear no Brasil,*[75] afirma que "dificilmente o Banco Mundial ou o Banco Interamericano de Desenvolvimento, ou qualquer outro americano, teria capacidade, por si só, de financiá-lo. Mas a Alemanha mobilizou toda a sua rede bancária e obteve o suporte financeiro para a maior transação já realizada na história".

Era uma vitória do presidente Geisel sobre a proposta do presidente Garrastazu Médici, que chegou a anunciar que "Angra dos Reis foi escolhida para abrigar uma usina nuclear" e, em 1971, aprovou a proposta estadunidense da Westinghouse, orçada em 308 milhões de dólares.

Esta usina, segundo a *Folha de S.Paulo* de 11 de janeiro de 2004,[76] começou a ser erguida em 1972. A mesma fonte declara que "o acordo com a Westinghouse não transferiria tecnologia para o país". Essa iniciativa foi objeto de muitos debates que mostraram uma mudança de orientação. Em dezembro de 1974, já no governo Ernesto Geisel, é criada a Nuclebras e, em junho de 1975, o governo assina o acordo nuclear com a Alemanha.

---

[75] Biasi, Renato de. *A energia nuclear no Brasil.* Rio de Janeiro: Editora Biblioteca do Exército, 1979, p. 149-150.

[76] *Folha de S.Paulo* de 11 de janeiro de 2004, p. A-8.

Por conta disso, a Marinha, em 1979, iniciou o seu Programa Nuclear Autônomo, pois estava interessada na construção de um submarino movido a energia atômica. Posteriormente foram descobertas instalações nucleares na Serra do Cachimbo, estado do Pará, incluindo um poço profundíssimo para testar armas atômicas. Foi o primeiro fantasma que deixou os gringos amedrontados.

O segundo fantasma não adveio da constatação de que o regime militar brasileiro não era democrático. Evidentemente, pouco importava ao Departamento de Estado, à CIA e às suas poderosas transnacionais o caráter democrático ou não, já que Foster Dulles, Kissinger e outros chanceleres gringos se tornaram profissionais em derrubar os governos constitucionalistas do Brasil, do Chile, do Uruguai, da Argentina, do Peru, de Guatemala, da Colômbia, da Venezuela, da Bolívia, da República Dominicana, tendo por saldo genocídios.

"Brincando com fogo"

O recado trazido pela madame Carter não foi sinuoso, cheio de meandros. Não. Ela foi direto ao tema, ou seja, botou o dedo na ferida sem muito quiproquó. É como se ela tivesse encarado o presidente Geisel e seus oráculos, inclusive o seu "guru", general Golbery do Couto e Silva, para afirmar de forma categórica: "Os senhores estão brincando com fogo". Claro, parecia que a afirmativa se encaminhava para a Usina Nuclear de Angra dos Reis, de refinação de materiais físseis para chegar à bomba atômica, com todas as informações do poço da Serra do Cachimbo para experiências de armas nucleares.

Diga-se de passagem que o presidente Collor tratou de faturar o famoso poço, frente aos Estados Unidos, com os espalhafatos da imprensa nacional e internacional, pois era ele mesmo, ao vivo e a cores, sepultando com pás de cimento (simbolicamente), na boca do enorme poço de quilômetros de profundidade o sonho de um governo tido como sério, respeitável pela valentia de pensar em contrariar os desígnios do império.

Em busca da bomba nuclear

Quando alguém perguntou à Sra. Carter se o "brinquedo perigoso" a que ela se referia era a busca do domínio da tecnologia nuclear, a resposta que ela deu mostrou que ela estava totalmente equivocada, pois o Brasil já havia firmado o "Tratado de Tlatelolco", que impede a produção e utilização de armas atômicas.

Foi ali então que a estadunidense se sentiu tranquila para tratar claramente do tema de sua importante missão, o qual abordou à maneira que segue.

"Capitalismo monopólico de Estado"

Nos Estados Unidos não temos partidos ilegais. O Partido Comunista tem sua sede e seus institutos de pesquisa. Nas universidades a cátedra é livre e o professor pode falar sobre o que quiser, e por essa razão tomamos conhecimento de como ele pensa e atua.

Universidades como as de Berkeley, Stanford, na Califórnia, e Wisconsin, em Madison, igual que algumas de Chicago, em Illinois, têm enormes quantidades de livros marxistas, leninistas, trotskistas, maoistas etc. Lá não foi proscrita a carreira de Sociologia. Graças às pesquisas universitárias, que o Departamento de Estado habilmente trata de financiar, é que temos conhecimento de como pensam e atuam a União Soviética, a China, a Inglaterra e países não alinhados.

O fato de, dessa forma, buscar ter uma visão completa dos nossos atuais e dos futuros adversários, recentemente concluímos que o regime imperante no Brasil é o 'capitalismo monopólico de Estado'. O título soa bonito, porém, em se tratando de um país grande e rico como o Brasil, não é mais do que um 'brinquedo perigoso' que poderia ameaçar a democracia ocidental e os Estados Unidos.

Ora, se a maior porção do Produto Interno Bruto (PIB) do Brasil advém do que o Estado gera em energia elétrica (Eletrobras), em combustível (álcool e petróleo – Petrobras), em armas (canhões, fuzis, metralhadoras, tanques, aviões, veículos de guerra, foguetes, navios e munições), em siderurgias e em exportação de minérios de ferro, manganês, níquel, cobre, ouro, prata e de minerais estratégicos; uso de rodovias, ferrovias, portos, aeroportos, rotas aéreas; em atividades bancárias (Banco do Brasil, Caixa Econômica etc.)

Se os governantes brasileiros ainda não chegaram ao capitalismo monopólico de Estado está muito próximo do que Lenin afirmou ser a "antessala do Socialismo", bastando apenas um governante de esquerda que estatize também os hospitais, os medicamentos, a educação e os meios de comunicação, a mídia.

É a invenção de uma nova República Popular da China.

Este "filme" nós vimos várias vezes, uns completos e outros incompletos, na Europa Oriental, na Indochina e na Coreia do Norte.

Não faz muito tempo, os militares assaltaram o poder em nome da democracia (na Líbia, na Síria, no Iêmen, no Iraque, no Irã) e as primeiras medidas que tomaram foi a de estatização das atividades econômicas e políticas, à guisa de adoção do "capitalismo monopólico de Estado". Não tardaram em criar a República Socialista Árabe Unida, pois naturalmente é o marco político que aquele marco econômico induz (basta recordar-se do aparecimento de Mossadegh no Irã, Karin Kassen no Iraque e Nasser no Egito).

Walderde Góis, no seu livro *O Brasil do general Geisel*,[77] informa que os sociólogos Leôncio Martins Rodrigues e Otaviano de Fiore escreveram "Lenin e a sociedade soviética: o capitalismo de Estado e a burocracia (1918-1923)", artigo que apareceu na *Revista Estudos Cebrap* (criada por Fernando Henrique Cardoso):

> Aqueles sociólogos mostram que a ideia leninista do capitalismo de Estado como via para o socialismo tinha sido deixada de lado (em

---

[77] Góis, Walderde. *O Brasil do general Geisel*. Rio de Janeiro: Nova Fronteira, 1978.

1917) apenas momentaneamente. Em 1921, como via de passagem direta do capitalismo para o comunismo, provocado pelas condições objetivas da economia e pela ameaça de guerra civil, a estratégia foi restaurada em toda sua inteireza. A rápida estatização dos meios de produção e a apropriação pelo Estado dos métodos capitalistas foram a resposta de Lenin aos desastres na economia, que impuseram a Nova Política Econômica (NEP).

Lenin considerava, então, que

> o socialismo não é mais do que o primeiro passo no avanço que se segue ao capitalismo monopólico de Estado. Ou dito de outro modo: o socialismo não é mais do que o monopólio capitalista de Estado aplicado em proveito de todo o povo e que, por isso, deixa de ser monopólio capitalista.[78]

De onde provinha o medo do presidente Carter

Desde o golpe militar de Castelo Branco, Costa e Silva, Médici, Geisel e Figueiredo (golpe do dia da mentira, 1º de abril de 1964), imposto pelo governo dos Estados Unidos (com todos os detalhes descritos pelo embaixador americano Lincoln Gordon) até o dia do decreto de anistia para os perseguidos que lutaram contra a deposição do governo constitucional do presidente João Goulart e contra a cassação dos direitos políticos de milhares de brasileiros, passaram-se 15 anos.

Nestes três lustros, mais de 30 países libertaram-se da órbita econômica e política dos Estados Unidos:

1. Vietnã (República Socialista do Vietnã) – 1976
2. Camboja (República Democrática do Kampuchea) – 1965
3. Granada – 1979
4. Mauritânia – 1965
5. República Popular Revolucionária de Guiné-Conacri – 1978

---

[78] Göthner, Karl Christian. "Brasilien in der Welt von Heut". Berlin: Staatsverlag der DDR, 1986. *in:* Góis, W. *op. cit.*, p. 152.

6. República Cooperativa da Guiana –1976
7. Bangladesh – 1971
8. Benin – 1976
9. Sahara (República Árabe Democrática do Saara) – 1975
10. Irã – 1978
11. Iraque – 1968
12. Somália – 1969
13. República Popular de Madagascar – 1975
14. Mali – 1974
15. República Popular de Moçambique – 1975
16. Suriname – 1980
17. República Popular de São Tomé e Príncipe – 1975
18. República Popular do Cabo Verde – 1975
19. República Popular de Guiné-Bissau – 1975
20. República Popular de Angola – 1976
21. Síria – 1970
22. Peru – 1969
23. Nicarágua – 1979
24. Iêmen – 1967
25. Zimbábue – 1980
26. Argélia – 1964
27. Jamaica – 1976
28. Etiópia – 1977
29. Líbia (Estado Popular Socialista das Massas Árabes) – 1977
30. Namíbia – 1978
31. Botsuana – 1966
32. Zâmbia – 1964
33. Panamá – 1969
34. República da Guiné-Equatorial – 1968.

Ou seja, mais de dois países por ano!!!

CENÁRIO 10: RENDIÇÃO INCONDICIONAL

Anistia ampla aos exilados

Após todo esse sermão, a sra. Carter baixou as seguintes ordens que trazia de Washington:

– Primeiro, concedam, senhores generais, anistia ampla a todos os presos e perseguidos políticos e abram imediatamente amplas portas ao regresso de todos eles ao Brasil, sem nenhuma restrição!

A Sra. Carter acabava de fazer, de escanteio, seu primeiro gol!

Aquela parte do sermão alguns dos circunstantes não conseguiram imediatamente metabolizar, porém as ordens vindas da Casa Branca e do Pentágono os assustaram e logo os generais mostraram sua rejeição, pelo menos em parte.

– Como, todos? Todos, sem exceção, os condenados e perseguidos cassados? Isso é uma loucura! Vai ser um desastroso fiasco, pois a maioria é de ideias comunistas, a começar por Prestes, Brizola e Arraes.

– Vocês estão loucos ou amofinados com as guerrilhas da América Central.

– Besteira, aqui acabamos com elas, matando a maior parte do Comitê Central do Partido Comunista de Prestes e do Partido Comunista de Grabois, PCdoB.

No que retrucou a sra. Carter:

– Elas são apenas o começo da guerra popular dos perseguidos. Faz muitas décadas que se estende a luta armada ali ao lado de Londres, na Irlanda do Norte; a do Nepal, a do Ceilão, a das Filipinas e outros lugares do planeta. A da China, senhores, durou 26 anos, não obstante a chacina de 400 mil comunistas assassinados em Xangai em uma semana, que deu origem à Grande Marcha e, posteriormente, à vitória de Mao Zedong sobre Jiang Jièshí [Chiang Kai-shek]. Não é preciso ir tão longe para saber que a matança e o genocídio não acabam com o comunismo. Veja só, um ano depois dos senhores aqui tomarem o poder, os militares do general Suharto, chefe de Estado, na Indonésia com o pretexto de combater o comunismo, mataram, nos seus respectivos lares, 1 milhão de pessoas em apenas uma semana, incluindo Aidit, secretário geral do Partido Comunista. Que resultou disso? A guerra de guerrilha do Timor Leste, vítima de vários genocídios, e mais a luta contínua de um minúsculo Davi contra o gigante Golias. Não há que temer o retorno dos exilados e condenados políticos, pois a democracia ampla é a única "medicina" que conjura doenças e sequelas das lutas de classes. Uma vez restabelecido o marco democrático amplo dos regressados à vida pública, eles fundarão dezenas de partidos, se entreterão com a discussão ampla de uma nova Constituição. E se cada um tem acesso a um microfone, passará os anos seguintes protestando, criticando, arengando, enfim, fazendo sua catarse e assim se cura da obsessão pela transformação da sociedade, passando a cuidar de sua família e de seus amores ou em busca da condição de aposentado.

– Mas Brizola e Arraes?

– Exato. Não há perigo. Não são comunistas, jamais visitaram Cuba.

Não passou uma semana, quando um dia chega à fazenda de Leonel Brizola um funcionário da Chancelaria uruguaia e lhe entrega o ofício no qual exige que, em poucos dias, deixe o país. Este estranhíssimo procedimento do governo cisplatino, claro, levou o Brizola a buscar uma entrevista com a autoridade para protestar, explicando:

– Desde que o presidente João Goulart faleceu, eu abandonei toda e qualquer atividade política, ainda que fosse por correio postal. Sigo criando carneiros e gado, e assim, dando mais sossego à minha esposa, Neuzinha.

– São ordens superiores a que nos obrigamos a obedecer. São, pois, inúteis os seus protestos.

Os militares devem voltar aos quartéis imediatamente

A rendição, não há dúvida, foi imposta pelo governo de Washington, o qual seguiu ainda mais longe. A sra. Carter determinou mais duas outras fundamentais medidas.

Primeira: a volta imediata dos militares aos quartéis. Claro, porque muitos deles ocupavam postos altíssimos nas hidrelétricas de Itaipu e Furnas, na Eletrobras, na Petrobras, no Parlamento, como guardiões do "brinquedo", o "capitalismo monopólico de Estado".

"Privatização do Estado"

Segunda: a privatização das indústrias e serviços bélicos estatais como siderurgias, mineradoras, Vale do Rio Doce, estradas de ferro, de rodagem, Petrobras, Eletrobras, Correios, empresas telefônicas, portos, bancos etc. etc. etc. etc.

"Lutamos desde 1964 contra esses generais que nem foram capazes de defender a soberania nacional", disse Luís Carlos Prestes no gigantesco comício das "Diretas Já", sob fortes aplausos.[79]

No final, a sra. Carter se foi, e os nossos generais saíram com o rabo entre as pernas.

---

[79] Leonelli, Domingos e Oliveira, Dante de. *Direjas Já: 15 meses que abalaram a ditadura*. Rio de Janeiro: Record, 2004, p. 461.

CENÁRIO II: CANIBALISMO POLÍTICO

> O MDB, contra o projeto do governo, apresentou emenda substitutiva, tendo Ulisses Guimarães como primeiro signatário. Surpreendeu-nos a leitura, pois que foi um erro do jurista (cujo nome nunca revelou) que redigiu a emenda. Excluía da anistia Leonel Brizola e Miguel Arraes.
>
> Nunca foi explicado pelos líderes do MDB o 'erro jurídico', dando margem à suspeita de que, de fato, eles receavam que os exilados lhes tomassem a liderança política.[80]

Era o prelúdio do voraz canibalismo político contra os exilados, vítimas do oportunismo daqueles que já tinham sido "metabolizados" no organismo da ditadura militar.

No artigo do coronel Jarbas Passarinho, citado acima e publicado na *Folha de S.Paulo*, fica clara a farsa, pois "não era a rendição do governo à pressão popular, diferente da mobilização da multidão das 'Diretas já'". Nem essas conquistaram seu objetivo. Paradoxalmente, Tancredo foi eleito indiretamente pelo Colégio Eleitoral em que o governo militar tinha maioria. Veja que povo mais ingênuo e mais enganável pela mídia, este povo brasileiro, cujos partidos de esquerda se vangloriam de ter botado abaixo o governo militar, na base da pressão de massas!

Povo brasileiro tão enganável que, na mesma época em que a mídia o conduzia para entregar ao governo Lula as armas que tivessem em casa, o povo mexicano exigia do seu Congresso o direito de ter duas armas em cada lar.

---

[80] *Folha de S.Paulo*, 12 set. 2004, p. 3.

Brizola

Tanto foi assim que, com a escandalosa ajuda do próprio Golbery do Couto e Silva, Ivete Vargas arrebatou o PTB das mãos de Brizola, que teve que convocar, em Lisboa, o congresso de fundação do PDT.

Dias depois, para completar a farsa, chegou à sua casa um *attaché* da embaixada dos Estados Unidos em Montevidéu para informar-lhe que os Estados Unidos poderia lhe conceder asilo, pese a que não há nenhum convênio desse tipo entre a Casa Branca e o Itamaraty. Portanto, Brizola foi o único brasileiro a ter direito de asilo naquele país, cuja decisão, segundo seu biógrafo, Moniz Bandeira, foi tomada pelo próprio presidente Carter.[81]

Depois, durante meses, quase todas as noites Brizola telefonava para Márcio Moreira Alves (famoso deputado detonador do Ato Institucional n. 5, AI-5), pedindo-lhe que pressionasse a Mário Soares para lhe dar asilo em Portugal, com direito a passaporte diplomático.

Em uma dessas ligações telefônicas, eu estava ao lado de Márcio Moreira Alves e aproveitei o ensejo para enviar um abraço ao engenheiro Brizola. Márcio lhe disse: "Olhe, o Clodomir Morais, ex-deputado do PTB de Pernambuco está lhe enviando um abraço, e ele é testemunha de minha insistência ante o primeiro-ministro Mário Soares para que lhe conceda asilo. Porém, as dívidas de Portugal deixam Mário Soares com medo dos militares brasileiros. Arraes, que já deixou a Argélia e está morando em Paris ficou cansado de inutilmente insistir no mesmo pedido de asilo português com direito a passaporte diplomático".

---

[81] Bandeira, Moniz. *Brizola e o trabalhismo*. Rio de Janeiro: Civilização Brasileira, 1979, p. 105.

Dessarte, Brizola recorreu ao famoso social-democrata alemão, Willy Brandt, e este intermediou, junto a Mário Soares a concessão do asilo em Portugal. Era mais um na "rota dos três Fernandos" (Fernando Henrique Cardoso, Fernando Gasparian e Fernando Lira) mendicantes da benção da social-democracia.

A essa altura dos acontecimentos, os militares em Brasília já tinham "terraplenado" o caminho da frustração do proletariado, tal como fez Getúlio Vargas, que, ao ser deposto em 1945, criou uma legenda eleitoral, o Partido Trabalhista Brasileiro (PTB), destinado a desviar e subtrair os votos da classe operária, capitalizados no fim dos 15 anos de férrea ditadura, pelo Partido Comunista de Prestes, que teve um crescimento vertiginoso, com as contundentes e irresistíveis vitórias em Stalingrado e nos vitoriosos cerco e tomada de Berlim.

Dessa maneira o governo militar, adrede e astuciosamente, abriu o caminho para a liderança católica do operariado, mediante a fundação do Partido dos Trabalhadores (PT), e da Central Única dos Trabalhadores (CUT), filiada à OIT e à Confederação Internacional das Organizações dos Sindicatos Livres (Ciols), "bastião" que servia aos interesses políticos dos Estados Unidos na guerra fria contra a Federação Sindical Mundial, que catalisava 1 bilhão de trabalhadores dos países socialistas.

O coronel Jarbas Passarinho, no seu citado artigo de 2004, informa que

> ao sucessor, general João Figueiredo, caberia ultimar o processo visando a reconciliação dos brasileiros, que a luta fratricida havia dividido.
> Fui seu líder no Senado. Participei de todas as reuniões preparatórias. A anistia começou por uma frase de Figueiredo, dita aos jornalistas: 'Lugar de brasileiro é no Brasil.' Foi a senha para o preparo da mensagem ao Congresso.[82]

---

[82] *Folha de S.Paulo*, 12 set. 2004, p. 3.

Arraes

Em Pernambuco, o canibalismo político do MDB foi tão voraz que impediu ao mais importante preso político do país, o governador Miguel Arraes de Alencar, que o povo restituísse pelo voto o seu posto arrebatado pelo golpe militar de 1 de abril de 1964. Ele teve que aguardar quatro anos para governar por duas vezes Pernambuco e varrer os canibais. O candidato a governador de Pernambuco, eleito senador nos anos da ditadura militar, Marcos Freire, foi imolado pela consciência política do povo do Recife.

Luís Carlos Prestes

No âmbito nacional, Luís Carlos Prestes – a maior figura da esquerda brasileira, líder da grande marcha da Coluna Prestes, da revolta de 1924 e da revolta de 1935, reconhecido como o "Cavaleiro da Esperança" do povo brasileiro, e cuja jovem esposa, Olga Benário, fora assassinada em um campo de concentração de Hitler – foi "crucificado" pelo Partido Comunista Brasileiro em pleno exílio em Moscou e em Paris. Seus camaradas nem permitiram que ele integrasse o Comitê Estadual do Rio de Janeiro, que se havia arvorado da dirigência do Comitê Central do partido de Prestes.

Gregório Bezerra

A figura legendária de Gregório Bezerra foi, possivelmente, a maior vítima do descarado oportunismo arrivista dos canibais das esquerdas de Pernambuco, os quais tinham o dever histórico de vingar-se dos militares, reconduzindo Gregório Bezerra à Câmara Federal.

Era revoltante ver candidatos de esquerda denunciando as criminosas provações às quais foi fisicamente submetido o indobrável herói de 1935, de 1945 e de 1964, mas ao mesmo tempo disputando nas urnas os votos a que Gregório tinha legítimo direito. Somente Nayde Teodósio, Ivo Valença, Miguel Batista e outros prestistas encabeçaram sua campanha eleitoral.

Paulo Freire

Voltou de fato em junho de 1980 para se integrar e se entregar definitivamente ao seu país e ao seu povo. Mas condições políticas ainda difíceis o impediram de voltar, como tanto sonhou no exílio, à sua tão querida e decantada Recife. Veio para São Paulo, que lhe abriu as portas como se ele fosse um filho seu que voltasse. Devido à possibilidade aberta pela Lei de Anistia e pelo espírito democrático da reitoria da Pontifícia Universidade Católica (PUC), pôde ficar para trabalhar, amar e criar em seu próprio país.

Paulo Freire teve de recomeçar, mais uma vez, tudo do princípio, pois para a reintegração aos antigos cargos a Lei de Anistia exigia que o ex-exilado requeresse ao governo o estudo de seu caso. Por considerá-la ofensiva, recusou-se a aceitar tal exigência, tanto no caso da docência, como no de técnico da Universidade Federal de Pernambuco, como tinha passado a denominar-se a antiga Universidade do Recife.

Assim pensando e agindo, recomeçou, mais uma vez, tudo do princípio, porque o primeiro de abril de 1964 o tinha demitido, sumariamente, do cargo de diretor do Serviço de Extensão Cultural (SEC) da Universidade do Recife. Ele, que tinha sido um dos fundadores e que tão entusiástica e coerentemente o dirigia, não foi poupado pelas forças da direita.

Foi no SEC da Universidade do Recife que ele teve a possibilidade de sistematizar o "método Paulo Freire" e prestar outros serviços relevantes à população local com a Rádio Educativa da Universidade, esta também por ele idealizada.

O golpe militar ainda o tinha aposentado das funções de professor da Faculdade de Filosofia, Ciências e Letras da mesma universidade, em 8 de outubro de 1964, por decreto publicado no dia 9 subsequente.

Em setembro de 1980, após pressões dos estudantes e de alguns professores, tornou-se professor da Universidade de Campinas (Unicamp), onde lecionou até o final do ano letivo de 1990.

A reitoria da Unicamp pediu ao Conselho Diretor, na pessoa do professor titular Rubem Alves, um "parecer sobre Paulo Freire". O pedido pareceu um absurdo e fez lembrar as perseguições que Freire sofreu durante os anos de exílio. Antes, eram passaportes negados; agora, eram pareceres.

Antes, "coisas da ditadura", era o repúdio do presidente do Mobral e sua comitiva em Persépolis, Irã, em 1975, que, obedientes às ordens do governo militar de Brasília, se ausentaram para não presenciar a entrega do prêmio internacional da Unesco que estava sendo conferido ao educador brasileiro; agora, "coisas do entulho autoritário", na exigência da "legitimidade" de torná-lo professor titular.

As palavras de Rubem Alves, um dos intelectuais mais famosos e respeitados do país, dizem mais:

> O objetivo de um parecer, como a própria palavra o sugere, é dizer a alguém que supostamente nada ouviu e que, por isto mesmo, nada sabe, aquilo que parece ser aos olhos do que fala ou escreve. Quem dá um parecer empresta os seus olhos e o seu discernimento a um outro que não viu e nem pôde meditar sobre a questão em pauta. Isso é necessário porque os problemas são muitos e os nossos olhos são apenas dois...
>
> Há, entretanto, certas questões sobre as quais emitir um parecer é quase uma ofensa. Emitir um parecer sobre Nietzsche ou sobre Beethoven ou sobre Cecília Meireles? Para isto seria necessário que o significado do

documento fosse maior que eles e o seu nome mais conhecido e mais digno de confiança que aqueles sobre quem escreve...

Um parecer sobre Paulo Reglus Neves Freire.

O seu nome é conhecido em universidades através do mundo todo. Não o será aqui, na Unicamp? E será por isto que deverei acrescentar a minha assinatura (nome conhecido, doméstico) como avalista?

Seus livros, não sei em quantas línguas estarão publicados. Imagino (e bem pode ser que eu esteja errado) que nenhum outro dos nossos docentes terá publicado tanto, em tantas línguas. As teses que já se escreveram sobre seu pensamento foram bibliografias de muitas páginas. E os artigos escritos sobre o seu pensamento e a sua prática educativa, se publicados, seriam livros.

O seu nome, por si só, sem pareceres domésticos que o avalizem, transita pelas universidades da América do Norte e da Europa. E quem quisesse acrescentar a este nome a sua própria 'carta de apresentação' só faria papel de ridículo.

Não. Não posso pressupor que este nome não seja conhecido na Unicamp. Isto seria ofender aqueles que compõem seus órgãos decisórios.

Por isso o meu parecer é uma recusa em dar um parecer. E nesta recusa vai, de forma implícita e explícita o espanto que eu devesse acrescentar o meu nome ao de Paulo Freire. Como se, sem o meu, ele não se sustentasse.

Mas ele se sustenta sozinho.

Paulo Freire atingiu o máximo que um educador pode atingir.

A questão é se desejamos tê-lo conosco.

A questão é se ele deseja trabalhar ao nosso lado.

É bom dizer aos amigos: 'Paulo Freire é meu colega. Temos salas no mesmo corredor da Faculdade de Educação da Unicamp...'

Era o que me cumpria dizer.

Este parecer, datado de 25 de maio de 1985, escrito por Rubem Alves, professor titular II, está protocolado sob n. 4.838/80, nos registros administrativos da Universidade Estadual de Campinas. Coisas da burocracia estatal paulista, que esperou cinco anos para outorgar-lhe a titularidade, justamente a um educador que, além de estar dando sistematicamente suas aulas semanais na Faculdade de Educação da própria universidade, nos cursos de graduação e nos de pós-graduação, era famoso em todo o mundo há muito mais do que cinco anos, como sabemos e o parecer evidencia.

A Paulo Freire foi outorgado o título de *doutor honoris causa* pelas seguintes instituições: Universidade Aberta de Londres, Inglaterra, em junho de 1973; Universidade Católica de Louvain, Bélgica, em fevereiro de 1975; Universidade de Michigan – Ann Arbor EUA, em 29 de abril de 1978; Universidade de Genebra, Suíça, em 6 de julho de 1979; New Hampshire College EUA, em 29 de julho de 1986; Universidade de Simon, Cochabamba, Bolívia, em 29 de março de 1987; Universidade de Barcelona, Espanha, em 2 de fevereiro de 1988; Universidade Estadual de Campinas, Brasil, em 27 de abril de 1988; Pontifícia Universidade Católica de Campinas, Brasil, em 27 de setembro de 1988; Universidade Federal de Goiás, Brasil, em 11 de novembro de 1988; Pontifícia Universidade Católica de São Paulo, Brasil, em 23 de novembro de 1988; Universidade de Bolonha, Itália, em 23 de janeiro de 1989; Universidade de Claremont, EUA, em 13 de maio de 1989; Instituto Piaget, Portugal, em 11 de novembro de 1989; Universidade de Massachusetts, Amherst, USA, 26 de maio de 1990; Universidade Federal do Pará, Brasil, em 15 de novembro de 1991; Universidade Complutense de Madri, Espanha em 16 de dezembro de 1991; Universidade de Mons-Hainaut, Bélgica, em 20 de março de 1992; Wheelock College, Boston, EUA, em 15 de maio de 1992; Universidade de El Salvador, El Salvador, em 3 de julho de 1992; Fielding Institute, Santa Bárbara, EUA, em 6 de fevereiro de 1993; Universidade Federal do Rio de Janeiro, Brasil, em 30 de abril de 1993; University of Illinois, Chicago, EUA, em 9 de maio de 1993; Universidade Federal do Rio Grande do Sul, Brasil, em 20 de outubro de 1994; Universidade Federal Rural do Rio de Janeiro, Brasil, em 6 de dezembro de 1994; Universidade de Estocolmo,

Suécia, em 29 de setembro de 1995 (entregue na PUC-SP, em São Paulo, em 17 de outubro de 1995); e Universidade Federal de Alagoas, Brasil, em 25 de janeiro de 1996.

A fábula dos urubus e os sabiás

Tudo aconteceu numa terra distante, no tempo em que os bichos falavam... Os urubus, aves por natureza becadas, mas sem grandes dotes para o canto, decidiram que, mesmo contra a natureza, eles haveriam de se tornar grandes cantores. E para isso fundaram escolas e importaram professores, gargarejaram dó-ré-mi-fá, mandaram imprimir diplomas, e fizeram competições entre si, para ver quais deles seriam os mais importantes e teriam a permissão para mandar nos outros. Foi assim que eles organizaram concursos e se deram nomes pomposos, e o sonho de cada urubuzinho, instrutor em início de carreira, era ser tornar um respeitável urubu-titular, a quem todos chamam por Vossa Excelência.

Tudo ia bem até que a doce tranquilidade da hierarquia dos urubus foi estremecida e a floresta foi invadida por bandos de pintassilgos tagarelas, que brincavam com os canários e faziam serenatas com os sabiás... Os velhos urubus entortaram o bico e convocaram pintassilgos, sabiás e canários para um inquérito: 'Onde estão os documentos de seus concursos?'. E as pobres aves se olharam perplexas, porque nunca haviam imaginado que tais coisas houvesse. Não haviam passado por escolas de canto porque o canto nascera com elas. E nunca apresentaram um diploma para provar que sabiam cantar, mas cantavam, simplesmente...

— Não, assim não pode ser. Cantar sem titulação devida é um desrespeito à ordem.

E os urubus, em uníssono, expulsaram da floresta os passarinhos que cantavam sem alvarás...

Moral: em terra de urubu diplomado não se ouve canto de sabiá.[83]

---

[83] Alves, Rubem. *Estórias de quem gosta de ensinar*. 12. ed. São Paulo: Cortez, 1988, p. 61-62.

CENÁRIO 12: PAULO FREIRE NA UNIVERSIDADE

Cidadão portovelhense

O ano era 1997, o décimo aniversário de fundação da Universidade Federal de Rondônia (Unir). A reitoria me pediu que convencesse Paulo Freire a aceitar um convite para proferir uma ou duas conferências e inaugurar o auditório que havia sido construído e que, como homenagem, levava o seu nome. Observe-se que o convite feito anteriormente pela Universidade de Roraima não tinha tido êxito. Paulo não pôde ir a Bela Vista. Ao convite da Unir, ele respondeu imediatamente que sim. A data marcada da sua visita a Rondônia coincidia com a visita do presidente da França, Jacques Chirac, a São Paulo, numa agenda em que constava um encontro com Paulo Freire. Ainda assim, Paulo preferiu ir a Porto Velho.

A pressa de chegar ao aeroporto ainda em São Paulo fez com que ele esquecesse em casa a maleta de viagem, e Paulo viajou com a roupa do corpo. Chegou às seis da tarde ao aeroporto de Belmonte e foi recebido pelo reitor, Omar Siena, seu chefe de gabinete, Adilson Siqueira, pela professora Jacinta Correia, e por mim. Paulo ficou admirado pela juventude da direção da Unir.

No dia seguinte, pela manhã, Paulo foi recebido no enorme auditório, repleto de professores, funcionários da Unir e de outras escolas superiores da região. Aí proferiu a primeira das duas conferências do dia. Antes da conferência da tarde, teve a oportunidade de receber, na Câmara dos Vereadores da capital, o título de cidadão portovelhense. Ambas as palestras vêm reproduzidas a seguir, e falam por si.

I

Gostaria de dizer algumas palavras antes da fala a que me obrigo, mas a que me obrigo com grande satisfação. Quando estava ontem em mais da metade do caminho da casa em que moro para o aeroporto – minha mulher guiando – percebemos que deixáramos minha mala em casa. Como havíamos saído um pouco já atrasados, não dava mais tempo de voltar, a não ser que eu perdesse o voo. E entre perder o voo e ganhar as roupas, era melhor perder as roupas: estou hoje com uma camisa emprestada pelo meu grande amigo Clodomir, que sempre foi um apaixonado das *guayaberas*.

Explico isso: sou um homem que tem gosto de viver seu tempo, seu espaço. Um homem aberto as tantas mudanças, à compreensão das mudanças. Não suporto a imobilidade. Mas se não tivesse deixado minha mala, estaria aqui hoje vestido diferentemente. Não seria muito gostoso para mim, porque deveria estar de paletó, gravata, essas coisas E por quê? Porque há uma certa tradição, que constitui, que marca as instituições humanas fabricadas, feitas por nós.

Há certas regras institucionais que acho fundamental que sigamos, até o momento em que essas regras não têm mais nada a ver. Por exemplo, não vou a um jogo de futebol de paletó e gravata. Mas isso aqui não é um jogo de futebol é uma universidade. Eu adoro andar de tênis, porque me dá um certo gosto nos pés. Mas quando os estudantes me chamaram para ser paraninfo, quando uma universidade me outorga um título de *doutor honoris causa*, por exemplo, acho que se chegar numa universidade como estou hoje para receber um doutoramento *honoris causa* é como se estivesse zombando da honraria que a universidade me entrega.

Digo isso sobretudo aos jovens. Às vezes, a juventude acha que tudo o que não está surgindo deles 'já era', mas quero dizer que inclusive essa frase 'já era' não é cientificamente correta, porque nada 'já era': tudo está sendo. Ainda ontem, no jantar, me referia à necessidade atual, de vez em quando, de ler Platão, Sócrates, Aristóteles. Eles não viveram antes de ontem. É preciso um pouco de respeito para poder reinventar as coisas que aparentemente 'já eram'.

Essa é uma primeira explicação de porque não estou aqui mais academicamente vestido. E até estou gostando porque é fresco.

As segundas palavras que gostaria de dizer a vocês, antes de falar sobre a pedagogia, são palavras em torno de uma velha amizade, que quer dizer, o professor Clodomir. Fui companheiro de cadeia do professor Clodomir. Isso para mim é uma das honras que tenho no meu *curriculum vitae*. Fui preso porque tentei alfabetizar o país. Isso é uma maravilha, porque é a expressão de um determinado momento retrógrado da compreensão política que vivemos. Isso foi outro dia, e lá na cadeia nos reencontramos, porque já havíamos discutido sobre como trabalhar o político e o pedagógico, na direção da melhoria das condições sociais políticas e econômicas do país.

Depois vivemos no xadrez. Um dos xadrezes que experimentei era um apartamento que tinha 1,70 m por 60 cm de fundo. Um negócio relativamente amplo, e com um pouco de malvadeza, ainda, misturando essa arquitetura estranha, as paredes desse apartamento eram de um cimento áspero. Não dava para encostar porque feria as costas, costas não acostumadas a tal tipo de encosto.

Substituí Clodomir num desses apartamentos. Quando ele saía, eu entrava. Agora, há uma diferença fundamental: ele havia morado naquele apartamento cento e tantos dias. Eu fiquei apenas quatro, mas, como não sou masoquista, acho que bastaram os quatro. O Clodomir não ficou lá por gosto também.

Lembro então o que significou de riqueza humana para mim e para os companheiros que inauguraram sua experiência de cadeia – alguns professores universitários, mais velhos e mais jovens que eu na época. O Clodomir era uma espécie de mestre humilde, mestre de uma sabedoria de como passar pela cadeia sem deixar que a cadeia nos diminuísse. No fundo, um mestre que nos ensinava a assumir coerentemente nosso sonho.

Porque você já imaginou um preso que, ao chegar no dia seguinte, abre o olho dentro do quartel? Preso, primeiro dia de experiência de cadeia, que começa assustado com a experiência que inicia: a experiência de preso. Começa a se arrepender das coisas pelas quais veio para a cadeia. Isso é um desastre! Evidentemente que a fala do companheiro, ela sozinha, não determina que o preso se arrependa ou não do que fez, mas ajuda. Pelo testemunho que o professor Clodomir nos dava – falava muito da sua experiência, e falava com muita humildade; ele foi um homem torturado antes mesmo do golpe... Aquele testemunho de convicção, de respeito ao povo... inclusive peço desculpa a ele, porque é um homem humilde de fazer discurso, de público, mas acho que é uma virtude, e que devemos viver da gratidão. Sou um discípulo do professor Clodomir, com muito orgulho para mim. E com isso encerro o capítulo Clodomir.

Me lembro que minha primeira esposa, a quem também devo um milhão de coisas, – como devo à segunda – costumava cozinhar e caminhar depois de ônibus, porque não tínhamos dinheiro sequer para alugar um táxi; levava comida até o quartel. E ela nunca fazia uma comida só para mim. Ela sabia que eu tinha sete companheiros, e então levava uma panela que dava para os sete.

Era uma boa comida. Ela trabalhava muito gostosamente a comida brasileira. Me lembro que, num dos primeiros dias nesse quartel, Elza trouxe a comida. Enquanto os seis, inclusive eu, comíamos, o Clodomir trabalhava silenciosamente, preparando o almoço que mandaria para os camponeses, e que tinha vindo para nós. O almoço que a Elza tinha trazido era muito melhor do que o quartel nos dava, mas o que o quartel nos dava era muito melhor do que davam para os camponeses. Então ele preparava o que vinha para nós do quartel e encaminhava aos camponeses, através de uma colaboração que ele recebeu. Para tapear a vigilância do soldado, botava um pouco da nossa comida em cima da vasilha em que preparava o almoço para os camponeses. Só então, quando mandou a comida para os camponeses, o Clodomir chegou, se sentou à mesa onde estava o material sendo devorado por nós, e lá fez seu prato.

Lembro de um comentário que me fiz silenciosamente. Disse: 'Interessante! Tenho uma experiência de formação da minha infância, nascido de família de classe média cristã, com exceção do meu pai... Eu que tenho um certo companheirismo, talvez um pouco afoito, com cristo. Tenho uma convicção mansa de que sou mais que meu cadáver quando morrer. Quer dizer: sou alguma coisa que fica, que transcende a materialidade. E, no entanto, quando a comida da Elza chegou, vim guloso em cima da comida, sem perceber que a minha gulodice podia ser um pouco detida, pensando nos companheiros camponeses que estão passando muito pior que nós. E o Clodomir, que não trata mal cristo de jeito nenhum – é esse sujeito educado, decente, democrático –, pode até discordar, mas respeita a figura de cristo como deve ser. Clodomir não tem nenhum compromisso metafísico com cristo e, no entanto, está sendo muito mais cristão que eu – eu dizia. Há uma coisa errada, não em Clodomir, mas em mim. Depois nos encontramos no exílio. Trabalhamos juntos. Ele deu um testemunho de natureza política e ética, no exílio, que não cabe aqui. Afinal de contas, por melhor que eu queira a Clodomir, não vim fazer uma conferência sobre Clodomir. Mas não posso deixar de enfatizar a gostosura de ter vindo aqui, não apenas pelo meu compromisso com universidades meninas como esta, mas também como testemunho de amizade fraterna e de meu respeito ao professor Clodomir. Podem continuar acreditando na competência e na seriedade dele.

Agora vamos entrar nesse papo. Hoje de manhã, quando ele levou a camisa para eu vir para cá, ele disse:

– Paulo, você já se decidiu em torno do que vai falar?

Eu disse:

– Clodomir, ano passado um professor alemão me telefonou, naturalmente falando em inglês, porque em alemão jamais teria entendido o que ele tinha dito, não entendo pirocas em alemão. Mas ele me ligou perguntando se eu aceitaria contribuir com um pequeno texto para um livro que ele estava editando, que vai sair agora na Alemanha, sobre 'Pedagogia crítica'. Ele me pedia um texto. Tinha recentemente aparecido um livro meu chamado 'Pedagogia da esperança', e ele pedia que eu escrevesse um texto sobre 'Educação e esperanças'.

E disse a Clodomir que eu trouxe esse texto comigo, um texto pequeno, de três páginas. Estou pensando em ler esse texto fazendo comentários na hora. Reconheço que está muito denso, e que estas três páginas podiam se desdobrar em 30 para tratar desse tema. Sou muito sintético, não quando falo, mas quando escrevo. Eu trouxe o papelzinho aqui comigo, mas, chegando aqui, vi essa coisa linda que está aí escrita: 'Uma conversa com Paulo Freire: reflexão sobre uma prática educativa'.

Mudei de ideia e vou deixar o texto para outra oportunidade. Vou fazer uma conversa sobre isso aí, sobre o que está escrito. Inclusive serei mais autêntico com relação ao que se esperava que eu fizesse aqui. Para começar essa reflexão sobre a prática educativa, vou assumir uma postura metodológica de quem, tomando um certo objeto desconhecido ou que a pessoa ou sujeito tenta conhecer, procura fazer ou tomar uma certa distância do objeto.

Vamos explicar aqui. A grande maioria do auditório – me foi dito pelo reitor – é de jovens que entraram na faculdade agora. Não é possível negar o direito de perguntar. Pelo contrário, o que se deve fazer é elogiar o filho porque está perguntando. Sem perguntar, o mundo para.

Não é por acaso que as ditaduras proíbem perguntar. Como é que uma ditadura aguenta que um dia 50 milhões de pessoas amanheçam fazendo perguntas? Por que, general, perguntar é proibido? É um absurdo que o pai ou a mãe castrem a curiosidade do filho, assim como o professor, porque perguntar é sempre correr risco para quem ou a quem se pergunta. Quer dizer: o sujeito que é perguntado corre o risco de não saber responder. Por isso é que acho que uma pedagogia que estimule a curiosidade tem que necessariamente provocar a humildade. O pai, a mãe, o educador, o professor na faculdade, na escola primária, todos nós precisamos saber que é exatamente quando não sabemos é que podemos saber.

Não há por que ter medo de dizer que eu não sei. Quero dizer aqui a vocês que essa vergonha eu não tenho. Qualquer um de vocês, que me pergunte uma coisa sobre a qual eu não possa responder, vai ouvir na maior paz do mundo que eu não sei. Agora, que é possível que eu possa saber. Vou trabalhar para ver isso, e na próxima viagem respondo.

A curiosidade, no fundo, é uma forma fundamental do ser humano de estar sendo no mundo. A curiosidade é pouco trabalhada pela prática educativa e é pouco estimulada na experiência da família.

Era preciso, pelo contrário, que a curiosidade fosse estimulada, porque há formas diferentes de ser curioso. Por exemplo, há uma curiosidade não trabalhada com rigorosidade metódica. Vamos usar aqui umas expressões meio técnicas, mas que a universidade tem que falar delas. Vocês que trabalhem em casa para saber o que o Paulo Freire quis dizer com 'rigorosidade metódica'. Eu também não posso ficar explicando tudo, mas essas coisas precisam ser ditas.

Quando falo aqui em epistemologia – e devo falar – posso falar o que é. O que não é possível é deixar de falar em epistemologia estando dentro de uma universidade. Quem vem para cá tem que vir disposto a ouvir estes palavrões e a trabalhá-los, sem o que não pode passar uma universidade. O país precisa que passemos pelas universidades, que façamos boas universidades, rigorosas universidades, sérias universidades.

Mas eu dizia que há um primeiro momento da curiosidade em que ela fica na periferia do objeto que a motivou, que a provocou. Não se aprofunda no adentramento da razão de ser do objeto que provocou a curiosidade. É a curiosidade que se satisfaz com explicações. Em linguagem técnica, se diz que a produção do saber que resulta dessa 'curiosidade desarmada' – uma expressão do nosso Vieira Pinto – provoca ou produz um tipo de conhecimento que chamamos de 'conhecimento do senso comum', desprestigiado por alunos e intelectuais, para mim elitistas, não importa que se digam progressistas.

Não importa. O desrespeito ao conhecimento do senso comum – que é o conhecimento do povo, da classe popular trabalhadora, do camponês – é ideologicamente elitista, autoritário e reacionário. É errada a adesão do intelectual chamado progressista que, no âmbito do conhecimento puramente do 'penso que é', vem provocando no Brasil uma briga que divide de um lado os elitistas 'teoricistas' e os 'basistas', do outro.

[De um lado,] os basistas negando a importância da universidade, da academia, a importância da ciência e da teoria, e defendendo exclusivamente a prática que ensina e não tem competência para saber sua teoria. Do outro, os teoricistas, que desprezam todo tipo de saber prático. Acho que a questão está errada. Para mim, a questão certa é como perceber dialeticamente as duas curiosidades e os dois saberes, como eles se completam e como precisam respeitar-se.

A primeira curiosidade – essa que caracteriza a produção do chamado saber do senso comum – é uma curiosidade que chamo 'ingênua'. A segunda curiosidade, que chamo de crítica, ou curiosidade epistemológica, é a curiosidade que caracteriza a ciência e o desenvolvimento da ciência na história. A criação ou a produção da curiosidade epistemológica é uma das tarefas, para mim, principais de uma universidade. Uma universidade em que professoras e professores, cada um ou cada uma em seu setor do saber, não trabalham a formação da curiosidade epistemológica, é uma universidade que está contribuindo pouquíssimo com o desenvolvimento da ciência e o desenvolvimento da produção científica no país.

As práticas autoritárias são contra o exercício da curiosidade. Só as práticas dialógicas não temem o exercício da curiosidade. Não tenho medo nenhum que os alunos perguntem o que bem entenderem, porque de antemão sei que digo que não sei, e ainda mais: não tenho medo de dizer que não sei, porque tenho conhecimento para provar que 'o não sei' é correto.

Minha questão não é uma coragem física, porque se fosse, estava frito. Tenho 75, quase 76 anos de idade, não sou um cara gordo nem musculoso. Pior ainda, então não posso topar um menino de 18 anos forte, cheio de exercício. Meu problema não é coragem física, é coragem ética. É coragem científica, filosófica.

Não tenho medo de dizer que não sei, porque é exatamente não sabendo que posso vir a saber. O que tenho que fazer é ensinar o menino que pensa que eu sou o sábio físico dele. É uma das preocupações maiores do trabalho que faço em São Paulo. Trabalhamos num seminário com seis professores e 15 alunos. Nenhum professor tem medo de discutir com o outro, nem tem medo de discordar, nem tem raiva do outro ou do que o outro sabe. Trabalhamos juntos durante três horas e meia toda semana, discutindo temas. E uma das coisas que mais nos esforçamos não é dar resposta ao educando, mas perguntar mais, provocá-lo no exercício. Isso é um trabalho de pós--graduação, formando doutores e mestres.

O exercício dessa busca é uma das características da prática educativa: a existência do sujeito, a existência do objeto de conhecimento que chamamos de conteúdo, o exercício da curiosidade em torno desse conhecimento. Se aprofundamos a busca em torno do que constitui a prática educativa, vemos imediatamente quando percebemos a impossibilidade de uma prática educativa em que falte objeto de conhecimento. Descobrimos então facilmente que a prática educativa é gnosiológica. Não há prática educativa que não seja, ao mesmo tempo, uma certa teoria do conhecimento posta em prática.

Não há prática educativa que não seja uma experiência cognoscitiva. Toda prática educativa envolve um ato de conhecimento. Começa aqui uma possível briga, que é comum em relação à compreensão de qual é o papel no processo que tem o educador, de um lado, e o educando, do outro. Além disso, a produção do conhecimento não é uma produção neutra. Quando você conhece, está produzindo um conhecimento a serviço de alguma coisa, a serviço de algum sonho, a serviço de algum estímulo de vida, a serviço de algum poder, de alguma classe.

Lembro que morava na Suíça e, durante um certo tempo, costumava ter umas reuniões com um grupo de físicos matemáticos do centro de pesquisas de Genebra, que é um dos maiores do mundo. E havia também um linguista, que era professor da Universidade de Genebra. Um dia nos reunimos um pouco para discutir ciência, epistemologia e ideologia. Coloquei a questão da não neutralidade da ciência, do trabalho científico, e ele me disse uma coisa muito bonita: 'Só há cinco caras no mundo que entendem o que eu faço, enquanto eu entendo o que eles fazem. Então somos seis no mundo, no campo da física, e nos correspondemos muito'. Naquele tempo não existia fax nem internet, nada disso, a gente se comunicava por telefone, cartas, relatórios. Eram seis caras correndo o risco de enlouquecer, porque seis caras no mundo todinho é pouca gente para se contatar.

E ele me dizia: – Paulo, te confesso, não vejo essa implicação política que você diz.

Aí eu disse: – Olha, você ainda reza de noite?

E ele: – Não.

– Não faz mal. Antes de dormir, hoje, rezando ou não, você se pergunte o seguinte: a serviço de quem eu e esses cinco homens pesquisamos? No próximo encontro nosso você me diz se isso alterou alguma coisa.

No dia seguinte, umas dez horas da manhã, estava no meu escritório lá no Conselho Mundial de Igrejas, e a secretária me disse que tinha um chamado para o professor.

Aí eu perguntei: – O que há de novo?

– Estou te telefonando pelo seguinte: não deu para dormir. Fiz aquela pergunta e não dormi. Então estou lhe telefonando. Estou aqui no meu escritório porque, na verdade, não sou coisíssima nenhuma.

Aí ficou em paz. Temos que pensar sobre essas coisas, é absolutamente indispensável. Acho que cabe mesmo num primeiro encontro, no âmbito universitário, que alguém coloque problemas. Não há prática educativa sem uma certa teoria do conhecimento posta em prática. Não há prática educativa também sem um certo sonho. Por isso, é um pecado horrível a morte do sonho e da utopia hoje. Não há prática educativa sem um certo sonho, uma certa utopia, que faz transcender a prática de si mesma.

Digo a vocês: se eu não estivesse convencido da existência de alguns sonhos e da legitimidade de brigar por eles, teria que estar aqui pedindo perdão a vocês todos para ver Clodomir e a esposa. Por que eu vim falar aqui? Eu vim falar aqui não porque pretendia domesticar quem me ouve, mas porque pretendo desafiar quem me ouve para ficar convencido ou convencida de que não há prática educativa sem sonho em torno dela. Não há sonho que não se brigue por ele, porque se realizar um sonho fosse uma coisa fácil... poxa! Mas não é.

Há uma palavra técnica em filosofia da educação para dar nome a essa coisa de que eu falei, essa necessidade que a prática tem que caminhar além dela. Isso se chama, em educação, 'diretividade da prática educativa', quer dizer: não há prática educativa que não seja diretiva. Mas é preciso não confundir diretividade com dirigismo.

No dirigismo, a diretividade da educação pode ser pervertida pelos autoritários em direcionismo, pode ser pervertida pelos irresponsáveis em licenciosidade. Um educador licencioso, um educador que deixa como está para ver como fica, um educador que teme assumir sua autoridade disciplinadora, um educador que nega a necessidade de limites à liberdade, é um educador que perverte a diretividade da prática educativa e a transforma em licenciosidade. Esse cara é tão ruim ou pior que um autoritário. Uma coisa interessante é observar que, nas conversas de memórias, por exemplo, um educador se lembra muito mais de um professor autoritário, mas sério, do que de um professor sério, mas licencioso.

O educador que deixa tudo como está para ver como fica trabalha mal sua presença no mundo. Meu apelo é para que nós, educadores, educadoras, respeitemos nossa passagem criadora no mundo, e não trabalhemos para estragar mais o mundo. Um dos meus maiores esforços é não enfeiar o mundo mais do que já anda feio, é trabalhar a disciplina do ser do educando. Acho que é uma das tarefas fundamentais. Esse livro meu que saiu agora, chamado *Pedagogia da autonomia*, é um livro em que discuto isso também. Mas estou escrevendo outro agora, onde falo muito dessa questão da autoridade, da liberdade, da responsabilidade nossa. Voltando à diretividade, é exatamente a característica de ser diretiva que faz com que a educação jamais possa ser um ato neutro.

Não é. Nunca houve uma educação neutra e não vai haver, a não ser que homens e mulheres mudem de tal maneira sua presença ou a forma de estar no mundo que mudemos também a compreensão do processo de conhecer, mudemos a concepção da política, do arranjo do mundo. Fora isso, continuará toda prática educativa a ser uma prática que provoca e exige opção. Está aí uma coisa que deve ser dita, a opção política, mas não necessariamente partidária. Isso é outra coisa.

Quando digo que a educação não é neutra, não quero dizer que a educação deva ser ação de um certo partido. É óbvio que eu tenha uma opção partidária, num país como o nosso. Tenho uma filiação partidária. Como militante acho que não sou muito bom, porque minha compreensão da militância é muito aberta, muito democrática. Sou disciplinado. Nem sou homem também para receber o partido quando o partido está eticamente errado, de jeito nenhum! Não há dúvida nenhuma que eu tenha minha compreensão partidária, mas isso não basta para que eu dê nota quatro a um aluno, porque não é do meu partido e dez para um aluno medíocre do meu partido. Não. Dou zero ao aluno do meu partido e dez para o aluno do outro partido.

Não sou professor para dar nota ideológica. Sou professor para brigar e discordar. Lembro quando voltei do exílio e tive minha primeira turma de alunos de pós-graduação na Universidade Católica de São Paulo. Havia um aluno – devia haver mais – mas havia um que se explicava como reacionário. Fazia questão de revelar sua opção reacionária, o que é um direito. Você já imaginou um sujeito ficar proibido de ser reacionário? Acho horrível! Acho que só há uma coisa tão chata quanto a universidade progressista: a universidade reacionária.

Nas duas, o ideal de uma universidade é que o aluno saiba dar aula – como acho que é a minha, progressista – e tope um professor reacionário. Cabe ao aluno fazer democraticamente sua experiência epistemológica, política e ideológica. Cabe ao aluno dizer que o professor Clodomir é realmente um cara progressista, mas prefere o professor Antônio Carlos porque prefere a posição mais retrógrada do professor. Essa é uma das tarefas políticas da universidade: é constituinte como um espaço em que o educando aprende a optar também.

Fiz uma conferência recentemente em uma grande universidade estadunidense e o presidente da universidade estava presente. Eu disse: – Presidente, nunca dou conselho a ninguém, nem quando se pede, mas vou dar ao senhor. Olhe, não deixe sua universidade ficar chatamente de esquerda ou chatamente de direita. O senhor não pode impedir, mas trabalhe para que as diferentes compreensões políticas do mundo possam existir.

É isso que nos cabe fazer. É exatamente a diretividade da educação que não permite a neutralidade da educação, o que vale dizer, porém, que não é por causa da inviabilidade da neutralidade que a professora ou o professor tem o direito ético de impor sua opção ao educando. Nunca escondo minhas posições ideológicas aos alunos, embora haja pessoas que digam que é um desrespeito quando o professor diz o que pensa, porque pode assim influenciar o aluno. O professor se esconder, isso que é desrespeitar. O senhor não tem que se esconder de mim, o senhor tem que dizer o que pensa.

Fora da órbita da minha escolha pessoal, não tenho dificuldade nenhuma de conversar e discutir com um diferente, pelo contrário. Essa é uma outra característica. Há uma outra sem a qual a prática educativa não se constitui, que é o que chamo 'a boniteza do processo formador'. Não há prática educativa que não seja uma prática formadora. Por isso registro e recuso a compreensão da prática educativa como um treinamento técnico do educando.

Existe hoje uma tendência no mundo de acabar com o sonho, com a utopia, com a formação, e fazer treinamento científico dos educandos. Isso é uma violência contra o que chamo a natureza humana, que se constitui social e historicamente, e que nem por isso não é uma prioridade da história; se dá dentro da história. E dando-se na história, há uma natureza humana, indiscutivelmente, que não pode ser negada nem esquecida. Uma natureza que se constitui permanentemente na história, e socialmente. A não ser que o senhor tenha vergonha do que o senhor pensa.

O professor não tem que ter vergonha de pensar assim ou assado, mas se sua opção for democrática, respeitosa da diferença, não pode impor ao educando o seu pensar. Tem que dizer como pensa. O educando deve saber como é que os professores A, B e C pensam. É assim que ele também se experimenta num pensar diferente. Uma das características melhores de uma professora aberta, democrática, é exatamente a revelação, na prática, de como aceita conviver com um diferente ou com uma diferente, sem se zangar, sem ficar espumando de raiva, mas sabendo que é o respeito ao diferente que inclusive ensina a gente.

Isso não me obriga, por exemplo, a chamar para ser meu assistente um professor reacionário. Isso não, de jeito nenhum. Professor reacionário tem muito aí. Vai ser assistente do outro, de mim não. Quero trabalhando comigo, como meu auxiliar, gente progressista, para não me chatear.

Ah! essa dimensão da boniteza... Você já imaginou como é bonito a professora que trabalha com uma criança de 7 anos, e que é despertada pela curiosidade da criança diante da flor que ela descobriu? Esse momento é de poesia, é bonito. Transformar a educação numa prática cheia de esquinas, e não de arredondamentos, é a destruição da prática educativa, da boniteza da prática educativa. Isso é o elemento estético que não pode deixar de existir na prática educativa. É uma prática de sujeitos, uma prática em busca do conhecimento de objetos, por isso gnosiológica. É uma prática que transcende a si mesma, por isso tem uma diretividade. É, por isso também, uma prática política.

Mas em sendo gnosiológica, política, é também uma experiência estética, e, portanto, uma experiência de boniteza. O educador ou a educadora somos também artistas, e não técnicos. Quanto melhor eu saiba mover meu próprio corpo... É claro que não estou propondo aqui que o professor vá ficar na frente do espelho fazendo assim, arrumando o cabelo, não é isso, não. Não estou fazendo propostas de uma boniteza falsa de quem quer ir para a rua namorar. Estou fazendo considerações em torno da responsabilidade estética que o professor tem.

Uma coisa é engraçada: nos anos 1960, no âmbito da atividade política, os jovens meteram na cabeça, ou metiam na cabeça, que ser de esquerda naquela época era tratar mal o corpo, vestir roupas sujas, rasgadas, porque era burguesismo vestir bonitamente. Isso é uma maluquice! Não tem nada a ver... Um dos líderes da revolução deste século, que foi Amílcar Cabral, dizia que, na África, quando um companheiro ia casar-se com a companheira em plena guerra, ele reunia o pessoal e dizia:

— Olha, amanhã casa fulana com sicrano. Eu queria que as mulheres arranjassem amanhã as melhores cores na mata para fazer sua maquiagem e vestir-se com o vestido mais bonito que tenham na guerra. Os homens também, porque uma revolução que enfeia não devia existir.

A revolução que não trata a boniteza não vale nada, não vale coisíssima nenhuma. Ser professor atual não significa chegar na faculdade de sandália. Pode ganhar muito pouco e não dá para comprar um sapato, mas precisa dizer, precisa assumir. Tratar o próprio jeito de se relacionar é fundamental, como adivinhar nas caras... Não há professora boa que não aprenda a ler a aceitação, a recusa, a dúvida, nos olhos daqueles com quem se fala. [...]

II

Eu poderia falar para vocês sobre alguns aspectos desse meu último livro, esse *pichotutinho* que está aí. Saiu faz uma semana. Estou muito contente de poder, e não tenho vergonha nenhuma de sugerir que comprem, porque custa três reais. É um bom preço, realmente. Posso falar sobre esse livrinho e do que ele trata. Em lugar de ter um diálogo, uma conversa, uma das minha preocupações com esse livro foi colocar aos leitores e às leitoras possíveis alguns saberes que são fundamentais para a prática educativa, alguns saberes que a professora ou o professor devem ter para poder continuar a ser professora ou professor. Por isso é que chamei de *Saberes fundamentais à prática educativa*.

O primeiro título que esse livrinho teve, quando comecei a escrevê-lo, foi *Formação docente: saberes fundamentais à prática educativa*. Em primeiro lugar pensei até em *A prática educativa progressista*, porque também reconheço a existência da prática educativa reacionária. Agora, não cabe a mim, como pensador da educação, tratar a prática educativa reacionária, a não ser criticando.

Cabe a um pensador da direita escrever sugerindo aos seus companheiros educadores como trabalhar direito. A mim não. Depois, durante o processo de escrita do livro, mudei o título para *Pedagogia da autonomia*. Por que isso? Porque, na verdade, uma educação, uma prática educativa que se orienta no sentido da libertação do ser humano, não apenas como indivíduo, mas como classe, como grupo, uma prática educativa que se orienta nesse sentido, que trabalha a questão da autonomia, era necessária. Me preocupava quando estava escrevendo, e continua me preocupando hoje, debater alguns aspectos muitos práticos, concretos, da nossa experiência como pai, mãe, professor, professora, em casa, na escola, na rua, nas relações de trabalho. Me preocupa muito.

Agora estou escrevendo um outro livro sobre isso, como uma tentativa de contribuição para a transformação que precisamos continuar fazendo, mesmo que demorada, da sociedade brasileira, para que um dia ela seja menos feia, menos injusta do que hoje, e possibilite mais facilmente a vida amorosa das pessoas. Isso também tem a ver com a educação. A educação sozinha não faz isso, mas sem a educação também não se faz. Neste livrinho escrevi sobre uma série desses saberes. Vou tocar em alguns.

Por exemplo, um dos saberes que discuto é que mudar é difícil, mas é possível. Agora imaginem vocês a dificuldade que uma professora ou um professor de escola básica, que trabalha com crianças que aprendem a ler. Não importa que o professor seja de geografia no curso secundário. Não importa que seja professora de fundamentos pedagógicos num curso de graduação ou de pós-graduação na universidade. Não importa o que ensinamos ou a quem ensinamos: se não estivermos convencidas e convencidos de que mudar o mundo, melhorar suas condições, facilitar a vida gostosa, se não estivermos convencidos de que isso é possível de ser feito, mesmo que tentar fazer isto implique confrontar um mundo de obstáculos, confesso a vocês que desistiria de ser professor.

Como disse hoje de manhã: se eu não estivesse convencido disso, não teria vindo aqui, a não ser para ver o Clodomir e a esposa. Desculpem, porque eu ainda não conhecia vocês. Agora também para rever vocês. Quer dizer: minha vida de professor, de educador, de sujeito que escreve teimosamente há tanto tempo sobre as mesmas coisas, nada disso teria sentido se eu estivesse convencido de que nada muda. Portanto, convencer-me de que é possível mudar; mesmo com dificuldades, me alenta como professor e como educador. Me dá ânimo!

É por isso que combato – falando ou escrevendo todo dia na minha vida – uma das ideologias, uma das marcas ideológicas muito fortes, hoje não só no Brasil, mas no mundo, que é a de tratar certas manifestações sociais e históricas como o desemprego, a fome, a miséria, tratar expressões sociais ou manifestações sociais e históricas como se fossem naturais. Tratar a fome de 33 milhões de brasileiros e de brasileiras como tratamos o ciclo da chuva no norte do país. Porque nem o ciclo da chuva está distante da nossa ação inferidora. Hoje com tecnologia já é possível.

Isso que chamamos de reflexão filosófica ou sociológica de naturalização da história significa exatamente o que produz esta ideologia de que estava falando agora, que transpiramos no Brasil hoje: de que mudar não é possível. Por exemplo, não sei se vocês já viram gente muito graduada no Brasil e no campo intelectual, inclusive ministro de Estado, gente de grande responsabilidade política e intelectual dizer, ora em jornais, ora em televisão, que o desemprego no mundo é uma fatalidade do fim do século.

Todo dia ouvimos e lemos isso. Eu recuso que, inclusive, dentro de uma universidade, usemos o conceito de fatalidade para explicar um fenômeno histórico. Isso não dá para entender. O desemprego posso até dizer que não sei por que está havendo. Só sei que isto não é fatal. Uma coisa é fatal quando se pré-estabelece que ela exista. Uma coisa é fatal quando não pode deixar de existir. E o desemprego pode deixar de existir. O desemprego pode ter outra forma de manifestar-se.

Quando dizemos que o desemprego é um troço terrível, que o Brasil chega ao fim do século – que é ao mesmo tempo fim do milênio para começar o próximo século, e que é também começo de um novo milênio – com 30 milhões de gente morrendo de fome, e ouvimos o interlocutor dizer que é trágico, mas lamentavelmente a realidade é essa mesma!

O que dizer então? Que porque reconheço que a realidade está sendo assim reconheço também meu dever de brigar para que ela deixe de ser assim. Mas preciso, no engajamento da minha briga, superar essa ideologia fatalística que me desarma e que me deixa imóvel na história, que é a impossibilidade expressa no discurso 'mudar não é possível'. Chamamos isso de interesses dominantes da sociedade. Não há melhor instrumento paralisante da luta popular do que convencer todo mundo de que mudar não é possível.

Do ponto de vista do explorado, este discurso 'mudar não é possível' funciona como uma força imobilizante da ação, que é exatamente sua facilidade, do ponto do vista do interesse do dominante. Esse discurso significa ou se expressa como um instrumento de luta do dominante, na briga do dominante com a possibilidade de o dominado sublevar-se.

Para mim, quando disse de manhã que não há educação neutra, meus amigos, a educação que defendo é essa em que estou, que pretendo convencer – não impor, mas convencer – os dominados de que é possível mudar; de que é possível animar-se para, mobilizando-se, organizando-se, atuando politicamente, mudar o mundo, que é mutável. Não há e nunca houve realidade absolutamente imóvel. Essa é uma afirmação falsa, cientificamente sem fundamento.

Por isso, um dos saberes que escrevo nesse livrinho é esse saber que considero indispensável, esse saber de que é possível mudar. É tão importante para o educador ou educadora progressista quanto para o educador reacionário, cada um ao seu modo, em seu lado. Para mim, como educador progressista, saber, estar convencido de que mudar é possível, é absolutamente indispensável e, inclusive, um elemento moral de reforço na minha briga.

Para o educador reacionário, é absolutamente fundamental saber que pode mudar precisamente para obstaculizar a mudança, enquanto eu uso o saber de que é possível mudar para estimular e provocar a mudança. O educador reacionário, sabendo que mudar é possível usa seu saber para obstaculizar a mudança. Falo desse saber tanto quanto penso que deveria ter falado. Esse é um deles. O outro saber de que falo nesse livrinho é o saber de que ensinar não é transferir conhecimento. Essa é uma velha tradição mundial de que o grande papel da professora e do professor é de transferir conhecimentos que acumularam, já os tendo recebido de uma outra professora, que por sua vez recebeu de outra. 'O ato de ensinar é o ato de transferências sucessivas que vão se entijolando'. Digo nesse livrinho que isso não é ensinar. O ato de ensinar, em primeiro lugar, não é um ato exclusivo de quem ensina, mas também de quem aprende. Não é um ato de transferir conhecimento, mas de produzir e comunicar conhecimento.

Por causa desse saber, vou fazer uma regressão e voltar um pouco, para nos perguntar sobre nós mesmos, mulheres e homens. No processo evolutivo que há milênios iniciamos, uma das coisas de que nos tornamos capazes e competentes foi exatamente a possibilidade de inteligir no mundo. A possibilidade de ganhar ou de produzir a inteligência do mundo ou, em outras palavras, ainda a possibilidade de compreender o mundo, a realidade. É isso mesmo que chamo 'leitura do mundo', que sempre precede a leitura da palavra. O homem e a mulher começaram a ler o mundo milênios antes de inventar a linguagem. Já liam o mundo antes de criar a linguagem. Depois inventaram a linguagem, para dar nome às coisas que fizeram.

A linguagem é um fenômeno posterior à transformação do mundo. Eu dizia que mulheres e homens, nas idas e vindas como seres inteligentes, fabricaram a inteligência. Mas inteligência não se transfere; se produz, se constrói. Mulheres e homens inventaram – dizia eu – a possibilidade de capturar o sentido do real, o sentido do mundo. Podemos dizer que mulheres e homens inventaram a possibilidade de conotar a realidade, de dar uma certa qualidade.

Mas houve uma coisa interessante, nesse momento em que fizemos chaves de inteligir, de compreender o real. Nesse mesmo momento, desenvolvemos uma atividade que não podia deixar de existir no momento em que existiu essa de compreender a realidade, que foi o que chamamos de 'comunicabilidade do inteligido'. Primeiro ganho a inteligência do real e, simultaneamente com a produção da minha inteligência do mundo, desenvolvo a capacidade de comunicar aos outros aquilo que eu intelijo. Então – essa é uma afirmação – não há inteligibilidade sem comunicabilidade do inteligido e sem medo de errar, e nós somos os fazedores.

Por isso mesmo, a comunicação é uma manifestação, em primeiro lugar, vital. A comunicação entre as células sempre se deu e continua se dando. A comunicação, no âmbito da vida, é uma coisa extraordinária. Recentemente encontrei uns estudantes de doutoramento brasileiro. Faziam biologia vegetal nos Estados Unidos, e me falaram de umas pesquisas em torno da comunicabilidade ou incomunicabilidade entre árvores. Falaram então de pesquisas: que tem um certo tipo de árvore e um certo tipo de enfermidade que atacava essas árvores. E se pesquisou a intercomunicabilidade em uma área: delimitaram uma área de 1 km, em que a árvore afetada comunicava com as demais, para que elas se defendessem. Evidentemente que – na comunicabilidade das árvores e nos outros animais que também se comunicam, se expressam – falta o uso do conceito que inventamos na linguagem.

Mas voltando à nossa história do ensino e da aprendizagem: ensinar não é transferir conhecimento, mas é viabilizar as possibilidades de inteligência do fenômeno e a comunicabilidade dele. É isso que o professor deve desafiar o educando, para que ele produza a compreensão da coisa ou do objeto de que o educador fala. Isso significa que o papel do estudante é bem maior do que pensa. O papel do estudante, do aluno, do educando, não é um papel de quem passivamente recebe a transferência de cima para baixo, que o 'professor sabe'. Pelo contrário, às vezes o professor – coitado ou coitada – faz o discurso decorado sobre o objeto. No fundo somos tão mal pagos e tão mal formados!

E daí elogiar você hoje, com essa luta que vem tendo nessa universidade, de fazê-la tanto quanto possível uma universidade eficaz, no trabalho de formação docente para esse país. Não seremos capazes de mudar esse país se não formarmos educadoras e educadores.

Não tenho medo nenhum de dizer isso – e, vê bem, tu sabes, tu me conheces – sei que a educação não é ela, sozinha, a chave da transformação do mundo, mas o que sei também é que, sem ela, o mundo não se transforma. Mas para que ela se efetive é preciso que os professores sejam tanto quanto possível melhor formados. Porque, no momento, somos mal formados.

Precisamos ser melhor formados para depois ficar bem informados. Essa é uma tarefa da universidade, para mim, assim como é para ti. É preciso que um tema como esse seja realmente discutido. Ensinar não é trazer para a escola um pacote de conhecimentos, às vezes desarticulados. Ensinar é produzir a possibilidade da produção do conhecimento por parte do aluno.

É preciso haver uma volta sobre nós mesmos, sobre nós próprios como agentes, como sujeitos criadores, como sujeitos inquietos. Os estudantes precisam experimentar-se, inclusive na rebeldia de não aceitar certas coisas que aprenderão a definir o que deve ser feito. O que não é possível é que a autoridade fraqueje diante da rebeldia. A rebeldia é fundamental. Nunca esqueço de um livro que li há muito tempo atrás – quando era bem jovem – de um homem que conheci depois pessoalmente no México, um dos grandes intelectuais do milênio, que se chamou Erich Fromm. Em um dos livros ele diz que o homem e a mulher se tornaram homem e mulher pela rebeldia diante do criador. Foi a chamada desobediência de Adão e Eva comendo aquela maçã, que continua vivíssima por aí, com o mesmo gosto.

Foi aquela desobediência, aquela ruptura com a passividade gostosa, que criou a necessidade do homem, da mulher. Na verdade, quando observamos em casa nosso filho ou nossa filha, percebemos que se constituem muito mais quando se rebelam. Agora, o que não é possível é manter-se na rebelião. Em linguagem mais especializada no campo da Ciência Política, diria que a rebeldia precisa transformar-se em uma postura revolucionária.

Com muitos equívocos de alguns revolucionários, que foram sempre rebeldes e nunca revolucionários, é preciso transformar, lapidar a rebeldia. Em outras palavras, é preciso dar sentido, dar alma à rebeldia, mas não a abafar. Minha tarefa como pai hoje... Não porque meus filhos já são mulheres e homens, minha filha mais velha tem 50 anos, você já imaginou? Mas minha preocupação jamais foi acabar os ímpetos de afirmação de meus filhos e minhas filhas. Jamais! Pelo contrário. Minha felicidade de pai sempre foi perceber o crescimento do filho ou da filha, sua autonomia. É isto que nos justifica como pai, professor.

Há uma coisa que eu queria dizer, sobretudo aos mais moços que aqui estão: a escola tem cometido um grande erro científico quando, às vezes, sugere ao educando que a compreensão de um texto é tarefa de quem escreve o texto. Em primeiro lugar, há muitos professores – espero que não haja muitos aqui – que mandam o aluno estudar um livro da página 10 a 22. Por que estas páginas?

Quando sugerimos um livro ao aluno, é para que leia o livro todo. Agora, é lógico que o professor que já leu o livro tem o dever de dizer que, da página 10 a 22, a autora ou o autor do livro discute muito de perto a sua preocupação. Por exemplo, se um menino está preocupado com a questão de autoridade e liberdade, o professor sugere um livro e diz que, em tais páginas, ele vai encontrar mais ou menos bem tratado o tema que o preocupa. Mas o livro é para ser lido todo, não pedaços.

Segundo: às vezes a escola deixa mais ou menos latente em nós que a compreensão depende apenas do trabalho do escritor. Então muitas vezes vamos para o livro despreocupados em sermos o sujeito da produção da compreensão do livro. Esperamos que na página 33, de repente, o mistério da compreensão do livro apareça. O autor teria escondido nessa página sua compreensão, e o aluno da escola não sabe disso.

O leitor é tão responsável pela compreensão do livro que lê quanto o autor que escreveu o livro. Por isso, é preciso que o leitor saiba, como leitor, que ele é produtor da inteligência do livro que lê. Ele é sujeito, e não objeto do escritor. É preciso refazer isso. A responsabilidade dos professores e das professoras, do departamento de linguística, da língua portuguesa... Há uma grande responsabilidade dessa gente que lida com a linguagem para mostrar que a produção de compreensão do texto também é trabalho meu como leitor.

O esforço de ler, de propor a leitura... Por isso é que gosto muito de ler com um grupo de estudantes. Vêm 20 estudantes, passamos dez horas seguidas lendo juntos, 15, 20 páginas de um livro qualquer, e discutindo, buscando juntos a compreensão.

Também não é possível trabalhar intelectualmente na questão do ensino da aprendizagem sem usar dicionário. Tem muita gente que meteu na cabeça que dicionário é trabalho de burro. Mas o que somos também? Um pouco de burros. Um intelectual que não usa dicionário, enciclopédias, textos auxiliares da compreensão dos textos que lê, funciona como um pedreiro que se recusa a usar colher para levantar uma parede. Não dá! É uma das coisas que tenho atrás de mim, exatamente atrás de mim, na minha biblioteca.

Afinal de contas, se vocês vêm para cá não vêm para fazer farra no estudo, mas vêm estudar, têm que assumir com seriedade a responsabilidade de pensar, de produzir conhecimentos, e não de brincar. Brincar é outra coisa. É legítimo também, mas na sua hora e no seu espaço. Mesmo reconhecendo isso, ou porque reconheço a seriedade do trato da docência, reconheço também o dever do docente, que é o de ajudar o discente a produzir o conhecimento de que o docente fala. Isso significa que há uma responsabilidade na seriedade, uma responsabilidade do docente em tratar com seriedade seu objeto diante do educando e com o educando. Por isso volto a pôr a questão com que comecei.

O que quero dizer é que, de modo geral, quando homens ou mulheres se põem em face de um certo objeto da curiosidade, a experiência de tomar distância do objeto para melhor entendê-lo tem um nome técnico, que se chama distanciamento epistemológico do objeto. O distanciamento epistemológico do objeto é exatamente o método, na teoria do conhecimento, através do qual, afastando-se do objeto, o sujeito aproxima-se dele. Há um processo contraditório, que é o seguinte: quanto melhor me distancio epistemologicamente do objeto, tanto mais me aproximo dele, e quanto mais me aproximo do objeto, tanto mais ou tanto melhor desvelo o objeto.

Esta deve ser a prática diária da universidade. Lamentavelmente, o que fazemos é o oposto disso. O professor chega no primeiro dia de aula e faz uma conferência sobre perguntas que os alunos não lhe fizeram. Isso é o que chamo de 'pedagogia da resposta', e não de 'pedagogia da pergunta'. O aluno chega e ouve uma hora e meia de discurso. E o que é mais trágico é que, às vezes, nós, professores, não sabemos sequer quem fez as primeiras perguntas que provocaram a resposta que estamos dando. É uma pena. Sou otimista, acho que estamos mudando. Aos poucos, mas estamos mudando. Isso faz parte do que chamo de seriedade acadêmica, que não é apenas um discurso bonito que o professor ou a professora faz, mas é exatamente a maneira correta, rigorosa como tratamos os objetos do conhecimento.

O que quero propor aqui e agora é que, em certos sentidos, tomemos distância de uma coisa chamada prática educativa, para saber o que é ela. É isso o que quero fazer: dar um testemunho a vocês de como, de modo geral trabalho na minha casa, na minha biblioteca, quando trato de certos temas que escrevo em meus livros.

Procuro fazer essa tomada de distância do objeto para apreender e, inclusive, no processo de tomar distância do objeto, há um momento que chamo de cerco epistemológico do objeto. Tomo distância dele porque quero me aproximar. E quando quero me aproximar dele, o faço através de curvas em torno do objeto. Esse processo de ir e voltar em torno do objeto chamo de cerco epistemológico. É como se eu cercasse mesmo o objeto para que não escapasse de mim. Para usar a linguagem nordestina, dou o bote no objeto, pego o objeto. Os cientistas que pesquisam em seus laboratórios fazem exatamente isso, mas não significa que só eles fazem. Os professores que tratam e que falam dos seus objetos o fazem também, ou então estão errados. O que não é possível é deixar de fazer isso.

Quero propor essa coisa: vamos pensar numa certa prática que, por revelar determinadas características, pode ser chamada de prática educativa. Por exemplo, você assiste a um jogo de voleibol e há, indiscutivelmente, uma prática sendo vivida e exercida, onde pode até haver momentos pedagógicos, mas não se trata de uma prática educativa. É um jogo de voleibol. Portanto, o que fundamentalmente caracteriza uma prática e que faz que digamos que ela é uma prática educativa?

Na medida em que me pergunto ou penso na experiência de uma prática educativa, ou de uma certa prática que estou pensando que poderá ser educativa, me indago em torno do que é que está constituindo e como é essa prática. Quando penso numa prática que será ou é educativa, percebo inicialmente que essa prática tem ou joga com os sujeitos da própria prática. Esses sujeitos são, de um lado, o educador ou educadora, e os educandos do outro.

O que não pode é haver prática educativa sem a composição desses elementos que são sujeitos da prática: o educador e o educando. Mas imediatamente percebo, na minha experiência de observar uma memória, que é uma memória de uma certa prática, descubro que, entre o sujeito professor e professora, o sujeito educador e os sujeitos educandos, há um certo objeto que media a ação dos dois. Esses objetos são exatamente o que chamamos de conteúdo ou de conteúdo do ensino. Não há prática educativa que não tenha, de um lado, um sujeito que chamamos de educador ou de professor e, do outro, o sujeito que chamamos de educando ou de aluno e, entre os dois, o objeto, que por isso mesmo não é possuído e nem mesmo deve ser possuído por um ou por outro, mas um objeto que desafia a curiosidade dos dois, a curiosidade do professor que fala do objeto, que propõe o objeto à análise do educando, e a curiosidade do educando. A questão da curiosidade é fundamental para que manejemos a prática educativa.

Lamentavelmente... Se vocês soubessem como estou velho! Se eu tivesse 40 anos menos, eu ainda tinha tempo suficiente para dar curso, quer dizer, tempo de competência. Se eu pudesse passar aqui dois, três meses ou um semestre, aí então eu podia pegar essa frase e trabalhar um semestre com os alunos. Trabalharia isso a cada duas horas, com tempo para aprofundarmos. Mas não vou poder ficar aqui com vocês, e nem devo fazer isso. Temos que ter desconfiômetro e saber quando é que é a melhor hora para parar. Não vou matar vocês aqui ficando até o meio-dia, de jeito nenhum, nem vocês façam essa proposta para mim. Teremos que fazer certas sínteses, mesmo que procuremos a análise.

A questão da curiosidade é uma das questões fundamentais, porque, se não houvesse a curiosidade, eu não poderia estar aqui sequer falando sobre curiosidade, em primeiro lugar. É um fenômeno vital. A curiosidade não é exclusiva do ser humano, mas faz parte. Onde há vida, há curiosidade. A curiosidade é um fenômeno da vida no âmbito da existência. A existência é uma invenção humana como nós, mulheres e homens, que inventamos ao longo de milênios a existência, que é o que nos caracteriza hoje, no âmbito da existência.

A curiosidade funciona de maneira extraordinária, profunda, larga. A curiosidade é curiosa, sem ela não haveria conhecimento. O que acho triste é que a curiosidade seja tão mal tratada, tão destruída, pelas mães, pais e professores, quando sem ela não há possibilidade de nossa afirmação como ser. Por exemplo, quantos pais e irmãos na minha geração, na de meus netos, não levaram o que é cognoscitivo? ... Chegar no dia seguinte e perguntar ao professor: 'o que é cognoscitivo?' Ele deve dizer:

– Já consultaste o dicionário?

– Não.

– Então vá. Se o dicionário não tiver, venha a mim.

É preciso fazer a força investigadora. O estudante não pode querer se servir do professor antes de trabalhar simultaneamente com o seu trabalho. O professor não existe só para fazer um trabalho que o educando tem que fazer.

Outra questão que discuto no meu livrinho amplamente é o saber escutar. Como é possível ser professor se você não escuta jamais o estudante, se jamais escuta o outro? Você está de tal maneira convencido de que seu saber é o saber, está de tal maneira convencido de que o mundo gira em torno de você, de que seu discurso é o que vale! Você chega, faz seu discurso, um estudante faz uma pergunta, e você diz que não é hora de pergunta! 'Ouça-me!'. Puxa! Que diabo de professor é esse que diz 'ouça-me!'? Quer dizer que só é possível ser ouvido? Se ouve também.

Aprender a escutar! Aprendo a falar com os outros. Se não aprendo a escutar falo sobre ou para os outros. Se aprendo a escutar o outro, falo com ele. Acho que nunca se precisou tanto nesse país falar com os outros do que apenas ouvir. Nunca se precisou tanto conviver com o diferente quanto hoje. É uma experiência que faz parte da experiência democrática.

Escrevi sobre uns dez ou mais saberes. Quer dizer, a esperança minha é que esse seja um livro desafiador, que não seja um livro dócil a quem não pretenda refletir.

Quero agora dizer para vocês, para deixá-los, que foi uma imensa alegria, a que eu tive de ter vindo aqui, e o que representa para mim. Porque, às vezes, uma pessoa quando pensa que um cara como eu... 'Ah!, esse sujeito tem uma experiência enorme no mundo todo, e essas coisas já são puras repetições'. Quero dizer para vocês que nada se repete assim. A experiência histórica e social tem sempre uma riqueza, sobretudo se o sujeito dessa experiência é um sujeito aberto às diferenças, se o sujeito se abre às diferenças. Cada experiência que tenho no mundo tem um significado especial. E eu aprendo, aprendo sempre muito com elas.

Estas teriam sido as últimas conferências que Paulo pronunciou em universidade. Quarenta dias depois, faleceria.

ANEXOS

ANEXOS

PRESSUPOSTOS TEÓRICOS FUNDAMENTALISTAS DA "IGREJA E ANTI-IGREJA: TEOLOGIA DA LIBERTAÇÃO"[84]

Paulo Rodrigues

Abramos ao acaso o livro *Teología de la Liberación*, do peruano Gustavo Gutierrez. Que lugares teológicos encontramos como fontes de argumentação? São Gregório Nazianzento? São Leão Magno? São Basílio? São Crisóstomo? São Jerônimo? Santo Ambrósio? Santo Irineu? Santo Agostinho? São João Damasceno? Nada. Nada. Nem uma palavra dos Santos Padres da Igreja, os porta-vozes autênticos da tradição apostólica, no sentido que lhes dá a Igreja Católica Apostólica romana. E da sagrada escritura, o que citam os "teólogos da Libertação?" Nada. Nada. Recorrem, sim, às vezes, a uma passagem do *Êxodo*, com exegese própria para justificar a chamada "Teologia da Libertação".

Ao contrário, os *loci theologici* que encontramos nos rodapés do livro de Gutiérrez são autores protestantes: Bonhoeffer, Bultmann, Cullmann, Moltmann, Pannenberg, Von Rad, Karl Barth; são autores da chamada esquerda festiva: Fernando Hen-

---

[84] No livro *Igreja e Anti-Igreja:* Teologia da Libertação, editado em São Paulo por T. A. Queiroz, Editor Ltda, em 1981, seu autor, Paulo Rodrigues, põe a nu as contradições antagônicas existentes entre o Vaticano e a Teologia da Libertação.

rique Cardoso, Paulo Freire, Celso Furtado, Hélio Jaguaribe, Márcio Moreira Alves, Rubem Alves, Cândido Mendes de Almeida; são os autores da chamada ala progressista: pe. H. de Lima Vaz, père Bigo, pére Bouillard, père Chenu, dom Helder Câmara, père Y. Congar, dom Fragoso, pe. Gonzaléz-Ruiz, pe. Hans Küng, pe. Leon Dufour, pe. Metz, pe. Karl Rahner, pe. Schillebeeckx, pe. Schoonenberg, pe. Teilhard de Chardin, cardeal Suenens, e Loisy – o modernista do início do século; finalmente, autores declarados marxistas e comunistas: Althusser, E. Bloch, pe. E. Cardenal, frei J. Cardonell, pe. J. Comblin, o ex-padre Assman, Fidel Castro, Che Guevara, R. Debray, Garaudy, L. Goldman, Gramsci, Lenin, Lukács, Marx.

Podemos fazer o mesmo teste com Hugo Assman. Abramos ao acaso o seu livro, *Teología desde la práxis de la Liberación*. Que lugares teológicos encontramos como fontes de argumentação? A sagrada escritura? A patrística? Nada. Ao contrário, lá estão nos rodapés: G. Gutiérrez, Segundo Galiléa, Metz, Moltmann, Paulo Freire, Marcuse, Comblin, Juan Segundo, Rubem Alves, Chenu, o próprio Hugo Assman, Karl Rahner, Cândido Mendes de Almeida, Henrique C. de Lima Vaz, Merleau-Ponty, Garaudy. (p. 26)

* * *

Se quiséssemos resumir a aventura a que se lançaram os ditos "teólogos da Libertação", tomando-se como exemplo de fácil verificação os três artigos de Boff no *Jornal do Brasil*, diríamos o seguinte:

1º) Boff reduz a sagrada teologia ao seu objeto secundário: as criaturas, especificamente sob os aspectos socioeconômico-políticos;

2º) Boff mantém este objeto secundário (por hipótese, a situação socioeconômica dos povos latino-americanos), sem ordenação ao objeto principal, que é deus *sub ratione Deitatis*, enquanto a sagrada teologia ensinada pela Igreja trata deste objeto na I, II *Summa Theologica*;

3º) Boff descaracteriza a sagrada teologia, uma vez que tira ao objeto secundário (a pobreza, por hipótese) sua ordenação ao objeto principal;

4º) Logo, a "Teologia da Libertação" não é teologia. (p. 26)

Teologia da Libertação é Anti-Igreja?

Que é então a "Teologia da Libertação"? É uma reviravolta de todo o cristianismo *sub espécie marxismi*. Diremos que é uma subespécie da ideologia marxista. O próprio Boff confessa no artigo *Marxismo na teologia*: "Que tipo de marxismo pode ser útil à teologia? Podemos agora responder: o marxismo como teoria científica das realidades sócio-históricas. Ele nos ajuda a entender, não deus, a graça, o Reino, mas a formação, os conflitos e o desenvolvimento das sociedades humanas". É o chamado *materialismo histórico*. Ouçamos um pouco mais a confissão marxista de Boff:

> O marxismo não entra em todas as partes da construção teológica; entra no momento da apreensão que o teólogo faz da realidade social; utiliza este método e não outro porque lhe parece mais adequado para denunciar as falsificações ideológicas do capitalismo, ocultando as verdadeiras causas que geram o empobrecimento que é principalmente a acumulação da riqueza em poucas mãos com a exclusão das grandes maiorias. Este tipo de análise se afina melhor com a intenção da fé.

E arremata Boff: "O que propomos não é teologia dentro do marxismo, mas marxismo (materialismo histórico) dentro da teologia".

Ora, todo mundo já sabe hoje que o materialismo histórico de Marx não explica as verdadeiras causas que geram a pobreza. Reduzir tudo, em última instância, como queria Marx e quer Boff, ao determinismo econômico dos meios de produção, é desconhecer as verdadeiras causas, não é explicar, não é fazer teoria científica. As verdadeiras causas do empobrecimento são múltiplas, dentre as quais não podemos esquecer as principais, as causas morais (e não econômicas) do apego aos bens materiais. (p. 26)

* * *

Ora, nestes primeiros quatro anos da década de 1980, um estranho fato semântico ocorreu: a Teologia da Libertação de conotação marxista devorou as outras duas tendências [a de tipo sociopopular e a de cunho evangélico] e apropriou-se, como de um monopólio seu, da fórmula Teologia da Libertação. E neste ponto estamos nós, diante desta corrente de inspiração marxista, apresentada como a única e verdadeira Teologia da Libertação.

Efetivamente, hoje, quando se fala de Teologia da Libertação, em que autores se pensa? A única resposta honesta, me parece, é esta: em Leonardo Boff, em Clodovis Boff, em Jon Sobrino, em Gustavo Gutiérrez, em Hugo Assman, em Teófilo Cabestrero, em Pablo Richard, em Enrique Dussel etc.. E entre eles o acordo é total:

a) a Teologia da Libertação pretende ser uma interpretação global do fenômeno cristão;

b) todo o cristianismo deve ser entendido como uma práxis de libertação;

c) toda a realidade é política e assim também a libertação é um conceito político;

d) a Teologia da Libertação não apenas pode, mas deve usar a ferramenta da análise marxista, análise que é julgada "científica" e talvez mesmo a palavra definitiva sobre o assunto. A disseminação das ideias da Teologia da Libertação de inspiração marxista é impressionante entre nós, no Brasil. Seus grãos e suas sementes são difundidos desde as cátedras de Teologia e de Filosofia em seminários e faculdades, até a última capilaridade das religiosas, trabalhando entre os pobres das periferias urbanas ou nos povoados perdidos no sertão. (p. 32)

* * *

[...] Consciência de missão histórica de que está imbuído um grupo social. Exemplo: a consciência das chamadas comunidades eclesiais de base, de que deverão construir uma nova Igreja, fundamentalmente outra, distinta da velha Igreja Católica. (p. 35)

* * *

Tal componente da práxis ideológica, na "Teologia da Libertação", vemos hoje a olhos nus, na revolução marxista-clerical da Nicarágua, nas tentativas do mesmo gênero em El Salvador, e nas greves dos metalúrgicos de São Bernardo do Campo, em São Paulo, em 1980, em que, de algum modo, tiveram participação o jesuíta João Batista Libânio, seu parente frei Betto, o bispo dom Cláudio Hummes, e o cardeal Arns. (p. 35)

* * *

Os historiadores marxistas e seus irmãos siameses, os "teólogos da Libertação", costumam ver na palavra *império* um Camões precursor do capitalismo imperialista...

A Companhia de Jesus foi, realmente, instrumento eficaz de civilização cristã. Vale a pena voltarmos ao pe. Serafim Leite para ouvi-lo contar, com aquele seu estilo tão amável:

> Logo no começo, *aténs* de agosto de 1549, foi ele [Nóbrega] visitar as aldeias dos gentios ao redor da Bahia. Servia-lhe de intérprete um menino. Fazia luar. Nóbrega falou-lhes da boa nova, da fé em Jesus Cristo. E, à volta, ele ouvia, com prazer de apóstolo, que na beira dos caminhos se repetia, quando passava, o nome suavíssimo de jesus: *'Louvado seja Jesus Cristo!'*.

Depois disso, só nos resta dizer o que disse Corção, em 1973, dentro da Sainte-Chapelle e depois dentro do Alcobaça: "por aqui passou uma raça de gigantes!".

Ora, não é isso que dizem os pigmeus de hoje. Para Darcy Ribeiro, por exemplo, o beato José de Anchieta era um "tolo santo"; santo Inácio de Loyola, um "possesso"; Manuel da Nóbrega, "planeja a colonização do Brasil, pedindo ao século a domesticação do gentio selvagem para que ele, depois, o refizesse pio e candoroso" [*sic*]. Os jesuítas do século XVI – ainda para o pseudoantropólogo – "afundam todos no feio ofício de amansadores de índios para a morte ou cativeiro. Depois, se dando conta, lamentarão por todos os seus anos de velhice envilecida" [*sic*]. Toda essa ignomínia o leitor, se tiver estômago, pode encontrar como introdução condizente de Darcy Ribeiro ao livro de frei Leonardo Boff, O.F.M., *O caminhar da Igreja com os oprimidos*, Editora do Pasquim, Rio de Janeiro, 1980. (p. 42)

* * *

Pregam uma gnose-neo-rousseauniana, que vê no selvagem, no índio, um santo, um bem-aventurado: "Os índios já vivem as bem-aventuranças". (1ª Assembleia Nacional de Pastoral Indigenista, Boletim do Cimi, ano 4, n. 22, 1975). (p. 46)

* * *

Todo brasileiro e católico, não dopado, sabe que o ex-pe. Eduardo Hoonaert foi um dos protagonistas da chamada *Noite Sandinista*, realizada em homenagem aos guerrilheiros (= terroristas) sandinistas da Nicarágua, em 28/2/1980, no Teatro da Pontifícia Universidade Católica de São Paulo (TUCA), sendo anfitrião o cardeal Paulo Evaristo Arns, arcebispo de São Paulo. A seu lado (do ex-pe. Hoornaert) levantaram o punho (saudação comunista) e aplaudiram Cuba: frei Betto (irmão leigo dominicano, comunista do caso Marighella, e conselheiro particular de Lula), dom Pedro Casaldáliga (bispo de São Félix do Araguaia, Mato Grosso) e que vestiu o uniforme de guerrilheiro (= terrorista) na *Noite Sandinista*, pe. Miguel D'Escoto (ministro das Relações Exteriores da Nicarágua, marxista), dom José Maria Pires (arcebispo de João Pessoa, conhecido como o Pelé das comunidades eclesiais de base), frei Gilberto Gorgulho, O. P. (coordenador de pastoral em S. Paulo), frei Leonardo Boff (redator da *Revista Eclesiástica Brasileira*, "teólogo da Libertação"), frei Carlos Mesters, O. C. ("exegeta da Libertação"), pe. Paulo Suess (secretário geral do Cimi), pe. João Baptista Libânio, S. J. ("teólogo da Libertação" e assessor da CNBB), pe. Hugo Assman, *défroqué* ("teólogo da Libertação", que pertenceu ao governo Allende do Chile), Jon Sobrino, S.J. ("teólogo da Libertação" em El Salvador), pe. Gustavo Gutiérrez ("teólogo da Libertação" no Peru). (p. 47)

* * *

O livro *O povo e o papa*, Civilização Brasileira, 1980, de autoria de vários – Boff, Betto, Lima, Vaz, Herbert de Souza, e outros – já pertence à esfera da falta de caráter. Ora, para isso só a força da autoridade eclesiástica.(p. 49)

***

Catequese ontem e hoje

Um dos males que acompanha a atual crise é aquilo que Jules Monnerot [considera] a principal contribuição do marxismo: contraverdade, que Corção chamou *mentira vital,* irmã siamesa da desinformação, a grande arma das esquerdas. Quando, por exemplo, Leonardo Boff publica, pela editora do Pasquim, o livro anarco-marxista e conta a Igreja (*O caminhar da Igreja com os oprimidos*) e dois meses depois declara ao *Jornal do Brasil* (22/9/1980) que teme "que as comunidades eclesiais de base virem células marxistas", temos aí um exemplo típico da tática da desinformação, da contraverdade, da mentira vital. Após a visita e o ensinamento do papa, em língua portuguesa e pela televisão, foram muito comuns casos como este dentre os membros do clero progressista. Agora temos *O povo e o papa,* uma nova empulhação, uma nova mentira vital, da nova confraria marxista clerical. No fundo e objetivamente (nunca julgamos foro íntimo de ninguém), são falhas de caráter, ausência de virtudes naturais, sem as quais fica difícil a mantença das virtudes morais sobrenaturais adquiridas no batismo e recuperadas pela confissão. (p. 51)

***

Depois de tudo o que ouvimos do papa, a propósito de Anchieta, o apóstolo do Brasil, temos que nos convencer de uma coisa: ou o ouvimos de fato, convertendo-nos ao verdadeiro espírito missionário católico, de que o beato José de Anchieta é *modelo,* ou então seremos tudo – sociólogos, antropólogos, "teólogos da Libertação", marxistas, guerrilheiros, terroristas – mas católicos filhos da Igreja, não! (p. 52)

* * *

É possível hoje socialismo não marxista?

Sobre o tão decantado socialismo sueco, escreve ainda Ricart Torrens:

> O socialismo sueco atua sobre o consumo e não sobre a produção. Através da pressão fiscal coletiviza tudo, tudo: a cultura, a medicina, a escola, os *mass-media*, os desportos, as divisões. O resultado foi a emigração dos técnicos, dos homens de nível superior [...]. Falta estímulo e liberdade. O socialismo sueco anunciou que 'nenhuma escola particular será tolerada'. Toda educação é teledirigida à despersonalização; inclusive o urbanismo é concebido neste sentido, porque o socialismo sueco socializa a renda nacional pelo imposto direto (cf. J. Ricart Torrens, Catecismo Social, p. 208-209). (p. 101)

No congresso celebrado em Québec, em abril de 1975, com assistência de líderes de "cristãos para o socialismo", da categoria de pe. Arroyo, Gustavo Gutiérrez, Giulio Girardi, Georges Casali e do bispo dom Méndez Arceo, no documento final faz-se a seguinte confissão: "Mesmo com a escalada fascista atual na América do Sul, estes movimentos conquistam êxitos impressionantes, em primeiro lugar no Vietnã, no Camboja, na Guiné-Bissau, em Moçambique, Angola e Palestina" direto (cf. J. Ricart Torrens, Catecismo Social, p. 230). (p. 102)

Causas das novas teologias

As chamadas missas dos quilombos, missa da terra sem males e missa da esperança (condenadas pela Santa Sé em 1982), como também a sacrílega missa de Elis Regina, celebrada na catedral de São Paulo, em janeiro de 1983, são profanações que são muito mais relacionadas do que se pensa às novas teologias da secularização. (p. 105)

* * *

Recorde-se o leitor da contestação e do desrespeito ao papa e da profanação organizada em Jesus Sacramentado, feitas pelos grupos marxistas sandinistas na missa de João Paulo II em Manágua, na Nicarágua, em 4/3/1983. (p. 106)

* * *

Ao pé da página, chama atenção o autor para a influência, até direta, de Pannenberg sobre Gustavo Gutiérrez. Remete ao livro deste último, *Teología de la Liberación*, p. 224. Entre nós, Leonardo Boff, na entrevista ao jornal *Correio do Povo*, de Porto Alegre, de 20/10/1974, intitulada "Está nascendo uma nova Igreja", revela que, durante cinco anos, foi aluno de Pannenberg. Reproduzamos a entrevista ao jornalista Vinícius Jockyman:

> [jornalista] Parece-me, às vezes, que sua posição está muito de acordo com a teologia protestante pelo menos dialeticamente. Confirma o fato, ou atribui a outras razões essa semelhança práxica?
>
> [Leonardo Boff] Na minha formação há um componente ecumênico importante, pois *por quase cinco anos participei, em Munique, do centro ecumênico. Sou muito grato a professores que ficarão sempre na minha memória, como um G. von Rad ou W. Pannenberg, professores da faculdade evangélica de Munique.* [destaque nosso]

Na página 312, mostra o pe. Banclera a influência de Pannenberg, sobre a teologia política de Metz, o conhecido discípulo de Rahner. Aliás, diz o autor no mesmo lugar (citando, por sua vez, A. de Nicolás, *Teología del progreso*, p. 320), "as fontes de inspiração mais evidentes e explicitantes reconhecidas [em Metz] são Ernst Bloch [judeu marxista], Jürgen Moltmann e Wolfhart Pannenberg" [protestantes]. (p. 114-115)

* * *

Estes são os pontos fundamentais comuns a todas as teologias de práxis, que começaram com distinções hegelianas. muito abstratas e terminam muito concretamente na guerrilha sandinista e na chamada igreja popular cismática da Nicarágua. A reinterpretação, critica o autor, trata-se precisamente disso: de situar a revelação e a fé no momento histórico para captar e transmitir sua "mensagem", para perceber o "sentido" que, de acordo com a marcha na história, se deve imprimir à vida humana individual e social. (p. 116)

* * *

Podemos dizer que o desastre que o neo-hegeliano Pannenberg causa ao cristianismo coincide com o desastre causado pelos nossos neo-hegelianos. Como Pannenberg identifica revelação e história, analogamente o jesuíta Henrique Vaz identifica ontologia e história – o que não impede, até estimula, que seus discípulos prossigam até Pannenberg. O que Pannenberg é para a teologia, é o pe. Vaz para a filosofia. Veja-se o depoimento pessoal de um de seus principais discípulos, Herbert de Souza, no capítulo "Padre Henrique Vaz: A filosofia de nossa práxis" no livro de Carlos Palácio, S. J., e outros, *Cristianismo e história*: "A contribuição do pe. Vaz, em termos de um novo modo de pensar, foi, como dissemos, a introdução à dialética: a noção de contradição, de processo encarnado no social, em nossa história".[85] Já no livro Memórias no exílio, Lisboa, Arcádia, 1978, escrito por vários autores, confessa ainda o mesmo Herbert de Souza:

> a minha presença na JUC foi marcada por uma ativa participação no movimento estudantil... O movimento estudantil nos jogou na política nacional. Ao crescer esse movimento de participação, a reli-

---

[85] Palácio, Carlos, S. J. e outros, *Cristianismo e história*. Coleção Fé e Realidade (!). São Paulo: Edições Loyola, 1982, p. 21.

gião já não dizia mais nada. Passamos então de uma visão religiosa a uma perspectiva política... A própria prática dirigia o nosso conhecimento para uma amplitude maior, para o marxismo. Começamos a sair do mundo da *gestalt* cristã, da visão de mundo marxista... Há que entender essa ligação, essa continuidade, essas rupturas de uma tradição cristã, que toma depois um aspecto político, se radicaliza na política. Então tanto as virtudes como as graves deficiências estão vinculadas a esse processo. Ao chegarmos a adotar o maoismo como uma religião em 1968-69, tínhamos uma base para isso. Por que fomos nós e não os outros grupos? Nós saímos da Ação Católica e os outros não. Depois de cristo deu-se o vazio, mas o maoismo chegou e o camarada Mao pegou de novo a bandeira (Cf. dom José Fernandes Veloso, Itinerário de Marx a cristo [o título real é De cristo a Marx] (Jornal do Brasil, de 30/3/1984, p. 71-72). (p. 117)

As duas gnoses: progressistas e tradicionalistas

Progressismo e tradicionalismo são denominações de dois fenômenos religiosos, de extensão universal, e, por isto, de interesse geral, dado que "civilização" e "cristianismo" são termos equivalentes.

A dimensão universal dos dois fenômenos não lhes tira as características próprias nas diversas regiões da terra. Assim, por exemplo, a chamada "Teologia da Libertação" (fenômeno típico do progressismo de nossos dias), nos Estados Unidos é "Teologia da Libertação do negro; na América Latina, 'Teologia da Libertação do pobre'; na Europa Ocidental, 'teologia para se libertar da Igreja Católica'". Todas essas conotações regionais não desmentem, ao contrário, subentendem o denominador comum à "nova teologia", que nem é nova nem é teologia: a completa temporização do cristianismo. (p. 118)

* * *

Dissemos também que o progressismo é uma heresia e o tradicionalismo um cisma. (p. 120)

Para dar um exemplo: o eminente embaixador, hoje brilhante, jornalista J. O. de Meira Penna, no artigo "Cristianismo e candomblé", *Jornal da Tarde* (São Paulo), de 29/8/1983, equivocadamente escreve: "Vejamos: padres cabeçudos, arcaicos e antipáticos são perseguidos e punidos, senão excomungados, em Niterói, em Campos e alhures (para não falar no arcebispo Lefèbvre) porque cometem pecado imperdoável de dizerem a missa como foi dita durante 1.900 anos, em latim [*sic*]". (p. 122)

* * *

A Igreja [...] deve fazer grande esforço, neste período, para entrar no caminho reto da aplicação do Vaticano II e afastar-se das propostas contrárias, cada uma das quais se revela, no seu gênero, como afastamento deste caminho (discurso de abertura do Consistório secreto com o santo colégio em Roma, em 5/11/1979).(p. 123)

* * *

Profanação a jesus sacramentado

"Fé e a História devem coincidir" é a base, por exemplo, da profanação organizada de jesus sacramentado, na missa do papa, de 4/3/1983, em Manágua, onde o *slogan* principal era "Entre cristianismo e revolução não há contradição!", gritado pelas turbas sandinistas.(p. 115)

* * *

Quem tomou o poder no Vaticano

"Ora, não é o caso do papa João Paulo II. E segundo o insuspeito Louis Salleron, não foi o caso de Paulo VI: foram as secretarias que tomaram o poder e organizaram a subversão; Paulo VI pouco a pouco se apercebeu disso, mas, incapaz de impor a vontade, refugiou-se na ideia de que a providência não abandonaria a Igreja e que a provação por que ela passava tinha uma significação misteriosa. Abandonado de todos, sofrendo sempre mais, ele se limitava a lembrar as grandes verdades da fé, confiando ao seu sucessor o ônus de conter a avalanche. (p. 126)

POSIÇÕES DEMOCRÁTICO-REVOLUCIONÁRIAS DENTRO DA TEOLOGIA DA LIBERTAÇÃO[86]

Thomas Buhl[87]

Desde a imposição do modo de produção capitalista na América Latina e a Revolução Cubana, durante a terceira etapa da crise geral do capitalismo mundial, as condições sociais sob as quais os povos latino-americanos lutam por sua libertação nacional e social experimentaram mudanças substanciais. Como reação a este processo objetivo produziu-se um auge da luta anti-imperialista revolucionária em que participam também distintos setores das massas populares cristãs.

O movimento popular cristão alcançou um primeiro nível de organização com o surgimento e desenvolvimento das comunidades cristãs de base, que representam no seio da Igreja os interesses das massas populares. Junto às comunidades de base

---

[86] Colóquio Multilateral, de 15 a 17 de maio de 1984 – Universidade Wilhelm-Pieck, de Rostock. Redação da versão espanhola: Alberto González.

[87] Os doutores Thomas Buhl e Sybille Bachmann, autores dos artigos em anexo e renomados pesquisadores da Universidade Wilhelm-Pieck, de Rostock, da antiga República Democrática Alemã, assim definem os pressupostos teóricos da Igreja do povo, apoiados na Teologia da Libertação.

deve-se mencionar vários outros movimentos que desenham papel importante na mobilização das massas, como o movimento "Cristãos pelo Socialismo", a OnisS no Peru, Sacerdotes para o Terceiro Mundo da Argentina, sindicatos cristãos, organizações profissionais e de massas.

Uma expressão das mudanças no âmbito da consciência social, ligadas aos processos sociais, é o surgimento da Teologia da Libertação na América Latina, que começou a desenvolver-se vinculada à luta das massas cristãs ao final da década de 1960 e se estendeu em estreita relação com as "comunidades cristãs de base" nos anos 1970. A Teologia da Libertação constitui uma resposta teórico-teológica à opção feita pelas massas populares crentes e sacerdotes vinculados ao povo.

A Teologia da Libertação articula, no âmbito da generalização teológica, as experiências da luta das massas populares e faz uma reflexão crítica das condições sociais existentes. Desta maneira ela pode dar, cada vez mais, uma mais clara explicação e motivação para a prática social de setores importantes dos cristãos latino-americanos, ainda que não disponham de uma influência dominante no seio das Igrejas latino-americanas. A Teologia da Libertação é uma corrente diferenciada e real na base, tanto para o pensamento reformista como para as ideias democráticas revolucionárias.

O ponto de partida teórico dentro da Teologia da Libertação constitui a concepção da pobreza. Fundada na *Bíblia*, onde deus toma partido pelo explorado,[88] entende-se como pobres a todos os setores explorados e oprimidos do povo e a Teologia da Libertação identifica-se com sua luta. Gustavo Gutiérrez, um

---

[88] Cf. J. Comblin, "Humanität und Befreiung der Unterdrückten". *Concilium*, Einsiedel, Mainz, Wien, Zürich, v. 18, n. 5, p. 360, 1982.

dos teólogos da Libertação mais famosos, destaca que a pobreza é "algo coletivo" e que tem o caráter de "conflitividade social".[89]

A corrente democrático-revolucionária dentro da Teologia da Libertação não se orienta ao pobre como indivíduo, senão que reconhece nos pobres as massas oprimidas, as forças ativas, que tomam seu destino em suas mãos para a construção de uma nova sociedade.[90] Com essa opinião, eles coincidem com o conceito marxista-leninista das massas populares, que engloba todas as classes e camadas que por seu papel objetivo atuam progressivamente.

O ponto de partida para uma análise mais profunda da Teologia da Libertação constitui sua concepção sobre a unidade da história profana e a história sagrada. Esta conclusão foi violentamente atacada pelas forças conservadoras. Isto não é de estranhar, pois a partir desta posição a Teologia da Libertação está em condições de analisar também problemas sociopolíticos no marco teológico e de reclamar mudanças sociais. O teólogo peruano Alejandro Cussiánovich, citado aqui em representação de outros teólogos, fundamenta esta posição ao expressar que, para a teologia libertadora, a fonte de uma nova experiência espiritual é a experiência de ter que lutar com os dez dedos e a boca para poder comer e viver.[91]

Os representantes mais consequentes da Teologia da Libertação aprofundam esta posição e reconhecem nos pobres oprimidos o sujeito da história. Segundo Gutiérrez, cujas posições servem de base a muitos teólogos da Libertação, neste único

---

[89] Cf. G. Gutiérrez, "Comunidades cristianas de base". *Cristianismo e Sociedade*, Buenos Aires, v. 18, n. 64, p. 17, 1980.

[90] Cf. J. Sobrino, "Profil einer politischen Heiligkeit". *Concilium, op. cit.,* v. 19, n. 3, p. 183, 1983.

[91] Cf. Schlegelberger e outros, *Von Medellín nach Puebla.* Gespräche mit lateinamerikanischen Theologen, Düsseldorf, 1980, p. 43.

processo histórico, que vem de deus e tem seu fim em Jesus Cristo, o homem se realiza por meio do trabalho humano. Para Gutiérrez o trabalho significa prolongar a criação transformando a natureza e entrando em contato com outros homens, com a sociedade. Isso é a recriação do homem na práxis e mediante a práxis humana, como parte da salvação. Neste conceito, concebe-se a unidade de criação, salvação e libertação política.[92]

A corrente democrático-revolucionária chama explicitamente à participação em luta política pela libertação do pecado social e pessoal. Com isso inclui-se na Graça de deus a todas as pessoas que lutam pela libertação do pecado, e não exclusivamente os crentes.

Como expressa o teólogo brasileiro Leonardo Boff, a história sagrada engloba sem distinção a todos os seres em sua correspondente situação concreta. Na história antecipa-se à obra libertadora de deus em Jesus Cristo, e se transmite nas realidades sociais, econômicas, políticas e pessoais dos homens.[93] Esta participação na graça de deus de todos os homens, lutando contra a exploração e opressão, constitui enfim uma explicação teológica para a unidade de todas as forças anti-imperialistas e para sua incorporação à luta de classes.

A partir destes motivos tem-se que compreender também a adoção de conhecimento e elementos do método do materialismo histórico por parte dos setores mais consequentes da Teologia da Libertação, porque para eles isso resulta impossível "vi-

---

[92] Cf. G. Gutiérrez, *Die Theologie der Brefreiung* [*Teologia da Libertação*]. München: Perspectiven, 1973, p. 166.

[93] L. Boff, "Theologie de Befreiung – die hermeneutische Voraussetzung. *In*: K. Rahner e outros. *Befreiende Theologie*. Der Beitrag Lateinamerikas zur Theoligie der Gegenwart, Sttuttgart, Berlin, Wien, Mainz, 1977, p. 60.

ver e pensar a fé fora da ordem social existente".[94] Para isso, a análise científica da sociedade constitui uma necessidade absoluta para a superação da ordem social pecaminosa. Também nas concepções próximas a esta problemática, pode-se constatar uma diferenciação dentro da Teologia da Libertação.

Juan Carlos Scannone, partindo de uma estimação exageradamente nacionalista do movimento popular especificamente latino-americano, rechaça o marxismo, qualificando-o de ideologia estranha para a América Latina, que "absorverá assim no coletivismo e internacionalismo a idiossincrasia das pessoas e das nacionalidades".[95]

Aplicando o método da análise social marxista, a ala democrática revolucionária da Teologia da Libertação define a situação social de pecado da América Latina como capitalismo, como uma sociedade baseada na propriedade privada dos meios de produção, na exploração da força de trabalho como mercadoria, e na acumulação, concentração e centralização do capital em subordinação permanente do imperialismo, como destaca o teólogo mexicano Raúl Vidales.[96] Rechaça-se esta sociedade por ser indigna para um cristão e critica-se violentamente a hierarquia eclesiástica por sua estreita vinculação às classes dominantes e sua ocultação da exploração mediante a religião.

Estas posições vinculadas às massas populares conduzem estes teólogos à demanda da criação de uma Igreja dos pobres realmente cristã. Para muitos teólogos da Libertação, a prática das

---

[94] G. Gutiérrez, "Teologia desde el reverso de la história". *In*: *La fuerza histórica de los pobres*. 2. ed. Selección de trabajos, Lima, 1980, p. 352.

[95] J. C. Scannone, "La liberación latino-americana, antologia del processo autêntico liberador". *In*: *Stromata*, San Miguel, Argentina, v. 28, n. 12, 1972, p. 115.

[96] Cf. R. Vidales, "Cristianismo y socialismo, convergência en el processo". *Cristianismo y Sociedad*, Santo Domingo, R. D., v. 20, n. 74, 1982, p. 38.

comunidades de base constitui a base social e a fonte tanto para a teologia como também para a nova Igreja.[97] A ala democrático-revolucionária da Teologia da Libertação está consciente de que a luta das classes se desenvolve também dentro da Igreja mesma.

Para esta corrente mais consequente, uma revolução social e a construção de uma nova sociedade sem exploração constituem a única saída possível da situação atual da América Latina.

As potencialidades historicamente progressistas da Teologia da Libertação evidenciam-se claramente em suas concepções sobre a sociedade socialista. Tais concepções se vinculam não tanto ao socialismo real existente como à postulação ideal de uma sociedade livre e justa que sirva a todos os elementos da sociedade. Mas nela incorporam-se elementos da teoria marxista-leninista da revolução, como por exemplo a socialização dos meios de produção e a instauração de um governo popular.

Neste contexto, alguns dos teólogos da Libertação, como por exemplo Raúl Vidales, reconhecem claramente a interrelação entre o desenvolvimento internacional e a luta de classes na América Latina.

> O conflito não é essencialmente um conflito entre dois blocos de nações, senão entre duas classes sociais de base internacional e entre os dois modos de produção distintos que eles representam. Na luta entre estes modos de produção (que se expressa em conflitos entre classes, nações e grupos concretos) um deles – apesar da atual política belicosa de Reagan – está na defensiva.[98]

Esta compreensão da direção do desenvolvimento atual do processo social e do histórico mundial constitui a causa funda-

---

[97] Cf. P. Richard, "La ética como Espiritualidad Liberadora en la realidad eclesial de América Latina. *Cristianismo y Sociedad,* Santo Domingo, R. D., v. 19, n. 68/70, 1981, p. 75 ss.

[98] R. Vidales, *Cristianos y Socialismo..., op. cit.*, p. 37s.

mental para as posições sociopolíticas da ala democrático-revolucionária dentro da Teologia da Libertação.

Estas posições concretizaram-se e aprofundaram-se sob a influência do agravamento da crise em fins dos anos 1970 na América Latina. A noção de "os pobres" para a corrente democrático-revolucionária dentro da Teologia da Libertação constitui um ponto central teórico, que a leva a um claro compromisso com o povo, reconhecendo nele a força motriz do progresso histórico. Apesar de sua diferenciação esta concepção teológica contribui, sem pôr em relevo uma classe determinada, para a capacidade combativa das massas na luta anti-imperialista; sem assinalar o papel especial da classe operária, destaca-se a unidade de todos os explorados e todas as forças democráticas.

As forças marxistas-leninistas na América Latina atualmente encontram-se confrontadas com a tarefa de determinar sua relação a estes cristãos progressistas e de colaborar com eles em uma aliança a longo prazo. Fidel Castro explicou esta tarefa no discurso em sua volta à Nicarágua: "Nós havíamos falado uma vez no Chile e na Jamaica da aliança estratégica entre cristãos e marxistas-leninistas. Se a revolução na América Latina adotar um caráter antirreligioso, conduzirá à divisão do povo".[99]

---

[99] F. Castro. "Extrato do discurso de Fidel em seu retorno à Nicarágua". Pronunciado em 26 de julho, *Granma*, 28/7/1980.

SACERDOTES LIGADOS AO POVO[100]

Sybille Bachmann

Durante os últimos dois decênios, foi visível uma acelerada participação de cristãos na luta anti-imperialista dos povos latino-americanos. Os movimentos das massas católicas e dos sacerdotes nos anos 1960 despertaram um interesse mundial e sua amplitude pôs em evidência que a participação na luta anti-imperialista destas forças, com uma concepção religiosa do mundo, não constitui casos particulares.

Os processos de desenvolvimento social dos anos 1940 aos 1960, e sobretudo a acentuação das contradições sociais abarcaram também as massas católicas. Em primeiro lugar, os sacerdotes do campesinato e da população rural mais afetados pela crise viram-se confrontados com o processo de pauperização e inevitavelmente com a emigração às cidades. A influência da Igreja Católica aumentou parcialmente, mas, ao mesmo tempo, a Igreja tinha

---

[100] Artigo apresentado pela autora no Colóquio Multilateral (de 15 a 17 de maio de 1984), publicado em 1985 pela Sektion Lateinamerikawissenschaften, em Rostock, então República Democrática Alemã. Versão de Alberto González.

que adaptar-se à nova situação das massas crentes. Isso o tentou, em primeiro lugar, através da doutrina social. Com relação a isso, tem que se ver também a formação e o apoio das "comunidades eclesiais de base" levadas a cabo por membros do alto clero.

Estas comunidades de base surgiram sobretudo naqueles países ou zonas que estavam mais atrasados e nos quais se produziu uma emigração de grande massa da população rural.[101] Também deve-se seu surgimento, entre outras causas, à abstinência por parte das classes de levar a cabo reformas, a ausência das massas populares nos partidos e organização existentes, assim como a proibição da organização camponesa em alguns países. Em sua maioria, desenvolveram-se com os chamados "círculos de reflexão", nos quais a leitura da *Bíblia* foi enriquecida com a discussão dos crentes, enchendo seus ensinamentos de um conteúdo social concreto correspondente à situação e, sempre mais, aos interesses dos crentes.[102] Com base nos ensinamentos bíblicos, fez-se uma interpretação dos processos sociais, impulsionando com isso a tendência a uma aplicação nova e prática de tais ensinamentos. Conforme a situação concreta, refere-se a distintos parágrafos da *Bíblia*, mas também se notam princípios comuns de interpretação que encontram um reflexo na Teologia da Libertação, na qual sacerdotes ligados ao povo encontram motivos de inspiração e argumentos para o seu trabalho nas co-

---

[101] Veja *Christen auf dem Kreuzweg zur Befreiung: Honduras, Guatemala, El Salvador,* Essen, 1981. Que esses processos têm causas objetivas o demonstra a criação de comunidades de base na Itália. Veja-se Franzoni, G. "Comunidade de base e sacerdotes: relato de uma experiência na Itália". *Concilium,* Ensiedeln, n. 3, p. 161-165, 1980.

[102] Reiser, A., Schoenborn, G. *Comunidades de Base e Libertação* – Livro de leitura sobre a teologia e práxis cristã na América Latina. Wuppertal, 1981, p. 71-79.

munidades de base. Parcialmente cria-se aqui uma nova língua ou categorias para a problemática social.

As contradições reais que estão por trás destes fenômenos na consciência das massas populares não podem ser resultados imediatamente, senão somente simbolicamente, através da forma religiosa da reflexão da realidade. A relação entre vida e morte para eles expressam-se em primeiro lugar na comparação com o calvário de Jesus Cristo. Os membros das comunidades de base chegam ao entendimento de deus como "o deus da vida". Da ameaça à vida deduz-se a necessidade da luta armada.

Para as "comunidades de base" e a Igreja popular existe uma estreita relação entre evangelização e libertação. A história é entendida como uma tarefa do homem. Com o conceito de deus como o "deus da História" eles veem uma unidade entre a história humana e a salvação. Esta libertação começa por profundas transformações do sistema social atual, pois a mensagem evangélica para eles é incompatível com uma sociedade injusta. Dessa maneira, a Igreja popular introduz elementos da análise social no próprio discurso religioso. Isto conduz a uma parcial recepção do materialismo histórico por parte de alguns crentes e membros do clero.

Estas forças põem em relação também a salvação e a libertação do homem. Como força motriz da libertação é considerado, em primeiro lugar, o amor. A prática da libertação é considerada a historicamente eficaz e primeira forma de exercício do amor cristão ao próximo, cuja forma mais elevada, a entrega pelo irmão, com que a participação na luta armada emerge como uma consequência lógica.

Outros pontos de partida na *Bíblia*, para as comunidades de base e o clero ligado ao povo, são a ideia do êxodo e o acontecimento do deserto.

O sacerdote salvadorenho Rutilio Sánchez, que trabalha em uma zona de controle do FMLN, disse de sua atividade: "Quando nós dizemos o pão nosso de cada dia dá-nos hoje, nos referimos à construção e consolidação do território sob o controle do povo. Venha a nós o teu reino porque o estamos construindo. Não nos deixe cair em tentações como o medo, a traição, a indiferença".[103]

É evidente que tal modo de conscientização social conduz com o tempo a uma luta sempre mais ativa e consciente pelos interesses e assuntos próprios. De tal maneira, a confrontação espiritual com a realidade, mediante a *Bíblia*, levou ao desenvolvimento de uma consciência política.

A partir da ajuda mútua, derivada do mandamento cristão de amor ao próximo, desenvolve-se formas de solidariedade ativa, assim como as correspondentes formas de organização. A necessidade da unificação organizada da dialética entre progresso e reação, levou à coordenação das atividades das "comunidades de base". A forma mais elevada até agora é em El Salvador, onde fundou-se em agosto de 1980 a Coordenadoria Nacional da Igreja Popular (Conip). Paralelamente, criaram-se as primeiras organizações orientadas politicamente, ou apoiadas, no caso de já existir por parte de membros de comunidades de base ou pelo conjunto delas.

Estes fatos confirmaram que, sob as condições de incremento de um processo revolucionário, os elementos religiosos unem-se cada vez mais com os científicos.

As expectativas dos cristãos correspondem em medida considerável às concepções das forças revolucionárias e as tarefas do atual processo revolucionário na América Central. Nos crentes entrelaçaram-se os conceitos cristãos com as ideias democrático--revolucionárias. Em vista das ações concretas de seus países esta força social constitui uma potência democrática e anti-imperialis-

---

[103] Moya, H. C. "A Igreja popular salvadorenha: sacerdotes com o povo em armas". *Granma*, resumo semanal, La Habana, 1/1/1984, p. 10.

ta que dispõe, por suas características especiais, de uma influência significativa e que pode jogar um papel de grande importância no atual processo revolucionário.

Estes processos documentam a maneira em que representantes e dirigentes das massas cristãs e do clero ligado ao povo refletem, do ponto de vista religioso, o caráter e o movimento do processo revolucionário mundial.

No contexto da concepção da sociedade que sustentam estas forças para construir o reino de deus, contemplou-se também a construção do socialismo, ao que se outorga como característica fundamental a capacidade de satisfazer as necessidades fundamentais do povo e o exercício de uma ampla democracia.[104]

As comunidades de base são muito discutidas dentro da Igreja e contribuem para a formação da consciência e a politização das massas populares, em primeiro lugar de seus setores não proletários. Por isso não é estranho que nas regiões onde houve um intenso trabalho pastoral com as massas populares, as organizações populares revolucionárias tenham encontrado um seguro sustentáculo.

No que diz respeito ao papel atual e futuro das massas cristãs no processo revolucionário dos povos latino-americanos, vale destacar que o desenvolvimento das comunidades de base e das organizações populares cristãs progressistas refletem uma possibilidade de importância para a luta anti-imperialista das massas populares do continente e, por isso, possibilidades para uma aliança com outras forças democráticas e revolucionárias. As comunidades de base podem con-

---

[104] Veja Conip. *História, fundamentação...*, p. 6; Carta dos bispos nicaraguenses de 17 de nov. de 1979, Compromisso Cristão para uma nova Nicarágua.

tribuir para impulsionar decisivamente o processo revolucionário e sua direção até sua etapa socialista.

Uma declaração do FSLN de Nicarágua de 17 de outubro de 1980 disse:

> Os cristãos foram parte integrante de nossa história revolucionária em um grau sem precedentes em nenhum outro movimento revolucionário da América Latina e possivelmente do mundo. Este fato abre novas e interessantes possibilidades à participação dos cristãos em outras revoluções de outras latitudes, não só na etapa da luta pelo poder, senão depois na etapa de construção da nova sociedade.[105]

---

[105] FSLN, "Os cristãos na revolução sandinista". *Suplemento Barricada*, Manágua, fev. 1982, p. 13.